KB089440

신방수 세무사의
부동산 투자·중개·등기
세무 가이드북 실전 편

신방수 세무사의
부동산 투자·
중개·등기
세무 가이드북

실전 편

신방수 지음

세금 알고 투자할 것인가?
모르고 투자할 것인가!

두드림미디어

부동산 계약부터 등기까지
부동산 세금을 완전 정복하라!

　부동산 시장에서 거래 당사자들은 다양한 세금을 만나게 된다. 이를 테면 매도자는 양도세, 매수자는 취득세가 대표적이다. 또 상업용 건물과 관련해서는 부가세가 추가된다. 물론 이외에 거래 주체에 따라 종합소득세나 법인세 등이 발생하기도 한다. 그런데 문제는 거래 당사자들이 이와 관련한 세무상 쟁점 등을 정확히 짚어내기가 쉽지 않다는 것이다. 세법이 생각보다 복잡하기 때문이다. 그 결과, 세금 때문에 거래가 성사되지 않거나 거래되더라도 사후적으로 문제가 되는 경우도 많다. 예를 들어, 근린생활시설을 부가세 없이 거래했는데 나중에 보니 부가세가 발생하거나 환급이 안 되는 일들이 종종 발생한다. 이외에 취득세율이 껑충 뛰거나 양도세 비과세가 과세로 둔갑하는 일들도 자주 발생한다.

이 책《부동산 투자·중개·등기 세무 가이드북 실전 편》은 이러한 배경 아래 부동산 투자자와 이들에게 각종 서비스를 제공하는 중개·법무·세무 업계의 종사자들이 반드시 알아야 할 세무에 관한 해법을 제시하고 있다.

그렇다면 이 책의 장점은 무엇일까?

첫째, 국내 최초로 부동산 투자와 중개, 등기 등에 필요한 세무 문제를 모두 다루었다.

이 책은 7장과 부록으로 구성되었다. 1장은 투자와 중개, 그리고 등기 시 알아야 할 기초적인 세무 문제를, 2장은 이들이 부닥치는 취득세, 부가세, 양도세 등 3대 세금을 중심으로 이에 대한 과세 원리를 자세히 다룬다. 3장은 투자자의 관점에서 관심이 많은 취득세와 양도세의 과세 방식(비과세, 중과세, 감면)을 별도로 분석하며, 4장은 앞에서 부동산 종류별로 발생할 수 있는 세무상 쟁점을 살펴본다. 구체적으로 주택, 오피스텔, 상가빌딩, 상가주택, 토지, 재건축·재개발 입주권, 분양권 등이 이에 해당한다. 5장은 부동산 거래 주체별로 그들이 만나는 세금 문제를 정리한다. 개인, 임대사업자, 매매사업자, 법인 등이 이에 해당한다. 이러한 주제는 앞에서 본 내용과 차원을 달리한다. 한편 6장과 7장은 계약서를 작성할 때 반드시 알아야 할 세무상 쟁점을 다룬다. 마지막 부록에서는 양도세 계산과 신고에 대한 쟁점을 다룬다.

둘째, 실전에 필요한 다양한 사례를 들어 문제해결을 쉽게 하도록 했다.

이 책은 세법을 있는 그대로 설명하는 대신 실무에의 적응력을 높이기 위해 부동산 세금을 입체적으로 분석했다. 구체적으로 부동산 세금을 거래 단계별, 과세 방식별, 부동산 종류별, 거래 주체별 등으로 나누고 내용을 전개할 때 'Case(사례) → Consulting → 실전연습'의 체계로 편집했다. 사례는 투자나 중개 시 반드시 알아야 할 핵심 내용을 다루고 있으며, 컨설팅은 해당 부분의 핵심적인 내용을 담고 있다. 한편 실전연습은 실무에서 좀 더 알면 좋을 내용을 선별적으로 다루고 있다. 이외 실무적으로 더 알아두면 유용할 정보들은 Tip이나 절세 탐구를 추가해 정보의 가치를 더했다. 또한, 곳곳에 요약된 핵심 정보를 제공해 실무 적용 시 적응력을 높일 수 있도록 노력했다.

셋째, 투자와 중개, 등기 등에 특화된 최신의 정보를 모두 다루었다.

부동산 거래와 관련된 세무는 무척 다양하다. 거래 대상물도 다양하고 계약자의 유형도 다양하기 때문이다. 이외에 세법이 수시로 개정되곤 한다. 한마디로 공부해야 할 내용이 엄청나게 많다. 하지만 이를 제대로 공부하는 것은 사실상 불가능하다. 따라서 핵심적인 내용 위주로 지식을 넓힐 수밖에 없다. 이 책은 이러한 기조 아래 투자와 중개, 그리고 등기 시에 꼭 필요한 내용을 위주로 다루었다. 예를 들어, 최근에 확 바뀐 취득세 중과세는 물론이고, 2024년 1·10대책 등 정부의 세제 정책, 더 나아가 중개 시 애로점이 많은 부가가치세 안분계산과 포괄양수도, 매매계약서 작성과 관련된 다양한 세무상 쟁점 등도 분석했다.

이 책은 종전의 《부동산 계약·중개 세무 가이드북》을 현재 시점에 맞게 전면 개정한 것으로, 실무에 꼭 필요한 내용을 담고 있다. 따라서 부동산 투자자는 물론이고, 중개와 법무사무소, 그리고 세무사무소 등이 업무처리를 할 때 보면 좋을 것이다. 만약 기초적인 정보가 필요한 경우에는 저자의 다른 책들을 참고하기를 바란다. 이외 책에 관한 내용 등에 대한 궁금증은 저자가 운영하는 네이버 카페(신방수세무아카데미)를 통해 해소하기를 바란다.

이 책은 많은 분의 응원과 도움을 받았다. 우선 이 책의 내용에 대한 오류 및 개선 방향 등을 지적해주신 권진수 회계사님께 감사의 말씀을 드린다. 그의 앞날에 무궁한 발전이 있기를 기원한다. 그리고 항상 저자를 응원해주시는 카페회원들과 가족의 안녕을 위해 늘 기도하는 아내 배순자와 대학생으로 본업에 충실히 임하고 있는 두 딸 하영과 주영에게도 감사의 말을 전한다.

아무쪼록 이 책이 투자자와 부동산업에 종사하는 전문가분들에게 작은 도움이라도 되었으면 한다.

독자들의 건승을 기원한다.

역삼동 사무실에서
세무사 **신방수**

차례

제1장

투자·중개·등기 시 알아야 할 부동산 세금의 기초

제2장

투자자의 부동산 3대 세금 (취득세, 부가세, 양도세·종소세·법인세)

제 7 장 | 계약 시 특약과 세무상 쟁점

부록 | 양도세 계산과 신고 방법

• 일러두기 •

이 책을 읽을 때는 다음 사항에 주의하시기 바랍니다.

1 개정세법의 확인

이 책은 2024년 4월 초에 적용되고 있는 세법을 기준으로 집필되었습니다. 실무에 적용 시에는 그 당시에 적용되고 있는 세법을 확인하는 것이 좋습니다. 세법 개정이 수시로 일어나기 때문입니다.

2 용어의 사용

이 책은 다음과 같이 용어를 사용하고 있습니다.

- 부가가치세 ➡ 부가세
- 양도소득세 ➡ 양도세
- 종합소득세 ➡ 종소세
- 지방교육세 ➡ 교육세
- 부가가치세법(시행령) ➡ 부가법(부가령)
- 소득세법(시행령) ➡ 소득법(소득령)
- 지방세법(시행령) ➡ 지방법(지방령)
- 조세특례제한법 ➡ 조특법
- 농어촌특별세법 ➡ 농특세(법)

3 각종 부동산 관련 세무정보

- 조정대상지역(조정지역)은 대한민국 전자관보에서 확인할 수 있습니다.
- 부동산 중개와 관련된 세무정보는 국세청 홈택스 홈페이지에서 알 수 있습니다. 특히 홈택스는 사업자등록, 경비율, 부가세 신고 등을 위한 많은 공간이므로 이 부분을 잘 활용하시기 바랍니다.

4 책 내용 및 세무 상담 등에 대한 문의

책 표지의 안 날개 하단을 참조하시기 바랍니다. 참고로 세무 상담은 저자의 카페에서 자유롭게 할 수 있습니다.

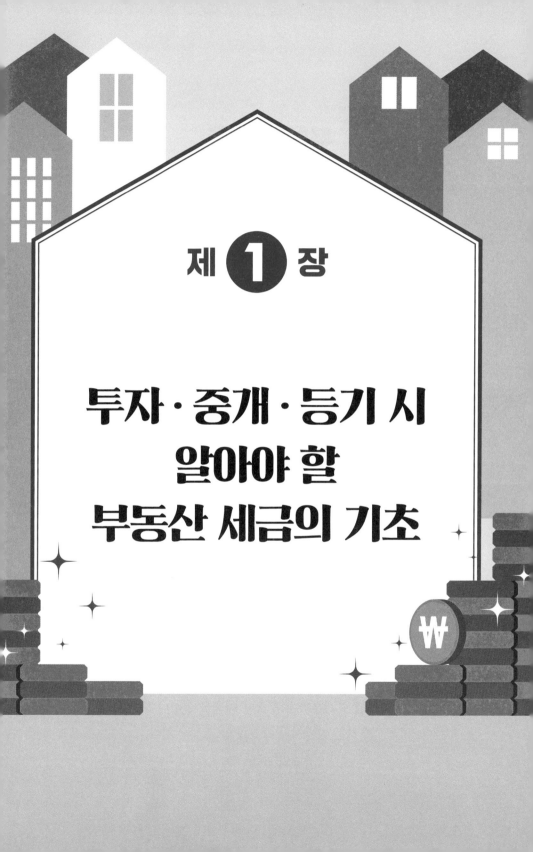

제 **1** 장

투자 · 중개 · 등기 시
알아야 할
부동산 세금의 기초

부동산 세금,
어떻게 정복할까?

부동산 시장에서 발생하는 세금 이슈는 상당히 많다. 부동산 거래와 관련된 세목이 다양하고 과세체계도 상당히 복잡하기 때문이다. 그에 따라 거래 당사자들은 그렇다 치더라도 이들에게 각종 서비스를 제공하는 중개·법무·세무사무소 등이 모든 상황을 통제하지 못해 당사자들이 손해를 보는 경우가 많아지고 있다. 이는 세금이 거래에서 가장 중요한 변수 중 하나가 되었다는 것을 의미한다. 그렇다면 세금이 투자자에게 어떤 영향을 미치는지, 그리고 당사자는 물론이고 관련 업계는 이에 대한 해법을 어떻게 마련할 것인지 정리해보자.

첫째, 세금은 현금지출을 의미한다.

시장에 참가하는 매도자와 매수자는 양도세나 취득세 등을 만나는데, 이 세금들은 현금유출을 의미한다. 따라서 이들은 거래에 나서기 전에 세금부터 확인하곤 한다. 구체적으로 매도자는 양도세 비과세가 적용되는지, 비과세가 적용되지 않으면 세금이 얼마나 되는지 알고 싶어 한다. 한편 매수자는 취득세의 크기를 알고 싶어 한다.

👉 이들에게 각종 서비스를 제공하는 중개·법무사무소 등에서는 이와 관련된 정보를 모두 제공할 필요가 있다.

둘째, 세금이 과도하면 거래를 중단할 수 있다.

거래에 관련된 세금이 과도하면 거래가 성립되지 않을 가능성이 크다. 예를 들어 매도자에게는 양도세 중과세, 매수자에게는 취득세 중과세가 적용되는 경우가 대표적이다. 이외에 부가세가 환급되지 않는 경우도 그렇다.

👉 매도자와 매수자가 중과세가 적용되는지 등에 관한 판단이 제대로 되지 않으면 거래 자체를 시도하지 않을 가능성이 크다. 따라서 당사자는 물론이고 이들에게 각종 서비스를 제공하는 업계 종사자들도 이에 대한 해법을 제시할 수 있어야 한다.

셋째, 세금은 정부 정책의 주요 수단이 된다.

정부의 세제 정책은 부동산을 취득하거나 양도할 때 주요 의사결정 변수가 된다. 모두 수익률에 영향을 주기 때문이다. 예를 들어, 주택분양권을 취득해 1억 원의 차익을 얻을 수 있을 것으로 예상한다고 하자. 이에 투자할 것인가, 말 것인가? 세금을 모르는 이는 투자 결정을 하겠지만, 세금을 아는 이는 투자 결정을 쉽게 내리지 못할 것이다. 분양권을 취득해 양도하면 66~77%의 세율이 적용되기 때문이다. 이렇게 세율이 높은 이유는 모두 정부의 세제 정책과 관련이 있다.

👉 투자자나 관련 업계의 종사자들은 의사결정을 할 때 정부의 세제 정책 등의 변화에도 관심을 가져야 한다.

현행 부동산 세제는 취득 단계부터 양도 단계까지 다양한 세목이 결합해 있고 사안에 따라 과세 방식이 매우 복잡한 경우가 많다. 취득세

만도 해도 주택 수 등에 따라 취득세율이 1~12%까지 달라지는데, 이 때 세율을 잘못 설명할 수도 있다. 또한, 양도세가 과세됨에도 불구하고 비과세로 설명해 난처한 상황에 봉착할 수도 있다. 이는 곧 고객의 투자 손실로 이어지거나 거래가 단절될 수 있음을 말해준다. 결국, 고객의 자산을 안전하게 관리하고 거래를 성사시키기 위해서라도 세금을 제대로 알아야 한다.

Tip> 매도자와 매수자가 만나는 주요 세금		
구분	매도자	매수자
취득세	–	○
부가가치세(부가세)	○*	○
보유세	○	○
종합소득세(종소세)	○**	–
양도소득세(양도세)	○	–
법인세	○***	–

* 부가가치세는 주로 상업용 건물의 취득 및 임대, 그리고 양도 시 발생한다.

** 부동산업을 개인이 영위하면 개인사업자가 된다. 그리고 이들이 내는 소득세는 종합소득세가 된다.

*** 부동산업을 법인이 영위하면 법인사업자가 되며, 이들이 내는 세금은 법인세가 된다.

천의 얼굴을 가진
부동산 세금

앞으로 우리가 살펴볼 부동산 세금은 다양한 각도에서 입체적으로 살펴볼 예정이다. 부동산 세금을 단편적으로 이해하는 것보다는 입체적으로 살펴보는 것이 실무 적응력을 높일 수 있기 때문이다. 참고로 다음에서 보게 될 다양한 구분 방식은 필자가 고안한 것들에 해당한다.

1. 과세 주체별 부동산 세금

이는 세금을 누가 부과하느냐에 따른 세금의 분류에 해당한다. 중앙 정부가 부과하면 국세, 지방정부가 부과하면 지방세가 된다. 이러한 세금의 분류는 전통적인 분류 방식에 해당한다.

구분		세목	부동산 관련 세목
국세	내국세	소득세(종소세·양도세), 법인세, 상속·증여세, 종부세, 부가세, 개별소비세, 주세, 인지세, 증권거래세, 교통세, 농특세 등	소득세, 법인세, 종부세, 부가세, 농특세 등
	관세	화물이 국경을 통과하면 발생하는 세금	–
지방세		취득세, 재산세(도시분 포함), 지방소득세, 자동차세, 면허세, 담배소비세, 레저세, 도축세, 농업소득세, 주행세, 지역지원시설세, 사업소세, 교육세 등	취득세, 재산세, 지방소득세 등

국세와 지방세는 다른 체계를 가지고 법을 집행하고 있다. 실무에서는 이러한 차이에 의해 과세 기준이 달라 혼선이 빚어지는 경우가 종종 있다. 예를 들면 '1세대'의 개념이 국세와 지방세에서 차이가 있고, 주택을 보는 관점에서도 차이가 있다.

2. 거래 단계별 부동산 세금

부동산 세금은 거래 단계별로 살펴보는 것도 의미가 있다. 이러한 접근 방식은 종전부터 많이 사용하는 것에 해당한다. 앞에서 본 국세와 지방세를 중심으로 '취득 → 보유·임대 → 양도' 순으로 만나는 세금을 살펴보자.

구분	취득	보유	임대	양도
국세	농특세, 부가세 상속·증여세	종부세, 농특세	임대소득세, 법인세	양도세, 종소세, 법인세, 부가세
지방세	취득세, 교육세	재산세(지역자원시설세, 교육세 별도과세)	지방소득세	지방소득세

이러한 세금 분류는 일반인들이 세제를 익힐 때 유용한 방식이다. 거래 단계별로 등장하는 세목별로 세금을 정리하면 되기 때문이다.

3. 과세 방식별 부동산 세금

이는 부동산 거래 단계별로 발생하는 취득세와 보유세, 양도세 등의 과세 방식에서 세무 위험이 가장 큰 것을 위주로 분류하는 것을 말한다. 예를 들어 취득세의 경우 중과세, 양도세의 경우 비과세와 감면, 법인세의 경우 추가과세 등이 이에 해당한다. 이러한 방식은 투자자는 물론이고, 이들에게 서비스를 제공하는 중개·법무사무소와 세무 신고를 하는 세무사무소 등에서 중요성이 있다.

구분	취득세	양도세	종소세	법인세
비과세	국가 등 취득	1세대 1주택 등	1주택자의 주택 임대소득 등	–
중과세/비교과세/추가과세	다주택자, 법인 취득 시 중과세	주택과 토지 중과세*	비교과세**	추가과세***
일반과세	위 외	위 외	위 외	위 외
감면	지특법 규정	조특법 규정	좌동	좌동

* 중과 주택과 비사업용 토지에 대해 6~45%+10~30%P로 과세하는 제도
** 매매사업자에 대해 양도세와 종소세 중 많은 세액을 납부하도록 하는 제도
*** 모든 주택과 비사업용 토지에 대해 10~20%의 법인세를 추가로 과세하는 제도

4. 부동산 종류별 부동산 세금

이는 앞에서 본 국세와 지방세, 그리고 거래 단계별 세금을 부동산 종류에 맞춰 분류하는 방식을 말한다. 이러한 분류 방식은 실전에서 발생할 수 있는 세무상 쟁점을 재빨리 파악할 수 있도록 해준다. 주거용

오피스텔은 주택으로 취급되므로 이의 양도 시 부가세는 발생하지 않는 것이 그 예에 해당한다.

구분	취득		보유		임대		양도	
	취득세	부가세	재산세	종부세	소득세	부가세	양도세*	부가세
주택	○	×	○	○	○	×	○	×
주거용 오피스텔	○	△①	○	○	○	×	○	×
업무용 오피스텔	○	○	○	○	○	○	○	○
상가	○	○	○	○	○	○	○	○
상가주택	○	△②	○	○②	○	△②	○③	△②
입주권	○	×	△	×	×	×	○	×
분양권	×	△	×	×	×	×	○	×

* 개인사업자는 종소세, 법인은 법인세가 과세된다.

이 표에서 ①의 경우, 주거용 오피스텔은 부가세가 발생하지 않는 것이 원칙이나, 신규 분양의 경우 부가세가 발생한다. ②의 경우, 상가주택을 취득하거나 보유, 그리고 임대하는 경우에는 물건 구분별로 과세한다. 즉 상가는 상가 관련 취득세와 보유세, 그리고 임대소득세, 부가세 등이 발생하고, 주택은 주택에 대한 취득세 등이 부과된다. 다만, ③의 경우, 12억 원 이하인 상가주택을 양도하면 주택과 상가의 면적을 비교해 전자가 더 넓으면 전체를 주택으로 본다.

5. 거래 주체별 부동산 세금

부동산 세금은 거래 주체별로 정리를 할 수 있다. 예를 들어, 똑같은 주택을 취득하더라도 개인이 취득하느냐 법인이 취득하느냐에 따라 세금의 내용이 달라진다. 주택을 양도할 때도 마찬가지다. 이 세금 분류는 개인부터 비거주자까지 다양하게 발생하므로 가장 고난도에 해당한다. 참고로 이러한 접근 방식에 능통하면 상담이나 컨설팅을 할 때 요긴하게 사용할 수 있다.

구분	매도자	매수자	공통
일반개인	양도세	취득세	보유세
부동산 임대사업자	양도세	취득세	보유세, 부가세
부동산 매매사업자	종소세	취득세	보유세, 부가세
영리법인	법인세	취득세	보유세, 부가세
비영리법인	법인세	취득세	보유세, 부가세
비거주자(개인)	양도세	취득세	보유세

※ 저자 주

이 책은 앞의 분류 방식을 모두 고려해 부동산 세제를 이해해보고자 한다. 거래 당사자를 포함해 이들에게 서비스를 제공하는 중개·법무·세무사무소 등의 관점에서 보면 부동산 세금을 전체적으로 조망할 수 있어야 하기 때문이다. 참고로 여기에 생략된 내용을 저자의 다른 책으로 보완하면 된다.

투자자의 부동산 거래와 세무상 쟁점

시장에서 만나는 매도자와 매수자는 어떤 세금 문제를 안고 있는지 먼저 점검해보자. 이러한 문제는 거래 당사자인 매도자나 매수자는 물론이고 중개사무소, 법무사무소, 세무·회계사무소 모두가 잘 알아야 사후적으로 문제가 발생하지 않는다.

1. 매도자와 세무상 쟁점

매도자가 부닥치는 세금에는 양도세, 부가세, 종소세, 법인세 등 많은 세목이 있다. 이렇게 많은 세목이 등장하는 이유는 부동산 종류와 거래하는 주체에 따라 세목이 달라지기 때문이다.

1) 매도자의 유형과 세목의 종류

매도자의 유형에 따라 그들이 만나게 되는 세목을 정리하면 다음과 같다.

구분	내용	양도 시 발생하는 세금	
		양도세 등	부가세
일반개인	국내 거주자	양도세	×
부동산 임대사업자	• 주택임대사업자 : 관할 지자체와 세무서에 임대등록한 사업자	양도세	×
	• 일반 부동산 임대사업자 : 관할 세무서에 임대등록한 사업자		○
부동산 매매사업자	관할 세무서에 매매사업자 등록을 한 자	종소세	△*
영리법인	영리 목적으로 설립된 회사	법인세	
비영리단체	비영리법인 : 비영리 목적으로 설립된 단체	법인세 (또는 비과세)	
	비영리개인 : 비영리 목적으로 운영되는 개인	양도세	
비거주자(개인)	주로 외국에 거주한 자	양도세	

* 상업용 건물을 양도할 때 부가세 문제가 발생한다.

2) 매도자가 만나는 주요 세목

앞의 내용을 보면 양도 시 발생하는 세금은 크게 양도세, 종소세, 법인세 정도가 된다. 물론 상업용 건물에 대해서는 부가세가 발생한다.

① 양도세

양도세는 양도세 과세 대상 자산의 양도차익에 대해 부과되는 세금으로 다음과 같은 상황에서 발생한다.

- 비사업자인 개인이 일시적으로 양도할 때
- 주택임대사업자가 임대용 주택을 일시적으로 양도할 때
- 일반 부동산 임대사업자가 임대용 상업용 건물을 일시적으로 양도할 때

- 비영리단체인 개인이 부동산을 양도할 때
- 비거주자가 국내 부동산을 양도할 때

② 종소세

종소세는 개인사업자가 부동산을 사업적*으로 매매할 때 발생하는
세목에 해당한다.

* 계속적·반복적으로 사업 활동을 하는 것을 말한다. 사업자등록을 낸 후 사업 활동을 하는 경우가 일반
  적이다.

③ 법인세

법인세는 법인이 부동산을 다음과 같이 양도할 때 발생한다.

- 영리법인이 부동산을 양도할 때
- 비영리법인이 부동산을 양도할 때(단, 비영리법인의 정관상 목적사업용으
  로 3년 이상 사용 시 법인세 비과세)

④ 부가세

- 부가세법상 사업자*가 상업용 건물을 공급하거나 용역을 공급하면
  부가세가 발생한다.

  * 이는 사업 목적이 영리든 비영리든 관계없이 사업상 독립적으로 재화 또는 용역을 공급하는 자
    를 말한다.

- 사업자인 매도자는 원칙적으로 부가세 과세 대상 용역이나 재화의
  공급에 대해 10%(간이과세자는 4% 등)에 상당하는 부가세를 징수해
  납부해야 한다.

- 부가세가 면세되는 품목*은 부가세가 발생하지 않는다.

  * 이에는 85㎡ 이하의 주택 공급, 토지의 공급, 주택의 임대용역 등이 해당한다.

※ 양도세, 종소세, 법인세의 비교

구분	양도세	종소세	법인세
개념	개인의 일시적 양도	사업자의 계속적 매매	법인의 양도
과세표준	양도차익-각종 공제	양도차익-일반관리비-공제	양도차익-일반관리비
세율	70%, 60%, 6~45%	6~45%	9~24%
세율 특례	-	비교과세*	추가과세**
신고·납부	양도일 말일~2개월 예정신고	다음 해 5월 신고 (성실 6월)	다음 해 3월 (성실 4월)

* 양도세와 종소세 중 많은 세액으로 납부하는 제도
** 주택의 양도차익에 대해 20%(비사업용 토지는 10%)를 추가로 법인세를 과세하는 제도

2. 매수자와 세무상 쟁점

매수자가 마주하는 세금은 앞에서 본 매도자와는 차원을 달리한다. 매수자는 지방세법(지방법)상의 취득세와 부가세 정도만 부담하면 되기 때문이다. 다만, 매수자의 경우 자금출처 조사라는 문제가 추가로 뒤따를 수 있다.

1) 매수자의 유형과 세목의 종류

매수자의 유형에 따라 그들이 만나게 되는 세목을 정리하면 다음과 같다.

구분	내용	취득 시 발생하는 세금	
		취득세	부가세
일반개인	국내 거주자	○	△*
부동산 임대사업자	• 주택임대사업자 : 관할 지자체와 세무서에 임대등록한 사업자		
	• 일반 부동산 임대사업자 : 관할 세무서에 임대등록한 사업자		

구분	내용	취득 시 발생하는 세금	
		취득세	부가세
부동산 매매사업자	관할 세무서에 매매사업자등록을 한 자		
영리법인	영리 목적으로 설립된 회사	○	△*
비영리법인	비영리 목적으로 설립된 단체		
비거주자(개인)	주로 외국에 거주한 자		

* 매수자에게 부가세가 발생하는지는 전적으로 매도자의 상황에 따라 달라진다. 예를 들어, 매수자가 일반개인인 경우라도 매도자(공급자)가 일반과세사업자에 해당하면 부가세가 발생할 수 있다. 세법에서는 부가세 과세사업자인 매도자에게 부가세 징수의무를 부여하고 있기 때문이다. 다만, 이때 매수자는 자기가 부담한 부가세를 환급받을 수도 있는데, 이 경우에는 매수자는 일반과세사업자에 해당해야 한다.

2) 매수자가 만나는 주요 세목

앞의 내용을 보면 매수 시 발생하는 세금은 크게 취득세와 부가세 정도가 있음을 알 수 있다.

① 취득세
취득세는 일반개인이든 비영리법인이든 모든 취득자에 대해 부과되는 세목이다.

- 취득세는 승계취득이나 원시취득, 무상취득 등에 따라 세율이 달라진다.
- 취득세는 중과세 정책에 따라 세율이 다양하게 적용된다.

② 부가세
매수자는 수동적인 위치에서 부가세를 부담하는 때도 있으며, 사업자의 지위에서 이를 환급받을 수 있다.

- 매수자는 사업자가 공급하는 다음과 같은 공급 등에 대해 부가세를 부담해야 한다.

• 사업자가 공급(분양)하는 $85\,m^2$ 초과 주택(단, 토지공급분은 면세)
• 상업용 건물의 공급(단, 토지공급분은 면세)
• 상업용 건물 임대용역의 공급

- 매수자가 부가세 일반과세사업자에 해당하면 앞에서 부담한 부가세를 환급받을 수 있다. 이때 환급을 받기 위해서는 다음과 같은 요건을 충족해야 한다.

• 사업자등록이 일반과세자로 되어 있을 것
• 세금계산서를 받을 것
• 부가세 신고를 할 것

※ 매수자 유형별 부가세 환급 가능 여부

구분		부가세 환급 여부
일반개인		×
부동산 임대사업자	주택 임대사업자	×
	일반 부동산 임대사업자	△*
부동산 매매사업자		△*
영리법인		△*
비영리법인		△*
비거주자(개인)		×

* 매수자가 부가세 환급을 받기 위해서는 일반과세자로 사업자등록이 되어 있어야 하고, 세금계산서를 받아야 한다. 일반과세자가 아닌 간이과세자는 세금계산서 수취금액의 0.5%만 세액공제로 적용받을 수 있다(간이과세자는 매입세액공제의 의미가 없다. 4,800만 원에 미달한 간이과세자는 납부세액 자체를 면제받기 때문이다).

투자·중개·등기 시의
세금 관리법

중개사무소는 앞에서 살펴본 모든 세목을 일선에게 만나게 된다. 한편 법무사무소는 취득세를 만나게 되며, 감정평가사무소는 부가세나 상속세 등을 만나게 된다. 물론 세무사무소는 사전 상담부터 사후 신고까지를 책임지므로 만나는 범위가 가장 넓게 된다. 이처럼 관여하는 세목의 범위가 넓다 보면 세금을 잘못 다뤄 낭패를 당하기 쉽다. 그래서 이들은 실무에서 부닥치는 세금 문제를 결코 가볍게 다뤄서는 안 된다. 다음에서 이들이 어떤 식으로 부동산 세금을 다뤄야 하는지 매도자와 매수자의 측면에서 살펴보자.

1. 매도자 측면

앞에서 보았지만, 매도자가 부담하는 세금에는 크게 양도세와 종소세, 법인세가 있다. 물론 부가세도 있지만, 이 부분은 상업용 건물에서 발생하는 특징이 있으므로 여기에서는 이를 제외하고 살펴보자.

첫째, 소득 구분은 정확히 해야 한다.

부동산의 양도로 인해 발생하는 소득은 크게 양도소득, 종합소득, 법인소득이다. 이에 따라 양도세, 종소세, 법인세 같은 세목이 결정된다. 물론 이에 따라 세금의 크기도 달라진다.

둘째, 비과세와 과세 구분을 정확히 해야 한다.

비과세는 주로 양도세에서 발생하며, 그 밖의 종소세와 법인세는 비과세가 거의 주어지지 않는다. 양도세 비과세는 다음과 같은 상황에서 발생한다.

- 1세대 1주택인 경우
- 일시적 2주택 등 비과세 특례가 적용되는 경우

셋째, 과세 시 세금의 크기를 정확히 계산할 수 있어야 한다.

소득의 형태에 따라 양도세나 종소세, 법인세가 얼마가 나오는지를 계산할 수 있어야 한다. 이때 다음과 같은 요소에 주의해야 한다.

- 과세표준을 어떤 식으로 계산할까?
- 세율은 어떻게 적용할까?
- 감면은 적용될까?

☞ 실무자로서는 재건축, 재개발, 분양권, 상가 등에 대한 양도세 정도는 계산할 수 있어야 한다.

2. 매수자 측면

매수자가 부담하는 세금에는 취득세 정도가 있다. 물론 이외 부가세도 있지만, 이 부분은 상업용 건물에서 발생하므로 이를 제외하고 살펴보자.

첫째, 취득유형을 구분해야 한다.

현행 취득세는 승계취득, 원시취득, 무상취득 등으로 구분해 취득세 과세표준 및 세율을 다르게 적용하고 있다.

구분	승계취득	원시취득	무상취득
과세표준	실제 거래가액	취득원가	시가 인정액
세율	1~12%*	2.8%	3.5~12%
적용 대상	개인, 법인 불문	좌동	좌동

* 다주택자나 법인이 사치성 재산에 해당하는 고급주택을 취득하면 취득세율이 20%가 부과될 수 있다.

🔊 등기를 담당하는 법무사무소에서는 취득세 신고를 동시에 하고 있으므로 취득세 중과세에 특히 유의해야 한다. 개인이나 법인이 주택을 취득할 때, 그리고 과밀억제권역(과밀) 내의 법인 등이 부동산을 취득할 때에 다양한 쟁점이 생긴다.

둘째, 일반과세와 중과세를 정확히 구분해야 한다.

앞의 표를 보면 현행 취득세율은 1%대도 있지만, 최대 12%까지 취득세율이 올라간다. 따라서 법무사무소는 물론이고, 중개사무소 등은 취득세에서도 일반과세와 중과세를 정확히 구분할 수 있어야 한다.

셋째, 취득세와 부대비용을 계산할 수 있어야 한다.

고객으로서는 취득세를 포함해 관련 비용이 얼마나 들어가는지도 궁금할 것이다. 이에 대한 답을 할 수 있어야 한다.

구분	매입금액	세율 또는 할인율	부담액
취득세	×××	%	×××
채권할인비용	×××	%	×××
기타등기비용	×××	–	×××
중개보수료	×××	–	×××
계	×××	–	×××

💬 이 책에서는 부대비용 중 취득세에 대한 정보를 최대한 다루고 있으며, 기타 중개보수료 등에 대한 정보는 제외하고 있다. 이에 대한 정보는 곳곳에 널려 있기 때문이다.

Tip **거래 성공률을 높이기 위한 절차**

주택거래에 대한 성공률을 높이기 위해 다음과 같은 점들을 참고해보자.

1. 거래 당사자 파악

주택의 거래 당사자인 매수자와 매도자를 개인, 개인사업자, 법인의 형태로 구분해 거래 당사자를 선별한다.

매수자	매도자
① 개인 ② 개인사업자 ③ 법인 ④ 비거주자(개인과 법인)	① 개인 ② 개인사업자 ③ 법인 ④ 비거주자(개인과 법인)

이 경우 개인사업자와 법인은 좀 더 세부화시킬 수 있다. 예를 들어, 개인사업자의 경우 부동산 임대업, 신축 판매업, 매매업 등으로, 법인은 영리법인과 비영리법인으로 나누는 식이다.

2. 거래 당사자의 조합에 따른 세목 파악

해당 주택거래에 대해 거래 당사자가 파악되었다면 이제부터는 거래 당사자의 세목을 정리한다. 이 경우에는 매수자와 매도자가 만나게 되는 세목을 거래 단계별로 정리하면 된다.

구분	매수자	매도자
취득 시	• 취득세 • 증여세(자금출처 조사)	–
▼		
보유 시	보유세	좌동
▼		
임대 시	임대소득세	좌동
▼		
양도 시	–	양도세

3. 관련 세금 및 세무상 쟁점 파악

이렇게 세목이 파악되었다면 구체적으로 관련 세금의 크기를 정리하고, 이에 대한 세무상 쟁점을 파악한다. 이때 양도세는 거래에 직접적인 영향을 미치기 때문에 정확하게 세금이 제시되어야 한다.

4. 대안 마련

앞의 단계에서 파악된 세무상 쟁점 등을 없애기 위한 대안 마련에 적극적으로 나서야 한다. 예를 들어, 주택의 경우 임대등록 같은 대안들은 다주택자들의 양도세 비과세에 절대적인 영향을 미친다.

5. 계약체결 후 관련 세금 안내

계약이 체결되었다면 이제 관련 세금에 관한 내용을 절차 등에 대해 안내한다.

현장에서 보면 부동산 세금을 풀어내기가 생각보다 쉽지 않다. 주어진 상황에 딱 맞는 세법이 존재하지 않기 때문이다. 그렇다고 손을 놓고 있을 수 없고, 어찌 되었든 간에 세금을 자신의 영역으로 끌어올 수 있어야 한다. 그렇다면 어떻게 하는 것이 좋을까? 우선, 모든 일이 그렇듯이 기본기부터 다질 필요가 있다. 그중 첫 번째는 부동산 세금을 국세와 지방세로 나눠보는 것이다. 실무에서는 국세와 지방세의 과세 방식의 차이로 많은 혼란을 겪고 있는 경우가 많기 때문이다.

Case

경기도 성남시에 있는 K 중개사무소는 다음과 같은 주거용 오피스텔을 중개하려고 한다. 물음에 답하면?

| 자료 |
- 예상취득금액 : 4억 원
- 전용면적 : 85㎡ 이하

Q1 사례에서는 오피스텔을 주거용으로 사용할 예정이므로 실질 용도는 주택에 해당한다. 이 경우 취득세율은 1%인가?

그렇지 않다. 지방세법 제11조 제1항 제8호에서는 주택법 제2조 제1호에 따른 주택으로서 건축법 제38조에 따른 건축물대장에 주택으로 기재되고, 건축물의 용도가 주거용(가정어린이집, 공동생활가정·지역아동센터, 노인복지시설로서 주거용으로 사용되는 시설은 제외)으로 사용하는 건축물과 그 부속토지에 대해서 1~3%의 세율을 적용하도록 하고 있기 때문이다.

🖐 앞의 내용을 보면 주택에 대한 취득세율 1~3%를 적용받기 위해서는 원칙적으로 건축물대장에 주택으로 기재되어야 한다*. 따라서 오피스텔이나 아파텔 등은 주택으로 기재되지 않으므로 모두 4%의 취득세율이 적용되는 결과가 나온다. 지방세법은 실질보다는 형식을 중요시하는 경우가 많음을 알 수 있다.

* 무허가주택과 관련된 내용은 6장을 참조할 것

Q2 매도자는 주거용 오피스텔에 대해 양도세 비과세를 받을 수 있는가?

그렇다. 양도세는 소득세법을 적용받는데, 여기에서는 지방세와는 다르게 사실상 상시 주거용으로 사용하면 주택으로 보기 때문이다. 따라서 주거용 오피스텔도 주택에 해당하므로 양도세 비과세를 받을 수 있다.

구분	국세	지방세
개념	공부상 용도 구분과 관계없이 '사실상 상시 주거용으로 사용하는 건물'*	건축법상의 단독주택과 공동주택을 주택으로 정의하고 있음. • 단독주택 : 단독주택, 다중주택, 다가구주택, 공관 • 공동주택 : 아파트, 연립주택, 다세대주택, 기숙사
영향	실질과세원칙을 적용함. 따라서 주거용 오피스텔은 주택으로 취급함.	앞의 정의에 따라 취득세 등을 부과함. 따라서 주거용 오피스텔은 지방세법상의 주택이 아니므로 취득세율 4%가 적용됨.

* 2024년 개정 : 허가 여부나 공부(公簿)상의 용도 구분과 관계없이 세대의 구성원이 독립된 주거생활을 할 수 있는 구조로서 대통령령으로 정하는 구조를 갖추어 사실상 주거용으로 사용하는 건물을 말한다. 이 경우 그 용도가 분명하지 않으면 공부상의 용도에 따른다(개정의 의미는 5장 참조).

Consulting

부동산 관련 세금은 크게 국세와 지방세로 구분되는데, 이들의 세목은 독립적으로 과세가 되고 있다. 따라서 과세 대상이나 과세표준, 세율 등에서 많은 차이가 발생하는데, 이러한 것도 부동산 세금을 이해하는데 어려움을 가중시키고 있다. 주요 차이점을 정리하면 다음과 같다.

구분	국세	지방세
주요 세목	소득세, 부가세, 법인세, 상속·증여세 등	취득세, 재산세 등
관할관청	관할 세무서	관할 시·군·구청
과세 방법*	• 신고납부 : 소득세, 부가세, 법인세 • 정부부과 : 상속세, 증여세	• 신고납부 : 취득세 등 • 보통징수 : 재산세 등 • 특별징수 : 지방소득세분
비과세 제도	주로 소득세법에서 정하고 있음.	있음.
중과세 제도	있음.	좌동
감면 제도	조특법에서 규정하고 있음.	지특법에서 규정하고 있음.

* 앞의 표에서의 과세 방법은 다음처럼 정리된다.
• 신고납부 : 납세자가 스스로 신고 및 납부
• 정부부과 : 중앙정부에서 과세표준과 세액을 결정
• 보통징수 : 지방정부에서 고지서로 징수
• 특별징수 : 징수의무자를 지정해 징수

※ 본세에 추가되는 세금들

본세에 추가되는 경우를 살펴보면 아래와 같다.
• 소득세, 법인세 → 지방소득세가 소득세와 법인세의 10%로 부과된다.
• 상속세, 증여세, 부가가치세 → 추가되는 세금은 없다.
• 종부세 → 농특세가 20% 추가된다.
• 재산세 → 교육세, 지역자원시설세가 추가된다.
• 취득세 → 농특세, 교육세가 추가된다.

  K 씨는 거주하고 있는 주택 외에 아래와 같은 부동산을 보유하고 있다. 물음에 답하면?

구분	용도	비고
① 오피스텔	주거용	2021년에 취득
② 다가구주택	숙박용 (재산세는 일반 건물로 과세하고 있음)	2018년에 취득
③ 주택분양권	–	2022년에 취득 (비조정지역 소재)

Q1 주택분양권이 완성되면 취득세는 어떻게 적용될까?

  주택분양권이 주택으로 완성되면 주택에 대한 취득세를 내야 한다. 이때 취득세율은 원칙적으로 1~3%가 적용되나, 분양권 취득일* 현재 주택 수와 신규주택의 조정지역 소재 여부 등에 따라 8~12%의 중과세율이 적용될 수 있다. 사례의 경우에는 거주용 주택과 주거용 오피스텔이 있는 상태에서 분양계약이 이뤄졌으므로 분양권에 의해 완성된 주택은 3주택에 대한 중과세율(비조정지역 8%)이 적용될 수 있다.

* 분양권 당첨일(전매는 잔금 지급일)을 말한다.

◉ 다가구주택은 외관상 주택에 해당하나 이를 사업용(숙박용)으로 사용되고 있음이 입증되면 주택 수에서 제외된다.

Q2 종부세는 일반세율이 적용될까, 중과세율이 적용될까?

  종부세는 한 개인이 3주택 이상 소유하는 경우로서 과세표준이 12억 원을 초과하면 2~5%의 중과세율이 적용되고, 그 외는 0.5~2.7%의 세율이 적용된다. 따라서 사례의 경우, 거주용 주택과 오피스텔 정도만 주택에 해당해 일반세율이 적용된다.

☞ 주거용 오피스텔에 대해 종부세가 과세되기 위해서는 재산세가 주택분으로 과세되어야 한다(재산세과세대장으로 확인 가능함).

Q3 이러한 상황에서 거주하고 있는 주택을 양도하면 비과세를 받을 수 있을까?

비과세가 성립하지 않을 가능성이 크다. 2021년 이후에 취득한 주택분양권도 주택 수에 포함되어 현재 다가구주택을 제외하면 3주택을 보유하고 있기 때문이다. 이러한 상황에서는 주택 수를 조절해야 비과세를 받을 수 있다.

Tip 세법상 주택의 개념과 주택 수 산정 방법

구분	지방세		국세	
	취득세	재산세	종부세	양도세
주택의 개념	주택법상의 주택	주택법상의 주택	주택법상의 주택	상시 주거용 건물
주택 수 포함*	위 주택+주거용 오피스텔, 입주권, 주택분양권	위 주택+주거용 오피스텔 등 (주택 과세분)	좌동	위 주택+주거용 오피스텔, 입주권, 주택분양권
주택 수가 세제에 미치는 영향	주택취득 시 중과세율 결정에 관여	–	1주택 특례 또는 종부세 중과세율 결정에 관여	1주택 비과세 또는 중과세율 결정에 관여

* 주택에 대한 취득세와 양도세 등에 대한 과세를 강화하기 위해 세법상 주택의 개념에는 부합하지 않으나, 주택 수에 포함해 과세 방식을 판단하고 있다. 혼동하지 않기를 바란다.

투자자나 중개사무소 등의 관점에서 소득에 대한 과세 방식을 이해하는 것은 매우 중요하다. 소득에 부과되는 세금이 과다한 경우, 수익률에 직접적인 영향을 주게 되고 과세가 많이 될 때는 거래를 중단시키는 경향이 높기 때문이다. 다음에서 부동산 관련 소득의 분류에 따른 과세 방식 등에 대해 알아보자.

1. 종합과세 방식과 분류과세 방식의 구분

현행 소득세법은 개인의 소득을 총 8가지로 나눈 후, 이자소득 등 6가지 항목은 합산해 과세하고, 나머지 퇴직소득과 양도소득은 별도의 계산구조로 과세하고 있다. 이를 정리하면 다음과 같다.

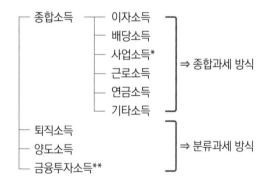

* 부동산 임대소득, 부동산 매매소득, 신축 판매소득 포함
** 2025년부터 금융투자소득이 추가될 예정임.

2. 종합과세와 분류과세 비교

종합과세는 소득의 종류와 관계없이 일정한 기간을 단위로 합산해 과세하는 방식을 말한다. 이에는 이자소득, 배당소득, 사업소득, 근로소득, 연금소득, 기타소득 등이 해당된다.

한편 분류과세는 비교적 장기간에 거쳐 발생하는 소득에 대해 별도의 계산구조로 과세하는 방식을 말한다. 이에는 퇴직소득과 양도소득 등이 해당된다.

🎯 참고로 분리과세란, 다른 소득과 분리해 통상 14%로 원천징수를 해 납세의무를 종결시키는 제도를 말한다.

3. 적용 사례

K 씨는 다음과 같은 물건을 보유 중이다. 물음에 답하면?

| 자료 |
- A 부동산 → 1세대 2주택자가 보유한 주택에 해당함.
- B 부동산 → 주택매매사업자가 보유한 주택에 해당함.
- C 부동산 → 임대 중이던 상가에 해당함.

Q1 A 부동산을 처분해 나온 소득은 종합소득인가?

사례의 A 부동산은 1세대 2주택자가 보유한 주택으로서 비사업자의 지위에서 양도하는 것인 만큼 양도소득에 해당할 가능성이 크다. 참고로 세법은 해당 거래에서 발생한 소득이 사업소득인지, 양도소득인지를 판단할 때 다음과 같은 기준을 두고 있다.

☑ 양도소득에 해당하는 경우 → 주로 비사업적·일시적으로 양도하는 경우가 이에 해당한다.

☑ 사업소득에 해당하는 경우 → 주로 사업적·반복적으로 양도하는 경우가 이에 해당한다.

실무에서는 매도자가 보유하는 부동산 전반에 걸쳐 당해 양도가 행해진 시기의 전후를 통한 모든 사정을 참작해 판단해야 한다(사실 판단의 문제에 해당한다).

Q2 B 부동산을 처분해서 나온 소득은 종합소득인가?

주택매매사업자가 주택을 처분하면 이에 대한 소득은 양도소득이 아닌 종합소득에 해당할 가능성이 크다. 다만, 실제 이에 해당하는지는 여러 가지 정황*들을 고려해야 한다.

* 구체적으로 사업자등록 존재 여부, 사업 목적, 매매 횟수, 장부, 세무신고 종류 등이 해당된다.

Q3 C 부동산을 처분해서 나온 소득은 양도소득인가?

임대 중이던 상가를 양도하는 경우에는 이에 대한 소득은 양도소득으로 구분한다.

> ※ **소득세법 제4조 소득의 구분**
> ① 거주자의 소득은 다음 각호와 같이 구분한다.
> 1. 종합소득
>   이 법에 따라 과세되는 모든 소득에서 제2호 및 제3호에 따른 소득을 제외한 소득으로써 다음 각 목의 소득을 합산한 것
>   가. 이자소득, 나. 배당소득, 다. 사업소득, 라. 근로소득, 마. 연금소득, 바. 기타소득
> 2. 퇴직소득
> 3. 양도소득

Q4 K 씨는 마음대로 소득을 분류할 수 있을까?

실무에서 보면 이에 대해 명확한 분류기준이 없어 사실상 K 씨의 의도대로 소득 분류를 할 수 있다. 다만, 개인이 부동산 매매업으로 인정받기 위해서는 사업자등록을 내는 것이 원칙이다. 이에 반해 법인은 소득 구분을 할 필요가 없다. 무조건 법인의 소득에 포함되기 때문이다.

※ 개인과 법인의 부동산 양도에 따른 소득 분류

구분	개인	법인
일시적 양도	양도소득	법인소득
계속적·반복적 양도	사업소득	

Q5 양도소득임에도 불구하고 사업소득으로 처리하거나 그 반대로 처리한 경우, 가산세 등의 부담이 있는가?

이 부분이 투자자의 관점에서 매우 궁금할 수 있다. 특정한 부동산을 자신의 입맛에 맞게 처리하는 것이 유리할 수 있기 때문이다. 이에 대해 세법은 해당 소득이 양도소득인지, 사업소득인지를 먼저 확인한 후, 만약 소득 구분에서 오류가 발생한 경우라면 원칙적으로 신고불성실가산세를 부과하지 않는다. 소득 분류 오류는 국세기본법 제48조 제1항 제2호에서 납세자가 의무를 이행하지 아니한 데에 정당한 사유가 있는 상황에 해당하기 때문이다. 다음 예규를 참조하기를 바란다.

※ 징세과-197, 2009.1.9

소득 분류를 잘못해 종합소득을 양도소득으로 신고한 경우에는 신고불성실가산세를 적용하지 아니하나, 조세 부담을 경감할 목적으로 고의로 사실과 다르게 소득 분류를 해 신고한 경우에는 신고불성실가산세를 적용함.

제 **2** 장

투자자의 부동산 3대 세금

(취득세, 부가세, 양도세·종소세·법인세)

부동산 거래와
세무상 쟁점

　부동산 투자에 참여하는 거래 당사자들은 부동산을 거래하기 전에는 반드시 관련 세금 문제를 파악해야 한다. 계약 후에 세금 문제를 검토하면 거래 당사자에게 치명타를 안겨다 줄 가능성이 크기 때문이다. 이와 함께 이들에게 관련 서비스를 제공하는 업계는 정확한 업무 처리를 통해 사후에 문제가 없도록 해야 한다. 다음에서는 부동산 거래 단계별로 발생하는 주요 세금 문제를 파악해보자.

Case

　K 씨는 부동산을 취득한 후 적절한 시기에 이를 양도할 계획을 세웠다. 물론 이를 보유 중에는 될 수 있는 대로 임대하려고 한다. 다음 자료를 보고 물음에 답하면?

구분	① 취득	② 보유/임대	③ 양도
개인	취득세	보유세	양도세
사업자	취득세+부가세	보유세+소득세제+부가세	소득세+부가세
법인			법인세+부가세

Q1 부동산을 취득할 때 내는 세금은?

부동산을 취득하면 공통으로 취득세가 발생한다. 다만, 부동산의 종류에 따라 취득세율이 다르게 적용된다. 예를 들어, 앞의 부동산이 주택이라면 1~12%의 차등 세율이 적용된다. 하지만 오피스텔의 경우에는 무조건 4%가 적용된다. 한편 주거용 부동산이 아닌 상업용 건물의 경우에는 취득세 외에 부가세가 발생하는 것이 일반적이다.

Q2 부동산을 보유 및 임대할 때 내는 세금에는 어떤 것들이 있는가?

부동산 보유 시에는 모든 부동산에 적용되는 보유세(재산세와 종부세)가 발생하며, 임대 시에는 종소세(법인은 법인세)가 부과되는 것이 원칙이다. 다만, 연간 2,000만 원 이하의 소형임대주택의 임대소득에 대해서는 분리과세가 적용된다(단, 법인은 과세함). 한편 상업용 건물을 임대하는 경우에는 부가세가 발생한다.

Q3 부동산을 양도하면 어떤 세금을 내야 하는가?

부동산을 양도하는 경우에는 양도세(사업자는 소득세, 법인은 법인세)가 부과된다. 이외에 상업용 건물을 양도하면 부가세가 발생한다.

🄬 이상의 내용을 보면 모든 거래 단계에서 공통으로 부가세가 등장한다.

부동산의 취득 단계부터 양도 단계까지 대두되는 쟁점 세금을 정리하면 다음과 같다.

취득 단계	• 취득가액의 1~12%의 취득세가 발생한다. • 취득자금과 관련해 증여세 문제가 발생할 수 있다(자금출처 조사).

▼

보유 단계	• 매년 6월 1일을 기준으로 재산세·종부세가 부과된다. • 임대료에 대해서는 부가세가 발생한다, 단, 주거용 부동산은 부가세가 면제된다(면적, 가격 등과 무관). • 임대소득에 대해 종소세(법인세)가 발생한다.

▼

양도 단계	• 양도소득에 대해 양도세가 발생한다. 다만, 사업자는 소득세, 법인은 법인세가 과세된다. • 상업용 건물에 대해서는 부가세가 발생한다.

부동산을 상속이나 증여로 받으면 상속세나 증여세가 부과되며, 향후 이를 양도할 때는 양도세가 부과되는데, 이때 일반취득과 다른 방식으로 세법을 적용한다(부록 참조).

실전연습

K 씨는 다음과 같은 자산을 보유하고 있다. 물음에 답하면?

|자료|
• A 주택 : 2015년에 별도 세대원 상태에서 상속받음. • B 주택 : 2020년에 취득함. • C 소형 상가 : 2020년에 모친으로부터 증여를 받음. • D 오피스텔 : 2022년에 분양받음(부가세 환급받음).

Q1 A 주택을 2024년 이후에 양도하면 비과세를 받을 수 있는가?

이러한 상황은 2주택 상태가 된다. 따라서 이 경우에는 2주택자에 대한 비과세 제도를 검토한다. 대표적으로 일시적 2주택(3년 이내에 처분) 과 상속주택 비과세 특례가 이에 해당할 수 있다. 그런데 전자는 이에 해당 사항이 없다. 3년이 지났기 때문이다. 한편 후자에도 해당하지 않는다. 상속주택 비과세를 받기 위해서는 상속주택을 취득하기 전에 일반주택을 먼저 취득해야 하기 때문이다(2013년 2월 15일 이후부터 적용).

Q2 C 상가를 증여받은 후 5년 이내에 양도하는 경우 세법상 문제점은?

K 씨와 모친과는 세법상 특수관계인에 해당한다. 세법은 이 둘의 거래를 통해 세금을 축소하는 것을 방지하기 위해 증여받은 후 5년* 이내에 양도하는 경우에는 취득가액 이월과세를 적용한다. 이에 대해서는 뒤에서 다시 한번 살펴본다.

* 2023년 이후 증여분은 10년을 적용한다. 사례는 이전의 증여분으로 이월과세 적용 기간은 5년이다.

Q3 D 오피스텔을 2024년에 주거용으로 임대하는 경우 세법상 문제점은?

당초 환급받은 부가세 일부를 추징당하게 된다. 주거용으로 임대하면 월세소득에 대해서는 부가세가 발생하지 않기 때문이다. 통상 10년간 업무용으로 임대해야 이러한 부담에서 벗어나게 된다(물론 그 전에 매각한 경우에는 세법상 문제가 없다. 다음 사업자가 부가세 업무를 이어받기 때문이다).

Q4 이 상태에서 K 씨가 조정지역 내에서 E 주택을 취득하면 취득세율은? 단, 모든 주택은 시가 표준액 1억 원을 초과한다.

상속받은 지 5년이 지난 A 주택과 B 주택은 주택 수에 포함하므로 이 경우 E 주택은 3주택 상태가 된다. 따라서 사례의 취득세율은 12%가 적용된다. 참고로 이에 관한 판단이 제대로 되지 않으면 실무 처리 시 많은 어려움을 겪을 수밖에 없다.

Tip ▶ 부동산 투자 시 알아야 할 3대 세금

부동산 투자는 '취득 → (보유/임대) → 처분'의 과정을 거쳐 이루어진다. 이 과정에서 만나는 주요 세금은 크게 3가지가 된다.

구분	내용	투자 포인트
취득세	• 주택 : 1~12% • 주택 외 : 4%	취득세 부담 최소화
부가세	• 상업용 건물 : 발생 • 주거용 건물 : 발생×	법에 맞게 부가세 징수 및 환급
양도세*	• 주택 : 비과세, 감면, 중과세 • 토지 : 감면, 중과세 • 기타 : 일반과세	비과세, 감면, 중과세 요건 파악 및 부동산 매매업과 법인 대안 투자 비교

* 개인이 양도하면 양도세, 사업자가 양도하면 종소세, 법인이 양도하면 법인세가 부과된다. 이러한 세목은 과세 방식에서 많은 차이가 있다. 따라서 투자자의 관점에서는 이에 대한 차이점을 제대로 이해하고 자신에 맞는 투자 유형을 찾는 것이 중요하다.

취득세

부동산을 거래하면 취득세와 부가세, 양도세(이를 투자자의 관점에서 3대 세금이라고 한다)가 발생한다. 이 중 취득세는 부동산 매수자의 관점에서 현금지출을 수반하는 것이므로 가급적 저렴하게 내는 것이 거래를 원활히 하는 지름길이 된다. 다음에서 취득세부터 자세히 알아보자.

Case

K 씨는 다음과 같은 부동산을 취득할 계획을 하고 있다. 각 항목에 대해서는 일반세율이 적용된다고 하자. 물음에 답하면?

| 자료 |

구분	취득가액	비고
주택(85㎡ 이하)	5억 원	유상으로 취득할 예정임.
농지	1억 원(공시지가 5,000만 원)	증여받을 예정임.
입주권	3억 원	유상으로 취득할 예정임.

Q1 각 항목에 대한 취득세 과세표준*은 얼마인가?

> * 과세표준이란 세금을 부과할 수 있는 기초가 되는 금액을 말한다.

취득세 과세표준은 원칙적으로 다음과 같이 정해진다(지방법 제10조).

- ☑ 원칙 : 취득 당시의 가액으로 한다.
- ☑ 예외 : 특수관계인 간의 부당행위에 대해서는 시가 인정액* 기준
  으로 한다.
  > * 매매가액, 감정가액 등을 말한다.

따라서 사례의 경우 다음과 같이 정해진다.

구분	과세표준	비고
주택	5억 원	
농지	5,000만 원	무상취득은 시가 인정액이 원칙임*
입주권	3억 원	프리미엄이 포함된 가액을 말함.

* 다만, 시가 표준액(기준시가=공시가격)이 1억 원 이하인 경우와 시가 인정액이 불분명한 경우에는 시가 표준액을 과세표준으로 한다. 시가 인정액에 대한 자세한 내용은 저자의《가족 간 부동산 거래 세무 가이드북》을 참조하기를 바란다.

Q2 지방세법상의 부동산에 대한 표준세율은 어떻게 규정하고 있는가?

여기서 표준세율이란 지자체가 지방세를 부과할 때 통상 적용해야 할 세율로서 재정상의 사유, 또는 그 밖의 특별한 사유가 있는 경우에는 이에 따르지 아니할 수 있는 세율을 말한다(지방세기본법 제2조 제1항 제6호). 지방법 제11조에서는 다음과 같이 부동산 취득에 대해 표준세율을 정하고 있다.

구분		세율
무상취득	상속	2.8%(농지는 2.3%)
	상속 외 무상취득(증여)	3.5%(비영리사업자의 취득은 2.8%)
원시취득(신축, 재건축)		2.8%
분할	공유물의 분할	2.3%
	신탁재산의 수탁자로부터 수익자로 이전	3%(비영리사업자의 취득은 2.5%)
	합유물 및 총유물의 분할로 인한 취득	2.3%
그 밖의 원인으로 인한 취득		4%(농지는 3%, 주택은 1~3%*)

* 6억 원 이하 1%, 6~9억 원 이하 2~3%(산식), 9억 원 초과 3%를 말한다.

실무에서는 앞의 원시취득(2.8%)과 그 밖의 원인으로 인한 취득(4%, 주택은 1~3%)에 대한 세율을 자주 볼 수 있다.

Q3 사례의 취득세 표준세율은?

구분	세율	비고
주택	1%	6억 원 이하의 표준세율은 1%임.
농지	3%	
입주권	4%	건축물이 있는 경우에는 건축물에 대한 취득세가, 없는 경우에는 대지에 대한 취득세가 부과됨.

Q4 취득세 외에 어떤 세금이 얼마나 부과되는가?

취득세 외에 농특세와 교육세가 부과된다. 농특세는 0.2%가 적용되나 85m^2 이하의 주택에 대해서는 비과세 된다. 한편 교육세는 기본적으로 (표준세율-2%)×20%(주택은 1~3%×1/2의 20%)의 형태로 과세된다. 자세한 것은 뒤에서 살펴보고 여기에서는 결과만 표시한다(승계취득의 경우).

구분	취득세	농특세	교육세	계
주택	1~3%	0.2% (85㎡↓0%)	0.1~0.3%	1.1~3.5%
	(사례) 1%	-	0.1%	1.1%
농지	3%	0.2%	0.2%	3.4%
입주권(대지)	4%	0.2%	0.4%	4.6%

Consulting

부동산을 취득할 때 발생하는 취득세는 비과세와 중과세, 감면 등으로 과세 방식이 달라지는데, 이를 정리하면 다음과 같다.

비과세	• 취득세가 전혀 없는 경우를 말한다(지방법 제9조). 　예) 국가 등 취득

▼

중과세	• 취득세를 일반세율보다 높게 과세하는 것을 말한다(지방법 제13조와 제13조의 2). 　예) 본점·공장 신·증설, 법인 취득, 사치성 재산, 주택취득 등

▼

감면	• 취득세 일부나 전부를 경감하는 것을 말한다(지특법 제31조 등). 　예) 임대주택 등에 대한 감면 등

취득세 실무에서 보면 가장 실수가 자주 발생하는 항목이 바로 중과세다. 중과세가 광범위하게 작동되기 때문이다. 대표적으로 주택과 법인의 과밀억제권역 부동산 취득 등이 이에 해당한다. 따라서 독자들은 이러한 점에 유의해 취득 전에 중과세 적용 여부를 반드시 점검하는 자세를 가져야 한다.

※ 취득세 중과세율의 체계

취득세 중과세율의 체계는 다음과 같다. 참고로 현행 취득세 중과세율은 중과기준세율 (2%)로 전체 세율을 조율하고 있다. 자세한 것은 뒤에서 알아본다.

구분		중과세율	비고
지방법 제13조	제1항 : 과밀 안 본점·공장 신축 등	표준세율+중과기준세율×2배	구취득세 중과*
	제2항 : 과밀 안 법인 부동산 취득	표준세율×3-중과기준세율×2배	구등록세 중과**
	제5항 : 사치성 재산 (골프장 등)	표준세율+중과기준세율×4배	구취득세 중과
	제6항 : 제1항+제2항	표준세율×3배	구취득세+구등록세 중과
	제7항 : 제2항+제5항	표준세율×3배+중과기준세율×2배(주택 1~3%+중과기준세율×6배)	
지방법 제13조의 2	제1항 : 주택의 승계취득	4%+중과기준세율×4배(3주택)	취득세 중과***
		4%+중과기준세율×2배(2주택)	
	제2항 : 주택의 무상취득	4%+중과기준세율×4배	
	제3항 : 제1~2항+고급주택 취득	8~12%+중과기준세율×4배	
지방법 제15조	상속 1세대 1주택 취득, 합병 등 특례규정****		
지방법 제16조	취득 후 5년 내 중과세 물건이 되는 경우 추징 규정		

* 2010년 이전에는 취득세율(2%)에 대해서만 중과세 3배(사치성 재산은 5배)를 적용함. 이에 따라 취득세에 부가되는 농특세도 3배로 중과함. 그 대신 교육세는 중과하지 않음.

** 2010년 이전에 등록세율(2%, 원시취득은 0.8%)에 대해 중과세 3배를 적용함. 이에 따라 교육세도 3배로 중과함. 그 대신 농특세는 중과하지 않음.

*** 2020년 8월 12일에 신설된 취득세 중과세는 전체 취득세율에 대해 중과세가 적용됨. 이에 따라 전체 취득세율에 대해 농특세가 중과세됨. 그 대신 교육세는 중과하지 않음.

**** 과밀억제권에서 부동산을 취득 후 5년 내 이곳으로 본점 이전하거나 지점설치 등을 하면 중과세율로 추징하는 규정을 말함. 이는 중과세 회피를 방지하는 규정에 해당함.

K 씨는 이번에 조그마한 상가와 아파트(국민주택규모)를 취득하려고 한다. 물음에 답하면?

| 자료 |

• 취득대상 : 상가와 아파트(국민주택규모)
• 취득가액 : 상가 3억 원, 아파트 3억 원(시가 표준액 2억 원)

Q1 K 씨가 상가를 취득하면 취득세는 얼마인가?

상가의 취득세율은 4%로 이에 농특세 0.2%와 교육세 0.4%를 더하면 총 4.6%가 적용된다. 따라서 취득가액 3억 원에 이를 곱하면 1,380만 원이 된다.

Q2 K 씨가 주택을 취득하면 취득세는 얼마인가? 해당 주택은 일반세율이 적용된다고 하자.

주택에 대한 취득세 일반세율은 1~3%가 된다. 이외 농특세, 교육세가 추가되는데, 국민주택규모 이하의 주택은 농특세가 비과세된다. 따라서 사례의 총 세율은 다음과 같다.

• 취득세율 1%+농특세 0%+교육세 0.1%[*]=1.1%
  * $1 \times (1/2) \times 20\% = 0.1\%$

따라서 주택에 대한 취득세는 330만 원이 된다.

Q3 만일 K 씨가 서울에서 법인을 설립해 앞의 상가와 주택을 취득하면 어떻게 될까?

과밀억제권역(과밀)에서 설립되고 5년이 미경과한 법인이 이 지역 내의 부동산을 취득하면 취득세 중과세가 적용된다(지방법 제13조). 한편 시가 표준액이 1억 원 초과한 주택 등은 12%가 적용된다. 이러한 점을 감안해 상가에 대한 총 취득세율은 9.4%, 주택에 대한 취득세율은 12.4%가 적용된다고 하자.

구분	상가		아파트(국민주택)	
	개인	법인	개인	법인
취득가액	3억 원	3억 원	3억 원	3억 원
총 취득 관련 세율	4.6%	9.4%*	1.1%	12.4%**
총 취득 관련 세금	1,380만 원	2,820만 원	330만 원	3,720만 원

* 취득세 8%(4%+4%)+농특세 0.2%+교육세[(4%-2%)×20%×3배]=9.4%

** 취득세 12%+농특세 0%(비과세)+교육세(2%×20%)=12.4%

Tip ▶ 취득세에 추가되는 농특세와 교육세

현행 지방법상 취득세율 구조가 상당히 복잡하다. 특히 2020년 8월 12일에 신설된 주택에 대한 취득세 중과세율이 복잡성을 더하고 있다. 취득의 유형에 따라 세율이 1~20%까지 달라지기 때문이다. 그런데 여기에 취득세에 부가되는 농특세와 교육세로 인해 그 복잡성은 최고조에 이르고 있다. 다음에서 농특세와 교육세를 중심으로 취득세 구조를 알아보자.

1. 농특세

농어촌특별세법(농특세법)은 농어촌의 구조조정을 위해 한시적으로 도입된 국세에 해당한다.

1) 납세의무자(농특세법 제3조)

- 소득세·법인세·관세·취득세 또는 등록면허세의 감면을 받는 자

- 개별소비세(물품, 입장 행위) 납세의무자

- 증권거래세 납세의무자

- 취득세* 또는 레저세의 납세의무자

- 종합부동산세의 납세의무자

  * 취득세에 부가되는 농특세 개정 연혁

  - 2010년 12월 31일 이전 : 취득세율은 2%이었으므로 농특세는 0.2%가 된다. 물론 취득세에 중과세가 3배, 5배 적용된 경우 농특세는 0.6%, 1.0%가 적용된다(본점·공장 신증설과 사치성 재산 취득에 한함).

  - 2011년 1월 1일 이후 : 등록세가 취득세로 통합되면서 취득세율 4%가 기본이 되었다. 이에 따라 농특세율을 종전과 같은 식으로 적용하기 위해 '표준세율을 2%'로 해 이에 10%를 적용하는 것으로 세법을 개정해 오늘에 이르고 있다. 한편 농특세 중과세는 종전 규정에 따라 취득세에 대해 중과세(본점 신축 등과 사치성 재산)가 적용되는 경우에 적용된다.

  - 2020년 8월 12일 이후 : 주택에 대한 중과세 규정은 별개로 신설된 것이므로 취득세율 전체에 대해 농특세 중과세가 적용된다(종전의 규정을 따르지 않음에 따라 농특세가 상당히 많이 나오고 있다. 입법적인 개선이 필요해 보인다).

2) 농특세 비과세(농특세법 제4조)

- 중소기업 특별세액감면

- 서민주택*의 취득세

- 농어촌주택(고가주택은 제외)의 취득세

  * 국민주택규모 이하의 주택을 말한다. 이때 지방의 도시지역이 아닌 읍 또는 면 지역은 1호 또는 1세대당 주거전용면적이 100㎡ 이하인 주택을 말한다.

3) 과세표준(농특세법 제5조)

취득세에 추가되는 농특세의 과세표준과 세율은 다음과 같이 규정되어 있다.

구분	과세표준	세율
제6호	지방세법 제11조 및 제12조의 표준세율을 100분의 2로 적용*해 지방세법, 지방세특례제한법 및 조세특례제한법에 따라 산출**한 취득세액	10%

* 표준세율은 일반적으로 4%인데 이를 2%로 간주해서 10%를 적용하면 농특세는 0.2%가 된다. 이는 종전 취득세율 2%, 등록세율 2%로 각각 과세하던 것을 2011년 이후부터 취득세율 4%로 통합한 결과에 따른 조치에 해당한다.

** 이에 대한 의미는 바로 다음을 참조하기를 바란다.

원래 취득세에 부가되는 농특세율은 0.2%(구 취득세율 2%×10%)가 된다. 그런데 취득세가 중과세되는 경우에는 농특세도 중과세가 되는데, 이때 지방법 제13조와 최근 신설된 지방법 제13조의 2를 구분해 이를 살펴봐야 한다.

① 지방법 제13조에 따른 취득세 중과

구분	취득 내용	중과세율	비고
지방법 제13조 제1항	대도시 내 본점 신·증축, 공장 신·증설	표준세율+ 중과기준세율*×2	구 취득세 중과 (3배)
지방법 제13조 제2항	대도시 내 부동산 취득	표준세율×3- 중과기준세율×2	구 등록세 중과 (3배)
지방법 제13조 제5항	사치성 재산 (골프장, 고급주택, 고급 오락장 등)	표준세율+ 중과기준세율×4	구 취득세 중과 (5배)

* 2%를 말한다. 2010년 이전에는 취득세와 등록세가 각각 과세되었으나, 2011년 이후 두 세목이 취득세로 통합됨에 따라 종전과 같은 세금효과를 내기 위해 이러한 제도를 두고 있다.

이 규정에 따르면 농특세는 다음과 같이 적용된다.
• 지방법 제13조 제1항이 적용되는 경우 → 구취득세 중과로 농특세도 3배 중과세율이 적용된다.
• 지방법 제13조 제2항이 적용되는 경우 → 구등록세 중과로 농특세는 0.2%로 과세된다(교육세 3배 중과).
• 지방법 제13조 제5항이 적용되는 경우→구취득세 중과로 농특세도 5배 중과세율이 적용된다.

  예) 대도시 내에서 부동산을 취득해 중과세가 적용되는 경우
  – 취득세 : 표준세율 4%×3-중과기준세율×2 = 8%

- 농특세율 : 표준세율 2%×10% = 0.2%(통합 전은 등록세 중과로 취득세는 중과 안 함)
- 교육세율 : (표준세율 2%×20%)×3 = 1.2%(통합 전 교육세는 등록세에 부가 됨. 따라서 교육세가 중과세됨. 아래 2. 지방교육세 참조)
- 계 9.4%

② 지방법 제13조의 2에 따른 취득세 중과

2020년 8월 12일에 신설된 주택에 대한 취득세 중과세율은 8~12%(고급주택 은 20%)까지 적용된다. 이러한 취득세율은 2011년 이후에 새로운 취득유형으로 전체가 취득세에 해당하므로 다음과 같이 농특세 중과세를 적용한다.

- 취득세 중과세율이 8%인 경우 : 표준세율 2%×10%+중과세율(8%-4%)× 10% = 0.6%
- 취득세 중과세율이 12%인 경우 : 표준세율 2%×10%+중과세율(12%-4%) ×10% = 1.0%
- 취득세 중과세율이 20%인 경우 : 표준세율 2%×10%+중과세율(20%-4%) ×10% = 1.8%

2. 지방교육세

지방교육세는 지방 교육재정의 확보를 위해 과세하는 지방세에 해당한다(지방법 제 12장).

1) 납세의무자(지방법 제150조)
- 부동산, 기계장비, 항공기 및 선박의 취득에 대한 취득세*의 납세의무자
- 재산세의 납세의무자 등

 * 2011년 전에 지방세가 통합되기 전에는 등록세율(0.8~2%)에 대해 20%의 세율로 부가되었다.

2) 비과세
규정된 것이 없다.

3) 과세표준과 세율(지방법 제151조)

① 원칙

[취득세 과세표준×(표준세율*-2%)]×교육세율(20%)

* 지방법 제11조 제1항 제1호~제7호와 제12조의 세율을 말한다. 단, 제11조 제1항 제8호의 주택은 1~3%×50%를 곱한 세율을 말한다.

② 예외

취득세 중과세가 되는 유형을 2020년 8월 12일 전부터 적용되는 것과 그 이후 적용되는 것을 구분해 이에 대한 적용법을 달리 정하고 있다.

가. 지방법 제13조

구분	취득 내용	교육세 중과
지방법 제13조 제1항	대도시 내 본점 신·증축, 공장 신·증설(구취득세 중과)	–
지방법 제13조 제2항	대도시 내 부동산 취득 (구등록세 중과)	중과(3배)*
지방법 제13조 제5항	사치성 재산(구취득세 중과)	–

* 단, 법인이 제11조 제1항 제8호에 따른 주택(시가 표준액 1억 원 이하의 주택 등)을 취득한 경우 다음 나를 적용함.

나. 지방법 제13조의 2(주택취득) : (4%-중과기준세율)×20% = 0.4%*

* 주택 취득세가 중과세되면 농특세도 중과세되며, 교육세는 중과세를 적용하지 않는다.

※ 취득세와 농특세, 교육세 요약

앞에서 본 내용을 종합해 총 취득세율을 정리해보자.

1. 승계취득의 경우

구분		취득세	농특세	교육세	계
비과세		–	85㎡ 이하 주택	무조건 과세함.	–
일반세율		• 일반 : 4% • 주택 : 1~3%	0.2% (4 % × 1 / 2 × 10%)	• 일반 : 0.4% [(4%-2%)× 20%] • 주택 : (1~3% × 1 / 2) × 20%	• 일반 : 4.6% • 주택 : 1.1~ 3.5%
중과 세율	과밀 내 취득	8% (구등록세 3배)	0.2%	1.2% (교육세 3배 중과)	9.4%*
	사치성 재산	12% (구취득세 5배)	1.0% (농특세 5배 중과)	0.4%	13.4%**
	주택	• 일반주택 : 8~12% • 고급주택 : 16~20%	• 일반 : 0.6~ 1.0% • 고급 : 1.4~ 1.8%	0.4%	• 일반 : 9~ 13.4%*** • 고급 : 17.8~ 22.2%

* 과밀 내 법인이 부동산을 취득하면 농특세는 0.2%, 교육세는 0.4%의 3배로 중과세된다 (2011년 전의 규정에 따른 조치).

** 사치성 재산(다주택자와 법인의 고급주택은 주택으로 중과세)을 취득하면 농특세만 5배로 중과세되며, 교육세는 일반 과세된다.

*** 주택에 대한 취득세율이 8% 또는 12% 등으로 중과세되면 농특세도 중과세가 적용된다. 교육세는 중과세를 적용하지 않는다.

2. 원시취득의 경우

구분	취득세	농특세	교육세	계
비과세	–	85㎡ 이하 주택	무조건 과세함.	–
일반세율	2.8% (구취득세 2%, 구등록세 0.8%)	0.2%	0.16% 0.8%×20%	3.16%

구분		취득세	농특세	교육세	계
중과 세율	과밀 내 본점 신축 등	6.8% (구취득세 3배)	0.6% (취득세 3배 중과)	0.16%	7.56%
	과밀 내 취득	4.4% (구등록세 3배)	0.2%	0.48% (교육세 3배 중과)	5.08%*
	사치성 재산	10.8% (구취득세 5배)	1.0% (농특세 5배 중과)	0.16%	11.96%**
	주택***	(원시취득은 지방법 제13조의 2 적용하지 않음)			

* 과밀 내 법인이 부동산을 취득하면 농특세는 0.2%, 교육세는 0.4%의 3배로 중과세된다 (2011년 전의 규정에 따른 조치).

** 사치성 재산을 취득하면 농특세만 5배 중과세되며, 교육세는 일반과세된다.

*** 주택에 대한 취득세율이 8% 또는 12% 등으로 중과세되면 농특세도 중과세가 적용된다. 교육세는 중과세를 적용하지 않는다.

부가가치세

　사업자가 창출한 부가가치에 대해 10%의 세율로 부과하는 세금을 말한다. 부동산의 경우 '취득, 임대, 양도'하는 과정에서 이와 관련된 다양한 문제가 파생하고 있다. 물론 상업용 건물에서 그렇다. 다음에서 이 세목에 대해 알아보자.

Case

K 중개사무소에서는 다음과 같은 물건을 중개하려고 한다. 물음에 답하면?

I 자료 I
A 주택 : 85㎡ 초과 B 오피스텔(업무용) : 85㎡ 이하

Q1 일반적으로 부가세는 어디에 부과되는가?

부가세는 사업자가 창출하는 부가가치에 대해 과세한다. 물론 여기서 부가가치는 재화나 용역을 사업자가 공급할 때 발생한다. 부동산 실무에서는 부동산의 공급가액에서 매입가액을 차감한 금액을 부가가치로 파악하고, 이 금액의 10%를 부가세로 과세한다.

Q2 A 주택을 개인이 양도하는 경우와 사업자가 양도하는 경우, 과세 방법에서 차이가 있는가?

개인이 비사업적으로 양도하는 것과 사업적으로 양도하는 것은 부가세 과세 측면에서 차이가 있다. 만일 비사업자가 $85\,m^2$ 초과 주택*을 양도하는 경우에는 사업행위가 아니므로 부가세가 발생하지 않으며, 사업자가 양도하는 경우에는 사업행위에 해당하므로 부가세가 발생한다.

* 사업자가 공급하는 85㎡ 이하 주택은 부가세를 면세한다. 국민의 기초생활과 관련이 있기 때문이다.

Q3 B 오피스텔을 양도하는 경우 부가세가 발생하는가?

오피스텔은 전용면적이 $85\,m^2$ 이하가 되더라도 부가세가 발생한다. 주택의 경우에만 전용면적 $85\,m^2$와 관계가 있다. 즉 주택의 경우, 사업자가 공급하는 주택의 전용면적이 $85\,m^2$ 초과 시에만 부가세가 발생한다.

Consulting

부동산의 '취득, 임대, 양도' 과정에서 만나는 부가세를 부동산 종류별·거래 단계별로 요약하면 다음과 같다. 이 부가세는 부동산 투자·중개 시에 매우 중요한 세목에 해당한다. 이를 잘못 다루면 거래가 성사되지 않을 수 있다.

구분	취득	임대	양도
주택 (주거용 오피스텔 포함)*	• 토지× • 건물×(단, 85㎡ 초과 주택 분양분○)	×	• 토지× • 건물×(단, 매매사업자의 85㎡ 초과 주택○)
▼			
업무용 오피스텔	• 토지× • 건물○	○	• 토지× • 건물○
▼			
상가	• 토지× • 건물○	○	• 토지× • 건물○
▼			
토지	×	×(단, 나대지는 ○)	×

* 주거용 오피스텔을 분양받을 때는 부가세가 발생하나, 기존 주거용 오피스텔을 취득하는 경우에는 부가세가 발생하지 않는다.

👉 건물 아래에 붙어 있는 토지를 공급(양도)하면 이는 면세 대상에 해당하나, 이를 임대한 경우에는 면세 대상으로 열거되어 있지 않으므로 과세가 된다.

⬤ 실전연습

K 씨가 취득하고자 하는 부동산은 다음과 같다. 물음에 답하면?

| 자료 |

• 85㎡ 초과 주택(예상취득금액 3억 원)

• 상가(예상취득금액 5억 원, 부가세 별도)

• 토지(예상취득금액 1억 원)

Q1 위 부동산을 취득하는 경우 부가세가 발생하는가?

먼저 부가세가 발생하는 조건을 정리하면 다음과 같다.

ⓒ 공급하는 자가 사업적으로 재화나 용역을 공급할 것

ⓒ 면세가 되는 재화나 용역에 해당하지 않을 것

이 내용을 앞의 사례에 적용해 답을 찾아보면 다음과 같다.

구분	부가세 발생 여부	비고
주택	△	비사업자인 개인이 일시적으로 공급하는 경우에는 부가세가 발생하지 않지만, 사업자가 분양 또는 매매하는 경우에 부가세가 발생함.
상가	○	임대사업자가 양도하므로 발생함.
토지	×	토지의 공급은 면세로 규정됨.

Q2 상가에 대한 부가세는 얼마인가?

상가를 토지와 건물의 가액으로 구분하지 않고 일괄공급하는 경우에는 토지와 건물의 가액을 안분하는 것부터 시작해야 한다. 토지의 공급은 면세로 규정되어 있기 때문이다. 이때 토지와 건물의 가액은 '감정가액 비율 → 기준시가 비율' 순으로 안분계산한다(일괄공급에 따른 공급가액 안분은 6장 절세 탐구 편을 참조하면 된다). 사례의 경우 토지와 건물의 기준시가가 같다면, 부가세는 다음과 같다.

구분	금액	비고
부가세	2,500만 원	• 건물가액 : 5억 원×1/2=2억 5,000만 원 • 부가세 : 건물가액×10%
총 거래금액	5억 2,500만 원	5억 원+2,500만 원

ⓛ 만일 중개 과정에서 부가세에 대한 언급이 없거나 거래금액에 부가세가 포함되어 있다면 총 거래금액은 5억 원이 되며, 이 5억 원 중 일부를 부가세로 납부해야 하는 불이익이 뒤따른다. 따라서 계약 전에 부가세 발생 여부 및 '부가세 별도'란 문구를 계약서에 반영하는 것이 중요하다.

Q3 상가에 대한 부가세를 제외하고 거래할 방법은?

이 경우에는 포괄양수도계약을 맺어 거래할 수 있다. 이 계약은 사업을 그대로 양도·양수하는 것을 말한다. 포괄양수도계약 시 주의할 점은 다음과 같다.

- ☑ 거래 당사자의 조건 → 거래 당사자는 부가세가 과세되는 사업자에 해당해야 한다.
- ☑ 사업의 동일성 조건 → 사업에 관한 모든 권리와 의무*를 포괄적으로 이전해야 한다.

  * 업종, 임차인, 임대보증금 등이 그대로 승계되어야 한다.

- ☑ 사업양도 신고 → 사업양도에 대해 포괄양수도 계약서를 첨부해 폐업 신고를 해야 한다.

현장에서 포괄양수도라는 말을 많이 들었을 것이다. 주로 상업용 건물(권리 포함)을 부가세 없이 거래할 때 등장한다. 원래 매도자는 매수자로부터 부가세를 징수해 국가에 납부하고, 매수자는 환급을 받게 되면 국가로서는 실익이 없어 사업을 포괄적으로 양도·양수하면 이를 재화의 공급에서 제외해 부가세를 과세하지 않는다. 일반적으로 포괄양수도는 매도자와 매수자가 모두 일반과세자일 때 유용하다. 이에 대한 자세한 내용은 이 장의 '절세 탐구'에서 살펴본다.

매도자	매수자	포괄양수도
일반과세자	일반과세자	가능
	간이과세자	가능(단, 매수자는 일반과세자로 자동전환됨)
간이과세자	일반과세자	가능*
	간이과세자	가능
면세사업자	일반과세자, 간이과세자	불가능
비사업자	일반과세자, 간이과세자	불가능

* 매도자가 간이과세자이고 매수자가 일반과세자면 거래가 성립되기 힘들다. 일반과세자로서는 세금계산서를 교부받아 매입세액을 환급받아야 하는데, 간이과세자는 세금계산서를 발행할 수 없기 때문이다(단, 임대업이 아닌 업종은 4,800~8,000만 원 미만인 간이과세자는 세금계산서를 발행해야 함). 참고로 앞의 8,000만 원은 2024년 7월 1일부터 1억 400만 원으로 상향 조정될 예정이다.

양도소득세

양도세는 개인이 일시적으로 부동산 등을 처분해 발생한 소득에 부과되는 세금이다. 이를 사업적으로 매매하면 종소세가, 법인이 부동산을 처분해 발생한 소득에 대해서는 법인세로 과세한다. 다음에서 이에 대해 알아보자.

> **Case**

K 씨는 다음과 같이 부동산에 대한 투자를 계획하고 있다. 물음에 답하면?

자료
• 투자 대상 물건 : 주택, 오피스텔 등

Q1 양도세는 어떤 세금을 말하는가?

양도세는 부동산 등 양도세 과세 대상 자산의 양도로 인해 발생한 양도차익에 부과되는 세금을 말한다. 일종의 자본이득에 대해 과세를 한다.

Q2 양도세의 과세 방식은 어떻게 되는가?

양도세는 비과세부터 중과세까지 다양한 방법으로 과세되고 있다. 구체적인 것들은 순차적으로 알아본다.

구분	내용	비고
비과세	1세대 1주택 등	
중과세	• 2~3주택 중과세 • 비사업용 토지 등	조정지역* 내의 주택에 적용
감면	• 미분양주택 • 8년 자경농지 등	조특법, 지특법 등에서 규정

* 2024년 3월 말 현재 서울 강남 · 서초 · 송파 · 용산구 등 4곳이 조정지역으로 지정되어 있다.

Q3 위의 주택을 양도해서 1억 원의 차익을 얻었다. 보유기간이 1~2년 미만이라면 적용되는 세율은?

주택을 1~2년 미만 보유 후 양도하면 60%(지방소득세 포함 시 66%)가 적용된다.

☞ 양도세는 투자 수익률에 밀접한 영향을 주기 때문에 이에 관한 관리가 중요하다.

Consulting

양도세와 관련해 점검해야 할 내용을 과세 방식 형태별로 정리하면 다음과 같다.

	내용	비고
비과세	국가가 과세권을 포기한 것을 말한다. 납세의무자는 신고의무가 없다.	• 주택* : 1세대 1주택, 일시적 2주택, 상속·농어촌주택 소유 등 • 토지 : 농지의 교환과 분합
▼		* 주거용 오피스텔 포함
중과세	세금을 기본보다 무겁게 과세하는 것을 말한다.	• 주택 : 중과 주택 • 토지 : 비사업용 토지
▼		
감면	세금 일부나 전부를 경감하는 것을 말한다.	• 주택 : 조특법상 감면 　　　　→ 50~100% 감면 • 토지 : 8년 자경, 대토 감면농지 　　　　→ 100% 감면 • 공통 : 수용된 부동산 　　　　→ 10~40% 감면

🔊 양도세는 비과세, 중과세, 감면 등 모든 것들이 중요하다.

실전연습

K 씨는 다음과 같은 부동산을 보유 중이다. 물음에 답하면?

| 자료 |

• 주택(예상양도가액 5억 원), 1세대 2주택자에 해당함.

• 상가(예상양도가액 10억 원, 취득가액 5억 원)

• 토지(예상양도가액 2억 원)

Q1 주택의 보유기간은 10년이다. 이 경우 비과세를 받을 수 있는가?

1세대 2주택 상태에서 비과세를 받을 수 있는 경우의 수를 찾아내야 한다.

✅ 일시적 2주택에 해당하는 경우

✅ 상속주택, 농어촌주택, 동거봉양 주택 등이 포함된 경우

✅ 주택 수에서 제외되는 감면주택, 임대주택 등이 포함된 경우

따라서 1세대 2주택 이상이 되더라도 비과세를 받을 수 있는 길이 많음을 알 수 있다. 참고로 사례는 추가 정보가 없어 비과세가 적용되는지는 확인할 수 없다.

Q2 상가에 대한 임대소득세 계산 시 감가상각비가 1억 원이 포함되었다. 양도차익은 얼마인가?

상가에 대한 양도차익 계산 시 감가상각비는 취득가액에서 차감해 계산한다. 임대소득세와 양도세에 대한 이중 공제 혜택을 주지 않기 위해서다. 따라서 양도차익은 다음과 같이 계산한다.

구분	금액	비고
양도가액	10억 원	
-취득가액	4억 원	5억 원-1억 원=4억 원
=양도차익	6억 원	

Q3 토지를 양도해 양도차익 1억 원이 났다. 보유기간이 10년이며 비사업용 토지에 해당한다. 양도세율은 어떻게 적용되는가?

비사업용 토지의 양도세율은 보유기간에 따라 다음과 같이 적용된다.

구분	1년 미만 보유	1~2년 미만 보유	2년 이상 보유
비사업용 토지	50%	Max[40%, 16~55%]	16~55%

따라서 사례의 경우 보유기간이 2년 이상에 해당하므로 세율은 16~55%가 적용된다.

Q4 앞의 부동산을 한 해에 모두 양도하면 세율은 어떤 식으로 적용되는가?

각각 계산한 산출세액의 합계액과 이들의 과세표준을 모두 합산한 금액에 6~45% 등을 적용한 산출세액을 계산해 그중 많은 세액을 산출세액으로 한다.

Tip ▶ 양도세율

양도세율을 한꺼번에 정리하면 다음과 같다(지방소득세 별도).

구분	국내자산 양도소득	국외자산 양도소득
토지, 건물, 부동산에 관한 권리	• 주택·입주권 　– 1년 미만 보유 : 70% 　– 1~2년 미만 보유 : 60% 　– 2년 이상 보유 : 6~45% 　– 주택 중과세율 : 6~45%+20~30%P • 주택분양권 　– 1년 미만 : 70%(1년 이상:60%) • 주택 외(토지, 상가, 상가분양권 등) 　– 1년 미만 보유 : 50% 　– 1~2년 미만 보유 : 40% 　– 2년 이상 보유 : 6~45% 　– 토지 중과세율 : 6~45%+10%P • 미등기 : 70%	6~45% (보유기간 관계없음)
기타자산	6~45%	6~45%
주식	• 중소기업 : 10%(대주주 20~25%) • 대기업 : 20% • 대기업 대주주 1년 미만 보유 : 30%	• 중소기업 : 10% • 중소기업 이외 : 20%

🔵 양도세 일반세율(6~45%)과 중과세율의 구조

과세표준	6~45%	중과세율			누진공제
		+10%P	+20%P	+30%P	
0~1,400만 원 이하	6%	16%	26%	36%	0원
1,400~5,000만 원 이하	15%	25%	35%	45%	126만 원
5,000~8,800만 원 이하	24%	34%	44%	54%	576만 원
8,800만~1.5억 원 이하	35%	45%	55%	65%	1,544만 원
1.5~3억 원 이하	38%	48%	58%	68%	1,994만 원
3~5억 원 이하	40%	50%	60%	70%	2,594만 원
5~10억 원 이하	42%	52%	62%	72%	3,594만 원
10억 원 초과	45%	55%	65%	75%	6,594만 원
지방소득세	10% 별도				

종합소득세
(법인세)

 부동산과 관련된 사업에는 크게 임대업, 매매업, 신축 판매업 등이 포함되는데, 이러한 소득은 근로소득 등에 더해 종합과세를 적용받는다. 다음에서는 투자자의 관점에서 최근 관심이 많은 매매업에 대한 종소세 과세 문제를 정리해보자. 참고로 부동산 매매업은 부동산을 마치 상품처럼 사고파는 사업에 해당한다.

Case

K 씨는 다음과 같이 계획을 하고 있다. 물음에 답하면?

|자료|
• 수시로 경매 등을 통해 부동산을 사고팔 계획임.

Q1 개인이 부동산을 일시적으로 양도하는 것과 사업적으로 양도하는 것은 차이가 있는가?

현행 소득세법에 따르면 전자는 양도소득, 후자는 사업소득으로 분류된다. 이 둘의 과세체계는 다르다.

구분	양도소득	사업소득(매매소득)
개념	일시적으로 양도	사업적으로 양도(사업자등록)
과세표준	양도차익-장기보유특별공제(장특공제) 등	수입금액-필요경비-종합소득공제
세율	• 주택 : 70%, 60%, 6~45% • 주택 외 : 50%, 40%, 6~45%	6~45%
기타	–	중과 주택과 비사업용 토지는 비교과세*가 적용됨.

* 양도세와 종소세 중 많은 세금으로 과세하는 제도를 말한다.

Q2 사업적으로 양도하는 것이란 무엇을 의미하는가?

부동산 매매를 계속적·반복적으로 하면 이는 사업적으로 볼 수 있다.

Q3 매매사업자가 되는 방법은 무엇인가?

매매사업자가 자발적으로 되기 위해서는 사업장이 있는 관할 세무서에 매매사업자로 사업자등록을 내면 된다.

Consulting

부동산 매매사업자가 부닥치는 세무상 쟁점을 세목별로 정리해보면 다음과 같다.

	일반개인	매매사업자
취득세	• 주택 : 1~12% • 주택 외 : 4%	• 좌동 • 좌동
▼		
부가세	• 징수의무 : 없음. • 환급 가능 여부 : 불가능	• 있음(85㎡ 초과 주택 등). • 가능
▼		
양도세/ 종소세	• 거주용 주택 : 비과세 • 투자용 주택 : 양도세 과세	• 좌동 • 종소세 과세*

* 매매사업자가 중과 주택이나 비사업용 토지를 양도하면 비교과세(양도세와 종소세 중 많은 세액을 납부하는 제도)가 적용된다.

실전연습

앞의 K 씨는 매매사업자등록을 냈는데 다음의 상황이 궁금하다. 물음에 대해 답하면?

Q1 낙찰을 받아 바로 양도하면 어떤 식으로 신고해야 하는가?

양도일이 속한 달의 말일로부터 2개월 이내에 매매차익 예정신고·납부를 해야 한다. 이는 양도세가 아닌 매매사업자가 행하는 협력 의무로 별도의 신고 서식이 있다. 한편 이러한 예정신고·납부 후 다음 해 5월(성실 신고자는 6월)에 확정신고를 해야 한다.

Q2 만일 Q1의 양도차익이 1,000만 원이라면 예정신고 시 얼마로 납부해야 하는가? 양도세와 비교해보자.

구분	양도세	종소세
양도차익	1,000만 원	1,000만 원
×세율	70%	6%
=산출세액	700만 원	60만 원

Q3 만일 일반관리비가 500만 원 발생한 경우라면 앞 Q2의 세금이 달라지는가?

양도세는 변함이 없지만, 종소세는 과세표준이 축소되어 세금이 줄어든다.

구분	양도세	종소세
양도차익	1,000만 원	1,000만 원
−일반관리비	0원	500만 원
=과세표준	1,000만 원	500만 원
×세율	70%	6%
=산출세액	700만 원	30만 원

Q4 매매사업자가 85㎡ 초과 주택을 양도하면 부가세가 과세되는가?

사업자가 공급하는 $85m^2$ 초과 주택은 부가세가 발생한다. 따라서 이 경우에는 사업용 주택이 아닌 2년 이상 임대 후 양도하거나 아예 처음부터 사업용에서 제외하는 것이 좋을 것으로 보인다.

Q5 매매용 주택 외 거주용 주택을 양도하면 비과세를 받을 수 있는가?

매매용 주택은 거주용 주택에 대한 양도세 비과세 판단 시 주택 수에서 제외한다. 따라서 이론적으로 거주용 주택이 1세대 1주택에 해당하면 비과세를 받을 수 있다. 다만, 매매용 주택인지 아닌지 이에 대한 사실 판단을 하게 되므로 때에 따라서는 비과세가 안 될 수 있다.

Q6 만일 법인으로 투자를 하면 법인세를 어떤 식으로 내야 하는가?

부동산 투자는 법인으로 할 수도 있다. 이때 법인은 일반 법인세 외에 추가로 법인세를 부담할 수 있다. 이때 추가 법인세의 과세 대상은 주택과 비사업용 토지가 이에 해당한다.

구분	일반 법인세	추가 법인세
개념	법인의 당기순이익에 대해 과세	주택과 토지의 양도차익에 대해 과세
과세표준	익금-손금	양도차익(매도가액-취득가액 등)
세율	9~24%	20%(토지는 10%)
적용 대상	모든 부동산과 권리	주택, 주거용 오피스텔, 비사업용 토지, 입주권, 주택분양권

※ 소득세와 법인세 세율구조 비교

소득세		법인세	
과세표준	세율	과세표준	세율
0~1,400만 원 이하	6%	2억 원 이하	9%
1,400~5,000만 원 이하	15%		
5,000~8,800만 원 이하	24%	2~200억 원 이하	19%
8,800만~1.5억 원 이하	35%		
1.5~3억 원 이하	38%	200~3,000억 원 이하	21%
3~5억 원 이하	40%		
5~10억 원 이하	42%	3,000억 원 초과	24%
10억 원 초과	45%		

구분		개인	사업자	법인
취득세	주택	• 1~12% • 중과세 : 주택 수에 따라 차등 적용	좌동	• 좌동 • 중과세 : 주택 수와 무관
	상업용 건물	4%	4%	4%(과밀 내 중과세)
재산세	주택	0.1~0.4%	좌동	좌동
	상업용 건물	• 건축물 : 0.25% • 토지 : 0.2~0.4%	좌동	좌동
종부세	주택	• 9억 원 공제 • 0.5~5.0%	좌동	• 공제 없음. • 2.7~5.0%
	상업용 건물의 토지	• 80억 원 공제 • 1~4%	좌동	좌동
양도세/ 종소세/ 법인세	주택	비과세, 중과세 등	• 일반 종소세 • 비교과세(매매업)	• 일반 법인세 • 추가 법인세 (주택 등)
	상업용 건물	과세	• 일반 종소세 • 비교과세(매매업*)	일반 법인세

* 상업용 건물의 분양 판매는 세법상 부동산 매매업에 해당하므로 비교과세가 적용된다.

개인과 사업자, 법인 간 가장 세제 차이가 두드러지는 부분은 양도 단계다. 개인은 양도세, 사업자는 종소세, 법인은 법인세가 과세되기 때문이다. 이를 포함해 투자를 저해하는 세법상의 요인을 투자 형태별로 요약하면 다음과 같다.

구분	개인	사업자	법인
취득세	주택 수에 따른 취득세 중과세	좌동	주택 수와 무관한 취득세 중과세
보유세	–	–	종부세 사실상 중과세
양도세/종소세/법인세	양도세 중과세	매매업 비교과세	법인세 추가과세

앞의 표를 보면 법인은 취득세와 종부세, 법인세 등 삼중으로 규제를 받고 있다. 하지만 개인과 사업자는 취득세 정도만 규제를 받고 있다. 양도세 중과세나 비교과세는 현재 상황에서는 거의 작동되기 힘들기 때문이다(대부분 지역이 비조정지역에 해당하는 한편 2년 이상 보유한 주택도 중과세 제외). 따라서 주택의 경우, 법인으로의 투자보다는 사업자가 더 나은 모형이 될 수 있다. 특히 비교과세가 적용되지 않는 주택의 경우 단기매매를 하더라도 6~45%가 적용되는 점은 매매사업자의 큰 장점이 된다(이외 비용처리에서도 월등하다).

🔵 부동산 매매업에 대한 세무 관리법은 저자의《확 바뀐 부동산 매매사업자 세무 가이드북 실전 편》을 참조하기를 바란다.

매수자의 관점에서 가장 중요한 세목인 취득세 세율에 대해 종합적으로 살펴보자.

1. 표준세율

취득세는 표준세율로 되어 있으며, 조례에 따라 표준세율의 50% 범위에서 가감할 수 있다(지방법 제11조).

구분		표준세율
무상취득	상속	2.8%(농지는 2.3%)
	상속 외 무상취득(증여)	3.5%(비영리사업자의 취득은 2.8%)
원시취득(신축, 재건축)		2.8%
분할	공유물의 분할	2.3%
	신탁재산의 수탁자로부터 수익자로 이전	3%(비영리사업자의 취득은 2.5%)
	합유물 및 총유물의 분할로 인한 취득	2.3%
그 밖의 원인으로 인한 취득(승계취득)		4%(농지는 3%, 주택은 1~3%*)

* 다음 산식을 사용해 취득세율을 계산한다.

$$(\text{해당 주택의 취득당시가액} \times \frac{2}{3억\ 원} - 3) \times \frac{1}{100}$$

2. 중과세율

부동산과 관련된 중과세율을 정리하면 다음과 같다. 취득세 중과세는 관련 내용이 상당히 복잡하다. 따라서 실무 적용 시에는 법조문을 참조하는 것이 좋을 것으로 보인다.

1) 종전부터 시행되어온 중과세 제도

① 수도권 과밀억제권역 내에서 법인의 본점을 신·증축하거나 공장을 신·증설하는 경우(지방법 제13조 제1항)

구분		세율	비고
수도권 과밀억제권역 내	법인의 본점 신·증축	6.8%	2.8%+중과기준세율 2%×2배* =2.8%+4%=6.8%
	공장 신·증설(개인, 법인)		

* 2011년 전에 취득세에 3배 중과세하던 것과 동일한 효과를 내기 위해 중과기준세율에 2배를 곱해 더하고 있다. 참고로 과밀 안에서 5년이 미경과한 법인의 본점 신축은 8.4%가 적용된다(지방법 제13조 제6항)

이 규정은 수도권 과밀억제권역 내에서 본점(지점은 제외)용 건물을 신축 또는 증축(승계취득은 제외)하는 경우와 공장을 신설 또는 증설(승계취득은 제외)하는 경우에 적용된다(건축물에 적용).

😀 만일 이에 해당하지 않으면 아래 ②의 규정을 검토해야 한다. 한편 ①과 ②의 규정이 동시에 적용되는 경우에는 세율 특례규정(지방법 제13조 제6항, 표준세율×3배)을 적용해야 한다(5년 미경과한 법인의 본점 신축은 8.4%, 토지 취득은 12%가 적용될 것으로 보인다).

② 설립된 지 5년 미만 된 법인이 부동산을 취득(승계 또는 원시취득)하는 경우(법인, 지방법 제13조 제2항)

구분		세율	비고
승계취득	주택 (단, 중과 주택은 제외*)	5%, 6%, 7%	1~3%+중과기준세율 2%×2배** =5~7%
	주택 외 부동산	8%	4%×3배-중과기준세율 2%×2배 =12%-4%=8%
원시취득		4.4%	2.8%×3배-중과기준세율 2%×2배 =8.4%-4%=4.4%

* 법인이 주택을 취득하면 12%가 적용되나, 시가 표준액이 1억 원 이하인 주택 등은 1~3%가 적용된다. 따라서 이러한 주택을 앞의 법인이 취득하면 4%가 추가된다.

** 2011년 전에 취득세에 3배 중과세하던 것과 동일한 효과를 내기 위해 중과기준세율에 2배를 곱해 더하고 있다. 주택 외 부동산이나 원시취득의 경우에도 같은 취지가 있다.

🔰 수도권 과밀억제권역 내에서 설립된 지 5년이 미경과한 법인이 지역 내의 부동산을 승계 또는 원시취득한 경우 중과세율이 적용된다(지방법 제13조 제2항). 참고로 이 규정은 이 지역 내에서 상법상 지점을 설치하거나 본점이나 지점을 대도시 밖에서 대도시로 전입(수도권의 경우에는 서울특별시 외의 지역에서 서울특별시로의 전입도 대도시로의 전입으로 본다)한 경우에도 적용한다. 또한, 부동산 선취득 후 5년 내 대도시 내 본점 등을 설립하거나, 설립 후 5년 내 부동산을 취득할 때도 이 규정을 적용한다. 다만, 이 지역 내에서 설치가 불가피하다고 인정되는 업종*으로서 대통령령으로 정하는 업종은 중과세를 적용하지 않는다.

* 이에는 민간임대주택에 관한 특별법 제5조에 따라 등록을 한 임대사업자 등이 해당한다(지방령 제26조, 대도시 법인 중과세의 예외).

③ 사치성 재산을 승계 취득하거나 신축하는 경우(개인과 법인, 지방법 제13조 제5항)

구분		세율	비고
사치성 재산	승계취득	12%	4%+중과기준세율* 2%×4배 =4%+8%=12%
	원시취득	10.8%	2.8%+중과기준세율 2%×4배 =2.8%+8%=10.8%

* 사치성 재산은 2011년 전에는 취득세율 2%에 5배가 중과되었다.

🔰 개인과 법인을 불문하고 사치성 재산에 해당하면 앞의 취득세율로 중과세를 적용한다. 사치성 재산에는 골프장·고급주택·고급선박 등이 해당한다(지방법 제13조 제5항).*

* 별장은 2023년부터 제외되었다.

2) 최근에 신설된 중과세 제도

2020년 8월 12일 이후부터 법인이나 다주택자가 주택을 승계취득 또는 무상취득하면 주택에 대한 취득세율이 최고 12%까지 이른다(지방법상 고급주택은 8%가 추가되어 20%가 적용됨).

① 1세대 2주택 이상자의 중과세

구분	세율	비고
1세대 2주택자가 주택을 취득한 경우	• 비조정지역 주택취득 : 8% • 조정지역 주택취득 : 12%	시가 표준액 1억 원 이하의 주택 등은 제외
1세대 3주택자가 주택을 취득한 경우	12%	

② 법인의 주택취득 시의 중과세

구분	세율	비고
법인이 주택을 취득한 경우	12%	시가 표준액 1억 원 이하인 주택 등은 제외

③ 개인과 법인이 주택을 증여받은 경우의 중과세

구분		세율	비고
개인	증여자가 1세대 2주택 이상이고, 시가 표준액이 3억 원 이상인 경우	• 비조정지역 주택취득 : 3.5% • 조정지역 주택취득 : 12%	조정지역만 중과세
법인	시가 표준액이 3억 원 이상인 경우	• 비조정지역 주택취득 : 3.5% • 조정지역 주택취득 : 12%	상동

부동산 취득세율 외에 농특세와 교육세 등을 표준세율과 중과세율로 나눠서 정리하면 다음과 같다.

1. 표준세율

구분				취득세	농특세	교육세	합계
승계 취득	주택	6억 이하	85㎡ 이하 주택	1.0%	비과세	0.1%	1.1%
			85㎡ 초과 주택	1.0%	0.2%	0.1%	1.3%
		9억 이하*	85㎡ 이하 주택	2.0%~	비과세	0.2%~	2.2%~
			85㎡ 초과 주택	2.0%~	0.2%	0.2%~	2.4%~
		9억 초과	85㎡ 이하 주택	3.0%	비과세	0.3%	3.3%
			85㎡ 초과 주택	3.0%	0.2%	0.3%	3.5%
	건물, 나대지 등			4.0%	0.2%	0.4%	4.6%
	농지	신규 취득		3.0%	0.2%	0.2%	3.4%
		2년 이상 자경		1.5%	비과세	0.1%	1.6%
원시취득(신축, 재건축)		85㎡ 이하 주택		2.8%	–	0.16%	2.96%
		85㎡ 초과 주택& 주택 외		2.8%	0.2%	0.16%	3.16%
무상 취득	상속	농지		2.3%	0.2%	0.06%	2.56%
		85㎡ 이하 주택		2.8%	–	0.16%	2.96%
		85㎡ 초과 주택& 주택 외		2.8%	0.2%	0.16%	3.16%
	증여	85㎡ 이하 주택		3.5%	–	0.3%	3.8%
		85㎡ 초과 주택& 주택 외		3.5%	0.2%	0.3%	4.0%

* 6~9억 원 사이의 취득세율은 산식에 의한다.

2. 중과세율

구분			취득세	농특세*	교육세	합계
지방법 13조**	과밀 내 본점·공장 신축 등		6.8%	0.6%	0.16%	7.56%
	과밀 내 법인 취득	주택(8호) 승계취득	5~7%	0.2%	0.3~0.9%	5.5~8.1%
		주택 외 승계취득	8%	0.2%	1.2%	9.4%
		원시취득	4.4%	0.2%	0.48%	5.08%
	사치성 재산 (고급 오락장 등)	승계취득	12%	1.0%	0.4%	13.4%
		원시취득	10.8%	1.0%	0.16%	11.96%
지방법 13조의 2	개인 주택취득	승계취득	8%	0.6%	0.4%	9.0%
		승계취득	12%	1.0%	0.4%	13.4%
		고급주택 승계취득	16~20%	1.4~1.8%	0.4%	17.8~22.2%
	법인 주택취득	승계취득	12%	1.0%	0.4%	13.4%
		고급주택 승계취득	20%	1.8%	0.4%	22.2%
	개인과 법인의 취득	무상취득 (증여)	12%	1.0%	0.4%	13.4%
비고	2가지 이상의 유형이 동시에 적용되는 경우에는 중과세율이 추가되므로 관련 규정을 참조할 것					

* 주택에 한해 전용면적이 85㎡ 이하이면 농특세는 0%가 된다.

** 토지나 건축물을 취득한 후 5년 이내에 해당 토지나 건축물이 다음 각호의 어느 하나에 해당하게 된 경우에는 해당 각호에서 인용한 조항에 규정된 세율을 적용하여 취득세를 추징한다 (지방법 제16조 제1항).

  1. 제13조 제1항에 따른 본점이나 주사무소의 사업용 부동산(본점 건축물을 신축하거나 증축하는 경우와 그 부속토지만 해당한다)

  2. 제13조 제1항에 따른 공장의 신설용 또는 증설용 부동산

  3. 제13조 제5항에 따른 골프장, 고급주택 또는 고급오락장

Tip 취득세 주택 수 산정

최근 주택에 대한 취득세 중과세가 도입되었다(2020.8.12). 개인의 경우 주택 수별로 중과 취득세율이 8~12%로 달라지고, 법인은 주택 수와 관계없이 12%가 적용된다. 다만, 시가 표준액 1억 원 이하의 주택은 중과세를 적용하지 않는다. 다음에서 개인과 법인의 주택에 대한 취득세율 과세 원리 등을 살펴보자.

1. 개인과 법인에 대한 취득세 중과세 원리

구분	개인	법인
주택 수 산정 방법	개인이 보유한 모든 주택, 분양권, 입주권, 주거용 오피스텔, 신탁주택의 수를 합함.	관계없음.
주택 수 제외 (지방령 제28조의 4)*	① 시가 표준액 1억 원 이하의 주택 등 (아래 참조) ② 2024년 1·10대책에 따라 취득한 소형주택, 지방 준공 후 미분양주택 등	관계없음.
조정지역 개념 적용	적용함.	적용하지 않음.
중과세율 적용	앞의 주택 수와 조정지역 여부에 따라 8~12% 차등 적용	주택 수와 조정지역과 관계없이 12% 적용
중과세율 적용 예외 (지방령 제28조의 2)**	① 시가 표준액 1억 원 이하의 주택 등	좌동
	② 2024년 1·10대책에 따라 취득한 소형주택, 지방 준공 후 미분양주택 등***	관계없음.

* 개인의 경우 주택 수에서 제외되면 다른 주택을 취득할 때 세율 적용 면에서 유리해진다. 이에 반해 법인은 주택 수와 무관하므로 주택 수 산정 방법을 별도로 둘 필요가 없다.

** 승계취득에 대한 중과세율 적용 예외는 지방령 제28조의 4의 주택 수에서 제외되는 주택과 범위가 거의 일치한다. 다만, 실무에서는 지방령 제28조의 2의 규정을 통해 확인하는 것이 좋을 것으로 보인다.

*** 구체적으로 아래와 같은 주택을 말한다(지방령 제28조의 4 참조). 참고로 이 규정은 2025년 12월 31일까지 취득한 주택에 적용한다.
  1. 신축 소형주택(60㎡ 이하, 6억·3억 원 이하, 아파트 제외)
  2. 기축 소형주택(60㎡ 이하, 6억·3억 원 이하, 아파트 제외, 60일 내 임대등록)
  3. 지방 미분양주택(수도권 밖, 85㎡ 이하, 6억 원 이하, 아파트 포함)

2. 주택 수에 포함되는 것들

지방령 제28조의 4에서는 다음과 같이 주택 수를 산정하고 있다.

1) 주택 수에 포함되는 범위
- 주택
- 조합원 입주권*
- 주택분양권*
- 주택으로 재산세가 과세되는 오피스텔

    * 조합원 입주권 또는 주택분양권에 의해 취득하는 주택의 경우에는 조합원 입주권 또는 주택분양권의 취득일(분양사업자로부터 주택분양권을 취득하는 경우에는 분양계약일)을 기준으로 해당 주택취득 시의 세대별 주택 수를 산정한다(2020.8.12 이후부터 적용).

2) 공동소유 등
- 동일세대원이 주택 등을 공동소유한 경우 1개의 주택 등을 소유한 것으로 본다.
- 공동상속의 주택 등은 지분이 큰 자, 같으면 거주자(거주자가 없으면 연장자)를 소유자로 본다.

3. 주택 수에 포함되지 않은 것들

지방령 제28조의 4 제5호에서는 주택 수에 포함되지 않는 주택들을 열거하고 있다. 따라서 이러한 주택들은 주택 수에서 제외되므로 다른 주택의 취득세율 결정에 영향을 주지 않는다.

연번	구분	제외 이유
1	가정어린이집	육아시설 공급 장려
2	노인복지주택	복지시설 운영에 필요
3	재개발 사업 부지 확보를 위해 멸실 목적으로 취득하는 주택	주택 공급사업에 필요
4	주택 시공자가 공사대금으로 받은 미분양주택	주택 공급사업 과정에서 발생

연번	구분	제외 이유
5	저당권 실행으로 취득한 주택	정상적 금융업 활동으로 취득
6	국가 등록문화재 주택	개발이 제한되어 투기 대상으로 보기 어려움
7	농어촌주택	투기 대상으로 보기 어려움
8	공시가격 1억 원 이하 주택(재개발 구역 등 제외)	투기 대상으로 보기 어려움, 주택시장 침체지역 등 배려 필요
9	공공주택사업자(지방공사, LH 등)의 공공임대주택	공공임대주택 공급 지원
10	주택도시기금 리츠가 환매 조건 부로 취득하는 주택(Sale & Lease Back)	정상적 금융업 활동으로 취득
11	사원용 주택(60㎡ 이하)	기업활동에 필요
12	주택건설사업자가 신축한 미분양 된 주택	주택 공급사업 과정에서 발생 ※ 신축은 2.8% 적용(중과대상 아님)
13	상속주택(상속개시일로부터 5년 이내)	투기 목적과 무관하게 보유 ※ 상속은 2.8% 적용(중과대상 아님)
14	시가 표준액 1억 원 이하 오피스텔	전체 오피스텔 시가 표준액 기준
15	시가 표준액 1억 원 이하 부속토지	부속토지만 소유한 경우
16	혼인 전부터 취득한 주택	혼인 전의 분양권이 주택으로 완공된 경우 불리함 해소
17	2024년 1·10대책에 따라 취득한 주택	소형 오피스텔, 지방 준공 후 미분양주택 ☞ 확정된 세법을 참조해야 함(지방령 제28조의 4 참조).

* 혼인한 사람이 혼인 전 소유한 주택분양권으로 주택을 취득하는 경우, 다른 배우자가 혼인 전 부터 소유하고 있는 주택은 주택 수에서 제외한다.

4. 중과세율이 적용되지 않은 주택들

지방령 제28조의 2에서는 유상거래 시 취득세 중과세를 적용하지 않는 주택의 범위 를 나열하고 있다. 앞의 주택 수 제외와 대동소이하나 범위에서 약간 차이가 있다.

연번	구분	비고
1	공시가격 1억 원 이하 주택(재개발 구역 등 제외)	
2	공공주택사업자(지방공사, LH 등)의 공공임대주택	
3	노인복지주택	
4	문화재주택	
5	공공지원 민간임대주택 공급을 위해 취득한 주택	
6	가정어린이집	
7	공익사업을 위해 취득한 주택(혁신지구, LH공사	
8	주택건설용 주택(신축 판매업자 포함)*	멸실조건으로 취득 등
9	건설사의 대물변제로 받은 미분양주택	
10	은행 등의 채권변제로 취득한 주택	
11	농어촌주택	읍·면 지역, 6,500만 원 등의 요건 있음.
12	60㎡ 이하 사원용 주택	
13	분할법인이 취득하는 미분양주택	
14	리모델링 조합이 취득하는 주택	
15	토지임대부 분양 주택 공급용으로 취득하는 주택	
16	2024년 1·10대책에 따라 취득한 주택	개정세법 확인

* 다음 각 목의 어느 하나에 해당하는 주택으로서 멸실시킬 목적으로 취득하는 주택. 다만, 나목 5)의 경우에는 정당한 사유 없이 그 취득일부터 2년이 경과할 때까지 해당 주택을 멸실시키지 않거나 그 취득일부터 6년이 경과할 때까지 주택을 신축하지 않은 경우는 제외하고, 나목 6)의 경우에는 정당한 사유 없이 그 취득일부터 1년이 경과할 때까지 해당 주택을 멸실시키지 않거나 그 취득일부터 3년이 경과할 때까지 주택을 신축해 판매하지 않은 경우는 제외하며, 나목 5) 및 6) 외의 경우에는 정당한 사유 없이 그 취득일부터 3년이 경과할 때까지 해당 주택을 멸실시키지 않거나 그 취득일부터 7년이 경과할 때까지 주택을 신축하지 않은 경우는 제외한다.

가. 공공기관 등이 공익사업을 위해 취득하는 주택

나. 다음 중 어느 하나에 해당하는 자가 주택건설사업을 위해 취득하는 주택. 다만, 해당 주택건설사업이 주택과 주택이 아닌 건축물을 한꺼번에 신축하는 사업인

경우에는 신축하는 주택의 건축면적 등을 고려해 행정안전부령으로 정하는 바에 따라 산정한 부분으로 한정한다.*

1~3) 도정법 등 사업시행자, 주택조합

4) 주택법 제4조에 따라 등록한 주택건설사업자

6) 주택신축 판매업을 영위할 목적으로 사업자등록을 한 자

* 이는 주상복합건물을 신축하는 경우 중과세 대상 제외를 말하는 것으로 지방세법 시행규칙 제7조의 2에서 다음과 같이 규정하고 있다.

– 신축하는 주택의 전체면적≥주택 외 건물 전체면적이면 → 해당 주택건설사업을 위해 취득하는 주택 전체에 대해서는 중과세를 적용하지 않는다.

– 신축하는 주택의 전체면적<주택 외 건물 전체면적이면 → 주택 취득가액 중 '신축 주택면적/전체 신축주택과 건물면적'에 해당하는 분만 중과세를 적용하지 않는다(안분).

부가세는 사업자가 창출한 부가가치에 대해 최종소비자가 부담하는 간접세에 해당한다. 이 부가세는 전 단계 사업자가 다음 단계의 사업자로부터 이를 징수해 최종적으로 소비자가 부담하는 구조로 되어 있다.

1. 부가세 과세 대상과 면세 대상

부가세 과세 대상은 부가세법상 재화와 용역의 공급에 해당하면 대부분 과세되는 것을 원칙으로 한다. 다만, 다음의 경우에는 조세 정책적인 목적으로 면세 대상으로 규정하고 있다.

구분	면세 대상
기초생활 필수품 재화	• 미가공 식료품(곡류, 채소류 등) 및 우리나라에서 생산된 식용에 공하지 않는 미가공 농산물·축산물·수산물과 임산물 • 수도물, 연탄과 무연탄 • 여객운송 용역(단, 고속버스·항공기 등은 제외) • 주택과 그 부수토지 임대용역 등(주택임대사업 시 부가세는 없음)
국민 후생 관련 용역	• 의료보건 용역과 혈액 • 교육 용역(정부의 인허가를 받아야 함) • 국민주택(85㎡) 공급과 당해 주택의 건설 용역(국민주택규모 이하의 주택을 취득하는 경우 부가세의 부담이 없음)
문화 관련 재화·용역	도서, 신문, 잡지, 방송 등(단, 광고는 과세)
부가가치 구성요소	• 토지의 공급(단, 토지의 임대는 과세) • 인적용역 • 금융 및 보험 용역

※ 부동산 관련 부가세가 면세되는 경우

구분	면세 대상	
	재화의 공급	용역의 공급
기초생활 필수품 재화	–	주택임대소득
국민 후생 관련 용역	국민주택(85㎡) 공급	국민주택의 건설용역, 설계용역
부가가치 구성요소	토지공급*	

* 상가빌딩 등 상업용 건물을 양도할 때 부가세가 발생하지만, 토지 부분은 면세가 된다. 따라서 이러한 건물을 매매할 때 건물과 토지의 공급가액 구분이 필요하다. 다만, 포괄양수도계약 시는 이러한 구분이 필요 없지만, 장부에 기록할 때는 토지와 건물을 구분해야 하므로 안분이 필요하다(6장 절세 탐구 편 참조).

2. 사업자의 유형과 세제의 내용

1) 부가세 과세사업자와 면세사업자의 세제 비교

앞의 부가세 과세 대상을 공급하는 사업자를 과세사업자, 면세품을 공급하는 사업자를 면세사업자라고 한다. 이 둘을 함께 공급하면 겸업 사업자*라고 한다.

* 이들은 과세업과 면세업을 따로 사업자등록을 내는 것이 아니라 면세업을 과세업에 묶어 일반과세자로 내는 경우가 일반적이다. 만일 별도로 내고 싶다면 사업장을 달리해야 한다.

구분	과세사업자		면세사업자	겸업 사업자
	일반과세	간이과세		
세금계산서 발행	의무 있음.	△*	없음.	일반과세분만 있음.
매출세액계산	공급가액×10%	공급 대가×부가율×10%	없음.	과세분만 있음.
매입세액공제	전액 공제 가능**	부분 세액공제(매입금액×0.5%)	없음.	과세분만 가능
부가세 환급 여부	가능	불가능	불가능	

포괄양수도계약 가능 여부	가능	가능	불가능	과세분만 가능

* 일반 업종의 4,800만~8,000만 원 미만의 간이과세자는 세금계산서 발행의무가 있다. 참고로 앞의 8,000만 원은 1억 400만 원으로 상향 조정될 예정이다(2024년 7월 1일 시행 예정).

** 단, 접대비 등 공제 불가분은 제외해야 하고 세금계산서나 카드전표, 현금영수증을 수취해야 한다.

간단한 사례를 통해 앞의 겸업 사업자의 부가세에 대해 알아보자.

Q1 상업용 건물(업무용 오피스텔, 상가 등)을 10억 원에 공급하면 부가세는 1억 원인가?

아니다. 상가 중 토지의 공급은 부가가치 생산요소에 해당해 면세에 해당하기 때문에 이를 제외하고 계산해야 하기 때문이다.

Q2 Q1의 경우 어떤 식으로 건물가액을 계산하는가?

토지와 건물의 기준시가로 안분계산하는 것이 실무적으로 편하다. 다만, 임의로 구분 기재한 금액도 인정하나 기준시가로 안분한 것과 비교해 30% 이상 차이가 나면 이를 무시하고 기준시가로 안분함에 유의해야 한다. 이와 관련된 안분 문제는 실무상 중요하다. 이에 대해서는 6장에서 다룬다.

2) 부가세 일반과세자와 간이과세자의 세제 비교

앞에서 보았듯이 부가세가 과세되는 사업자는 크게 일반과세자와 간이과세자가 있다. 이 둘에 대한 부가세법상 세제를 비교해보자.

구분	일반과세자	간이과세자	
		일반 간이과세자	세금계산서 발행 간이과세자
개념	• 일반 업종 : 전년도 매출 8,000만 원* 이상 • 부동산 임대업 : 4,800만 원 이상	4,800만 원 미만	4,800~8,000만 원 (부동산 임대업 제외)
과세기간	1.1~6.30, 7.1~12.31	1.1~12.31	
부가세 계산구조	매출세액-매입세액	공급 대가×부가율×10%-각종 공제	
세금계산서 발행 의무	있음.	없음.	있음.
예정 고지	2회 있음(50만 원 이상). 단, 전기보다 매출액·납부세액이 1/3 이하로 감소 시 예정신고 가능	없음(4,800만 원 미달 시 납부의무 면제).	1회 있음(50만 원 이상).
확정신고	7.25, 다음 해 1.25	다음 해 1.25	좌동
비고 : 소득세 신고	이익에 대해 과세		

* 간이과세자의 기준이 연간 8,000만 원에서 1억 400만 원으로 상향 조정될 예정이다(2024.7.1 시행).

참고로 부가세 제도는 간이과세자보다는 일반과세자를 중심으로 움직이고 있다. 아무래도 이들의 거래단위가 훨씬 크기 때문이다. 그래서 이들이 재화와 용역을 공급하면 공급가액의 10%를 징수하게 하고 이를 국가에 납부하는 구조로 되어 있다. 물론 이 과정에서 자신이 매입하면서 부담한 매입세액은 공제하는 구조다. 상업용 건물의 공급도 마찬가지로 이렇게 이루어진다.

3. 상업용 건물과 부가세 과세

1) 일반과세자의 부가세 납부

일반과세자는 부가세가 과세되는 재화 등을 공급하면 거래상대방으로부터 부가세 10%를 징수한다. 그 대신 본 사업자가 매입할 때 부담한 부가세는 매출세액에서 공제한다. 이를 식으로 나타내면 다음과 같다.

$$매출세액 - 매입세액 = 납부·환급세액$$

〈사례〉

A 일반과세사업자가 업무용 오피스텔을 2억 원(건물가액은 1억 원, 부가세 1,000만 원 별도)을 분양받았다고 하자. 이때 부가세 과세기간(1기 1.1~6.30, 2기 7.1~12.31) 내에 임대료에 대한 부가세가 100만 원이라면 다음과 같은 금액을 환급받을 수 있다.

$$매출세액 - 매입세액 = 납부·환급세액$$
$$100만 원 - 1,000만 원 = 900만 원$$

한편 임대 중에 오피스텔을 양도하면 거래상대방으로부터 받은 건물 가액의 10%를 징수해 이를 국가에 납부해야 한다. 이때에는 당초 환급을 받는 것과 관계없이 거래상대방으로부터 부가세를 징수해야 한다.

2) 간이과세자의 부가세 납부

간이과세자는 부가세가 과세되는 재화 등을 공급하더라도 세금계산서를 발행하지 않는 한 거래상대방으로부터 부가세를 징수할 수 없다. 따라서 이들은 아래와 같이 부가세 납부세액을 계산한다.

$$\frac{매출세액}{(공급\ 대가 \times 부가율^* \times 10\%)} - 세액공제^{**} = 납부세액^{***}$$

* 부가율은 동종업계의 평균이윤율을 말한다. 부동산 임대업은 40%에 해당한다.

** 예를 들어 세금계산서를 수취하면 수취한 대가의 0.5%만큼 공제가 적용된다.

*** 연간 4,800만 원에 미달하는 간이과세자는 납부면제를 받는다.

〈사례〉

B 간이과세사업자가 업무용 오피스텔을 2억 원(건물가액은 1억 원, 부가세 1,000만 원 별도)을 분양받았다고 하자. 이때 부가세 과세기간(1.1~12.31) 내의 임대료에 대한 매출세액이 44만 원이라면 다음과 같은 식으로 부가세를 계산한다. 다만, 간이과세자는 공제세액이 매출세액을 초과하더라도 환급을 받지 못한다.

$$매출세액 - 공제세액 = 납부세액$$
$$44만 원 - 55만 원* = 0원**$$

* 1억 1,000만 원×0.5%=55만 원
** 간이과세자는 환급을 받을 수 없다.

한편 임대 중에 오피스텔을 양도하면 거래상대방으로부터 받은 건물가액 중 4%를 국가에 납부해야 한다. 이때 상대방은 세금계산서를 수취할 수 없으므로 부가세 환급을 받지 못한다(주의하기를 바란다).

※ 부동산 임대업 일반과세자 대 간이과세자 비교

구분	일반과세자	간이과세자*
매출세액	공급가액×10%	공급 대가×부가율×10%
매입세액	매입가액×10%	세금계산서수취금액(매입 대가)×0.5%
납부세액	납부	면제
환급세액	가능	불가능

* 부동산 임대업 영위 간이과세자는 부가세 납부를 면제받기 때문에 부가세를 무시하고 거래해도 된다.

4. 포괄양수도계약

상업용 건물을 거래할 때 거래 당사자와 정부의 관점에서 부가세 관련 업무 흐름을 정리하면 다음과 같다. 중개사무소는 이 모든 과정을 알고 있어야 한다.

매도자	매수자	정부
• 일반과세자가 양도하면 부가세가 10% 발생한다. • 이때 건물공급가액의 10% 상당액이 부가세에 해당한다. 이 과정에서 토지와 건물의 공급가액을 세법에 맞게 안분해야 한다. • 공급 시기에 맞게 (전자) 세금계산서를 발행해야 한다.* • 징수한 부가세 신고 및 납부를 적기에 해야 한다.	• 매입세액은 환급을 받을 수 있다. • 환급은 조기신고, 확정신고 등을 통해 신청한다.	매도자로부터 부가세를 징수한 다음, 매수자한테 이를 환급한다.

* 공급 시기에 맞지 않게 세금계산서를 발행하면 가산세 등의 불이익이 뒤따른다.

포괄양수도는 이러한 상황에서 다음과 같이 업무 처리를 하는 방식이다.

매도자	매수자	정부
• 부가세 징수 없음. 세금계산서 발행하지 않음. • 폐업신고 시 포괄양수도계약서 및 사업양도신고서 제출	환급금 없음.	징수와 환급업무 없음.

그렇다면 사업에 대한 포괄양수도는 어떻게 하는 것일까?

일단 부가법 제10조 제9호를 보자.

⑨ 다음 각호의 어느 하나에 해당하는 것은 재화의 공급으로 보지 아니한다.

2. 사업을 양도하는 것으로서 대통령령으로 정하는 것. 다만, 제52조 제4항*에 따라 그 사업을 양수받는 자가 대가를 지급하는 때에 그 대가를 받은 자로부터 부가가치세를 징수해 납부한 경우는 제외한다.

* 사업매수자가 사업양수도에 의해 발생한 부가세는 대리 납부하는 제도를 말한다. 매수자가 부가세를 내고 자기가 찾아가는 방식이 된다.

이 규정을 보면 사업의 양도는 원칙적으로 재화의 공급으로 보지만, 대통령령으로 정한 것은 재화의 공급으로 보지 않도록 하고 있다. 이 대통령령은 부가령 제23조에서 규정하고 있는데, 이를 요약하면 다음과 같다.

- 사업장별로 그 사업에 관한 권리와 의무를 포괄적으로 승계시킬 것
- 다음의 것은 제외하고 승계해도 포괄적으로 승계한 것으로 본다.
1. 미수금에 관한 것
2. 미지급금에 관한 것
3. 해당 사업과 직접 관련이 없는 토지·건물 등에 관한 것으로서 기획재정부령으로 정하는 것(업무무관자산 등)

여기서 '포괄적 승계'란 사업 자체가 그대로 승계되어야 한다는 것이다. 임대업의 경우 임차인과 직원, 보증금 등이 그대로 승계되어야 함을 의미한다.

※ 과세 유형별 포괄양수도 성립 여부

매도자	매수자	포괄양수도 성립 여부	비고
일반과세자	일반과세자	○	
	간이과세자	○*	일반과세자로 자동전환됨.
	면세사업자	×	

매도자	매수자	포괄양수도 성립 여부	비고
간이과세자	일반과세자	○	실무상 의미 없음.**
	간이과세자	○	
	면세사업자	×	
면세사업자	과세사업자	×	
비사업자	과세사업자	×	

* 만약 포괄양수도계약이 아닌 상태에서 간이과세자가 되면 매입세액을 환급받지 못하므로 이 경우에는 포괄양수도계약을 맺어 일반과세자가 되든지, 아니면 간이 포기를 해 일반과세자가 되는 것이 유리할 것으로 보인다.

** 일반과세자가 간이과세자로부터 매입을 하면 부가세 환급을 받지 못하므로 거래가 잘 발생하지 않는다. 참고로 과세와 면세를 겸업하는 경우에는 매도자가 겸업사업자이고 매수자가 과세사업자이면 포괄양수도계약이 성립한다. 그 반대이면 이 계약은 성립하지 않는다.

5. 매입세액공제와 불공제

사업자가 부담한 매입세액은 일반과세자만 매출세액에서 공제가 된다.

구분	환급	비고
일반과세자	100% 가능	• 세금계산서 받을 것 • 매입세액 불공제분*이 아닐 것
간이과세자	환급 대신 세액공제	세금계산서 수취세액공제 : 매입공급 대가×0.5%**
면세사업자	100% 불가능	
비사업자	100% 불가능	

* 이에는 토지의 공급, 업무 무관, 승용차 관련 유지비, 접대비 등 관련 매입세액이 있다.

** 간이과세자는 매출세액보다 공제세액이 많은 경우 그 초과분은 환급할 수 없다.

사업자가 사업을 폐지한 때에 잔존하는 재화인 재고와 고정자산은 자기에게 공급한 것으로 본다. 이 제도는 폐업하게 되면 사업자의 지위를 상실하고 사업자등록도 말소된다. 따라서 사업자가 아닌 자가 공급하는 것에 대해서는 부가세 없이 소비할 수 있으므로 문제가 발생한다. 이러한 점을 예방하기 위해 폐업 시 남아 있는 재화는 폐업 시점에 모두 공급되는 것으로 간주한다. 참고로 폐업 시 잔존재화에 대해서는 세금계산서를 발행할 수 없다.

※ 부가세가 추징되는 이유

원래 부가세는 다음 단계의 사업자에게 부가세를 전가하는 식으로 해 최종소비자가 부담하는 식으로 설계되었다. 따라서 중간에 끼어 있는 사업자들은 부가세의 납세의무를 다음 사업자에게 연결하면 세법상 문제가 없다. 예를 들어, A가 B로부터 업무용 오피스텔을 매입한 후 임대하고 얼마 뒤에 C 사업자에게 이를 매도했다고 하자. 이 경우, C 사업자가 납세의무를 승계받아 업무용으로 임대를 계속하면 부가세가 계속 발생하므로 B 사업자는 세법상 문제가 없어지는 것이다. 그런데 B가 매입 후 이를 주거용으로 임대하는 경우에는 사정이 달라진다. 알다시피 주거용 오피스텔은 세법상 주택에 해당하므로 부가세가 면제된다. 따라서 이렇게 되면 B가 부가세를 부담하는 최종소비자가 되어 부가세를 최종적으로 부담하게 된다. 부가세는 이러한 식으로 고안이 된 것이므로 부가세 부담을 하지 않으려면 최종소비자가 되지 않도록 하는 것이 중요하다.

특히 매입 시 환급받은 경우로서 10년 이내에 부가세가 발생하지 않는 주거용으로 임대(면세전용이라고 함)하거나 부가세 납세의무의 전가 없이 사업을 폐지하는 경우에는 이러한 문제점이 발생하므로 주의해야 한다. 위에서 '10년'은 건물의 감가상각이 완료된 기간을 의미한다. 따라서 예를 들어, 취득 후 5년 후에 면세전용을 하거나 부가세 납세의무 전가 없이 사업을 폐지하면 당초 환급받은 세액의 50%는 추징이 될 수밖에 없다.

포괄양수도와 관련해 이해하지 못할 정도의 다양한 사례들이 발생하고 있다. 따라서 이 업무를 처리할 때는 '돌다리도 두들긴다'라는 심정으로 임해야 할 것으로 보인다. 다음에서는 부동산 임대업을 통해 이에 관한 내용을 이해해보자.

1. 관련 규정 이해

일단 세법에서 정하고 있는 재화의 공급으로 보지 않는 사업의 양도는 다음과 같이 정의된다.

> 사업장별로 그 사업에 관한 권리와 의무를 포괄적으로 승계시키는 것(매수자가 승계받은 사업 외에 새로운 사업의 종류를 추가하거나 사업의 종료를 변경한 경우 포함)

이 규정은 3가지 요소로 축약된다.

- **사업장별** : 여기서 사업장은 부가세법상 제6조에 규정된 것으로 업무장소를 말한다.
- **사업에 관한 권리와 의무** : 그 사업을 운영하면서 필수요소인 사업설비, 인적·물적 시설*, 기타 모든 권리와 의무**를 말한다.

  * 부동산 임대의 경우 임대용 부동산, 임차보증금 등이 이에 해당한다.
  ** 단, 미수금, 미지급금, 사업 무관 자산 등은 제외해도 포괄양도에 영향을 미치지 않는다.

- **포괄적으로 승계** : 그 사업에 관한 주요 권리와 의무를 포괄적으로 승계시켜 사업의 동일성이 유지, 즉 경영 주체만 변경되는 경우를 말한다.

2. 적용 사례

Q1 임차인을 내보내고 임대용 부동산을 양도하면 포괄양도에 해당하는가?

아니다. 따라서 이 경우에는 세금계산서를 발행하는 것이 원칙이다.

Q2 임대용 부동산 일부에서 본인이 사업을 하고 있다. 이 부동산을 양도하면 포괄양도에 해당하는가?

본인의 사업이 넘어가는 것이 아니므로 이 경우에는 포괄양도가 아니다.

Q3 부동산 임대업을 영위 중에 약국에 양도하면 포괄양도가 성립하는가?

아니다. 업종이 같아야 한다. 물론 포괄양수도 이후에 업종을 추가하거나 변경한 것은 인정된다.

Q4 부동산에 담보된 채무를 갚은 후 포괄 양도하면 인정받을 수 있는가?

임대부동산을 담보로 차입한 금융기관부채를 양수도일 이전에 갚고 임대차계약과 이에 따른 임대보증금과 기타 모든 사업용 고정자산을 포괄적으로 양수인에게 승계해 사업의 동일성을 유지하면서 경영 주체만 교체한 경우에는 포괄양도에 해당한다(법규 부가 2013-32, 2013.2.14).

Q5 임대건물에 근무하는 직원 중 일부만 고용 승계해도 포괄양도가 인정되는가?

원칙적으로 100% 승계가 되어야 하나, 일부만 승계되어도 이를 인정하는 예도 있다(저자 문의).

Q6 매매계약서를 작성할 때 '포괄양수도계약'이라는 문구를 넣지 않으면 포괄양도로 인정되지 않는가?

아니다. 실질 내용이 포괄양도이면 인정된다(법규 부가 2014-408, 2014. 8.25).

Q7 폐업신고 시 사업양도신고서를 제출하지 않으면 포괄양도로 인정받지 못하는가?

아니다. 실질이 포괄양도이면 그대로 인정된다.

Q8 사업자가 다수의 사업장에 대해 하나의 사업자등록을 했다. 이 중 하나만 포괄 양도해도 그대로 인정받는가?

일반적으로 인정된다(부가-1440, 2011.11.18). 다만, 부동산 임대업자가 구분 등기가 안 된 건물을 매입해 하나의 사업자 번호로 등록한 후 임대업에 사용하다가 해당 건물을 구분 등기해 전체 건물 중 일부만을 다른 임대업자에게 양도하는 경우에는 사업양도에 해당하지 아니한다(부가-1292, 2011.10.20). 이러한 유형은 당초 포괄양도가 아닌 요건을 억지로 만들어 부가세를 생략하려는 것을 방지하기 위한 것으로 볼 수 있다.

☞ 사업자가 구분 등기된 2개의 상가를 취득해 납세 편의상 하나의 사업자등록번호를 발급받아 하나의 상가에서는 부동산 임대업을 영위하고, 나머지 상가에서는 도매업을 영위하던 중 사업을 양도하면서 부동산 임대업을 영위하던 상가에 관한 모든 권리와 의무를 포괄적으로 승계하거나, 도매업을 영위하던 상가에 관한 모든 권리와 의무는 승계시키지 아니하는 경우 부동산 임대업을 영위하던 상가양도는 사업의 양도에 해당하는 것임(법규 부가 2013-15, 2013.1.31).

Q9 공동소유자에게 양도했으나 공동명의자 중 1인이 사업자등록을 한 경우라도 포괄양도에 해당하는가?

그렇다(법규 부가 2013-252, 2013.7.18).

Q10 상가분양권도 포괄양수도의 대상이 되는가?

그렇다(소비 46015-58, 2003.3.3, 서삼 46015-10423, 2003.3.13).

Q11 부동산 임대업을 영위하는 사업자가 임대업에 사용하던 부동산을 포함해 그 사업의 인적·물적 시설 및 권리와 의무 등을 자녀에게 증여하면서 해당 부동산 임대업과 관련된 임대보증금을 제외하는 경우에는 사업의 양도에 해당하는가?

아니다. 이는 포괄양도에 해당하지 않는다고 한다. 따라서 이 경우에는 세금계산서를 발행해야 할 것으로 보인다(사전법령 부가-0752, 2019.12.26).

※ **임대용 상가의 증여와 부가가치세**

구분		포괄승계 ○	포괄승계 ×
증여	100% 증여	부가세 없음.	부가세 발생*
	지분증여	부가세 없음(사업자등록 정정 사항).	
상속			

* 임대보증금 승계 없이 상가를 증여하는 경우는 포괄 승계가 아님.

Q12 부가세 과세업과 면세업을 동시에 운영하는 경우 과세업만 양도해도 포괄양도에 해당하는가?

그렇다(법규 부가 2012-420, 2013.4.19).

Q13 포괄양도로 처리했는데 포괄양도가 아닌 경우 벌어지는 일들은?

세금계산서 미발급에 따른 가산세와 매입세액 불공제 같은 일이 벌어질 수 있다.

Q14 포괄양도인지 아닌지 판단이 서지 않아 세금계산서를 끊었다. 이 경우 매도자와 매수자는 어떤 식으로 업무 처리를 하면 되는가?

매도자는 거래 징수해서 납부하고 매수자는 일반절차에 따라 환급을 받을 수 있다.

Q15 Q14에서 과세관청은 순순히 매입세액을 환급해줄까?

아니다. 거액이 나가기 때문에 이에 대해 환급조사를 할 가능성이 크다. 만일 이때 사업매도자가 부가세를 납부하지 않았다면 부가세 환급에 애를 먹을 수 있다.

Q16 세금계산서를 발행하는 경우로서 사업매수자가 부가세 환급을 제대로 받기 위해 사업매수자가 부가세를 매도자한테 주지 않고 본인이 대리 납부한 다음 찾아가는 경우가 있다. 이 제도의 장점은?

과세관청에서는 세수의 감소가 없으므로 바로 환급해주게 된다.

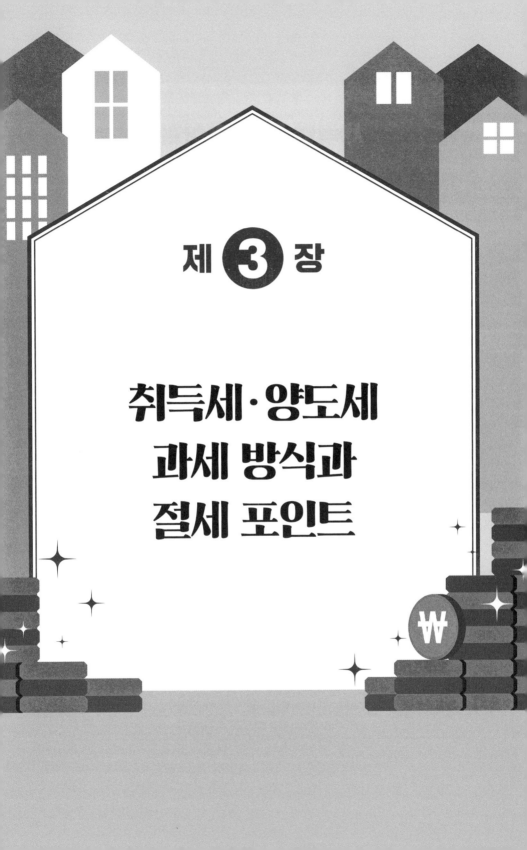

제 **3** 장

취득세·양도세
과세 방식과
절세 포인트

세목별 과세 방식과
세무상 쟁점

　부동산 세금은 세목별로 과세 방식이 어떤 식으로 되어 있는지를 점검하는 것도 의미가 있다. 우선 세목별로 쟁점이 되는 부분을 요약해 보자.

구분	비과세	중과세	감면
취득세	수용 대체취득 등	• 주택취득 • 법인 과밀 내 취득 등	• 임대주택 감면 • 이외 다양한 취득세 감면(지특법)
종부세	공제금액 이하	• 개인 : 2.0~5.0% • 법인 : 2.7~5.0%	1세대 1주택 특례
양도세	• 1세대 1주택 • 재건축 비과세 • 주임사 거주주택 비과세 등	• 조정지역 주택 • 비사업용 토지	• 주택 감면 • 농지 감면 등
종소세	1주택(12억 원) 주택임대소득	매매업 : 비교과세	조특법상 감면
법인세	–	주택, 토지 : 추가과세	–

투자자의 관점에서 리스크가 가장 큰 것은 앞의 표에서 색칠된 곳의 5개 항목 내외가 된다. 이에 관한 판단을 그르치면 거래 당사자와 실무자에게 막대한 손해를 가져다주기 때문이다. 다음에서 이에 대해 요약해보고 실무에서 어떤 점을 중점적으로 점검해야 하는지를 점검해보자.

① 취득세

취득세는 최근 등장한 주택에 대한 중과세율(최고 12%)과 종전부터 적용되어온 법인의 과밀억제권역 내 중과세가 화두가 된다. 이러한 취득세 중과세는 적용요건이 상당히 복잡해 이에 관한 판단을 그르친 경우가 많다.

② 양도세

양도세는 개인이 부동산을 양도했을 때 발생하는 세금으로, 비과세와 중과세, 그리고 감면의 판단에서 다양한 쟁점이 자주 발생하고 있다.

③ 종소세와 법인세

개인사업자의 매매소득과 관련해서는 비교과세가, 법인의 경우 주택 등의 양도에 따른 추가과세가 쟁점이 된다.

다음에서는 주로 취득세 중과세, 양도세 비과세와 중과세, 감면 등의 판단과 관련한 세무상 쟁점을 알아보자. 참고로 이와 관련된 세부적인 내용은 저자의《부동산 세무 가이드북 실전 편》,《2024 확 바뀐 부동산 세금 완전분석》등을 참조하면 된다.

현행 주택에 대한 양도세와 취득세는 '1세대'의 주택 수를 가지고 중과세 등을 판단하고 있다. 그렇다면 1세대는 어떻게 판단할까?

구분		양도세	취득세
근거		소득법 제88조	지방령 제28조의 3
개념	원칙	같은 주소에서 생계를 같이 하는 가족	세대별 주민등록표 등에 기재된 가족(동거인 제외)
	예외	일시퇴거자 포함(근무 형편 등)	일시퇴거자 포함(배우자, 30세 미만의 미혼 자녀*, 부모**)
가족의 범위	원칙	부부(사실혼 포함)의 직계존비속 (그 배우자 포함)과 형제자매	민법 제779조*** 준용
	예외 (독립세대)	• 30세 미만자 중위소득 40%**** 이상(미성년자는 원칙적으로 제외) • 30세 이상 • 배우자 사망·이혼	• 좌동 • 규정 없음. • 규정 없음.
		–	• 동거봉양(65세) 합가 • 세대전원 90일 이상 해외 출국으로 주소 이전 • 취득일로부터 60일 내 세대분리로 주소 이전
실질과세원칙		국세기본법 제14조	지방세기본법 제17조*****

* 부모가 취득할 때 30세 미만 미혼자녀가 세대별 주민등록표에 기재되어 있지 않아도 같은 세대로 본다. 다만, 앞의 자녀가 소득 능력이 있으면 예외적인 규정에 따라 독립세대로 인정된다.

** 30세 미만 자녀가 주택을 취득할 때 부모를 포함해 세대를 판정한다.

*** 민법 제779조(가족의 범위)

    ① 다음의 자는 가족으로 한다.

        1. 배우자, 직계혈족 및 형제자매

        2. 직계혈족의 배우자, 배우자의 직계혈족 및 배우자의 형제자매

    ② 제1항 제2호의 경우에는 생계를 같이 하는 경우에 한한다.

**** 2024년에 소득요건이 명확해졌는데 이에 대해서는 이 장의 절세 탐구에서 살펴보자.

***** 취득세 중과세를 피하고자 주소지를 옮겼을 뿐 생계를 같이 하고 있다면, 실질과세 원칙에 따라 취득세 중과세가 추징될 수 있다(오해가 없어야 한다).

취득세 과세 방식과
절세 포인트

　취득세는 부동산의 취득 사실에 기초해 1~12%까지의 세율이 적용되는 지방세에 해당한다. 여기서 1%는 6억 원 이하의 주택에 대해, 12%는 다주택자와 법인에 적용되는 세율에 해당한다. 그런데 문제는 취득세율 체계가 대단히 복잡해 다양한 곳에서 잘못된 판단들이 뒤따르고 있다는 것이다. 다음에서 이에 대해 알아보자.

Case

　K 법무사무소에서는 고객이 의뢰한 부동산에 대해 등기를 하려고 한다. 다음의 자료를 보고 물음에 답하면? 참고로 다음의 자료는 독립적이다.

|자료|
• A 주택 : 5억 원
• B 주택 : 20억 원
• C 빌딩 : 50억 원(서울 서대문구 소재)

Q1 A 주택은 1세대 1주택자가 취득하려고 한다. 취득세율은?

주택의 소재지가 조정지역이면 8%가 적용되나, 일시적 2주택으로 종전 주택을 3년 이내에 처분할 조건으로 신고하면 1~3%를 적용받을 수 있다. 물론 신규주택이 비조정지역에 소재하면 처분과 관계없이 중과세가 적용되지 않는다.

🖋 이러한 유형에 대한 세율 판단은 아주 기본적인 내용에 해당한다. 이러한 유형에서는 실수가 있어서는 안 된다.

Q2 B 주택은 개인 신축 판매사업자가 취득하려고 한다. 이때 일반세율을 적용받을 수 있는 요건은? 단, 이 사업자는 등록 건설사업자가 아니다.

신축 판매용으로 주택을 매입할 때 중과세를 적용하면 안 된다. 하지만 실제 사업을 하지 않은 예도 있으므로 이를 규제하는 관점에서 조건을 붙여 중과세를 유예한다. 미등록 건설업자의 경우, 주택 취득일로부터 1년 이내에 멸실하거나 3년 이내에 신축 판매를 해야 한다.*

* 만일 1년 이내에 멸실하고 3년 이내에 신축했지만, 미분양이 난 경우 이에 대해 추징이 되는지는 추가 확인이 필요하다.

Q3 C 빌딩은 사업경력이 20년이 된 법인이 취득하려고 한다. 이 법인은 용인에서 설립되었다가 4년 전에 서울로 본점을 옮겼다. 이때 취득세율은?

8%이다. 과밀 밖의 법인이 과밀 안으로 본점을 이전하면 이전일로부터 5년 이내에 취득한 부동산에 대해서는 취득세를 중과세하기 때문이다. 이와 반대로 과밀 안에서 먼저 부동산을 취득한 후 5년 이내에 본점을 과밀 안으로 이전한 경우에도 취득세를 중과세한다.

Consulting

부동산 취득세와 관련된 세무상 쟁점을 정리하면 다음과 같다.

| 비과세 | 국가 등 일부 취득에 대해서만 비과세가 적용된다. |

▼

| 중과세 | • 다음의 취득에 대해 중과세가 적용된다.
 - 과밀 내 법인의 취득 등(지방법 제13조)
 - 사치성 재산의 취득(지방법 제13조)
 - 개인(다주택자)과 법인의 주택취득(지방법 제13조의 2) |

▼

| 감면 | • 다음의 취득에 대해서는 취득세가 감면된다.
 - 임대사업자의 신규공동주택의 취득(60㎡·6억 원 등 이하, 지특법 제31조 제2항)
 - 기타 사회복지법인 등에 대한 면제*(지특법 제22조) 등 |

* 지특법 제22조에서는 사회복지사업을 목적으로 하는 법인 또는 단체가 해당 사회복지사업에 직접 사용하기 위해 취득하는 부동산에 대해서는 취득세를 최고 100%까지 면제한다. 다만, 이 부동산을 5년 이내 수익사업에 전용하거나 2년 이내에 매각이나 증여 등을 하면 취득세를 추징한다.

※ 주택 취득세 비과세와 감면

구분		취득세	비고
서민주택		전액 비과세	40㎡ 이하이고 취득가액이 1억 원 이하인 주택
임대주택	60㎡ 이하	전액 감면*	분양(원조합원은 제외)을 받은 공동주택, 임대등록을 해야 함.
상속주택		0.8% 과세	취득세가 비과세되는 상속주택은 1주택에 한함.
수용주택		전액 비과세	사업인정고시일 등 이후에 대체 취득할 부동산 등의 계약을 체결하거나 건축허가를 받고 그 보상금을 마지막으로 받은 날로부터 1년 이내에 대체할 부동산 등을 취득하면 비과세가 적용됨.

* 감면세액이 200만 원을 넘어가면 최소한 15%만큼은 납부해야 한다.

앞의 B 주택과 관련해 사례를 연장해 살펴보자.

Q1 신축 판매사업자가 1년 내 멸실한 후 주택을 신축한 경우 당초 주택에 대한 취득세와 원시취득에 따른 세율은?

구분	당초 주택 취득세율	신축에 따른 원시취득세율
세율	1~3%*	2.8%

* 규정에 의하면 1년 이내에 멸실하지 않거나, 3년 이내에 신축 판매하지 않으면 멸실용 주택에 대해서 중과세를 적용한다고 되어 있다. 따라서 신축은 제때 했으나 분양이 안 된 경우에도 이 규정이 적용되는지의 여부는 별도로 확인해야 한다(저자는 중과세를 적용하면 안 된다는 입장이다).

Q2 만일 앞의 신축 판매사업자가 주택건설용으로 착공신고를 했지만, 설계변경을 통해 상가를 일부 신축한 경우 멸실용 주택의 세율은 변동되는가?

원래 주택건설용으로 건설하기 위해 취득한 주택은 일반세율을 적용한다. 하지만 이 물음처럼 주택이 아닌 건축물이 있는 경우에는 다음의 기준에 따라 중과세 여부를 판단한다(지방세법 시행규칙 제7조의 2).

- 신축주택의 전체면적 ≥ 주택 아닌 건축물의 전체면적 → 멸실용 주택 전체에 대해 중과세 추징하지 않음.
- 신축주택의 전체면적 < 주택 아닌 건축물의 전체면적 → 멸실용 주택 중 주택비율* 해당분만 중과세 추징하지 않음.

  * 주택의 전체면적/(주택 전체면적 +주택 외 건축물의 전체면적)

Q3 만일 이 사업자가 주택건설업등록을 했다고 하자. 그런 후 주택을 건설해 이를 판매하는 것 대신 임대를 하면 멸실용 주택에 대해 중과세를 추징하는가?

등록한 주택건설사업자의 경우 취득일부터 3년이 경과할 때까지 해당 주택을 멸실시키지 않거나 그 취득일부터 7년이 경과할 때까지 주택을 신축하지 않으면 중과세를 적용한다. 그런데 사례는 이와 무관하므로 중과세를 추징하지 않아 보인다.

Q4 이 사업자는 멸실용 주택에 대한 취득세 중과세 문제가 발생할 가능성이 커 멸실조건으로 취득하고자 한다. 이때 거래 당사자에게 어떤 영향을 줄까?

개인	매도자	취득 사업자
1세대 1주택 상태에서 토지로 양도	• 1세대 1주택 비과세 적용되지 않음. • 사업용 토지로 양도세 과세*	나대지의 취득으로 취득세 부담(4%)
1세대 2주택 이상 상태에서 토지로 양도	상동	상동

* 멸실조건부 또는 용도변경에 따른 1세대 1주택의 양도세 비과세 판단 시점이 매매계약일(또는 용도변경일)에서 잔금청산일로 바뀌었다.

🔆 취득세 중과세가 투자자나 관련 업계에 많은 영향을 주고 있는 것이 현실이다. 따라서 실무에서는 등기 전에 반드시 이러한 문제를 짚고 넘어가야 한다. 특히 2020년 8월 12일부터 등장한 주택에 대한 취득세 중과세 제도로 인해 최근 많은 곳에서 세금추징이 발생하고 있다.

구분	주택			상업용 건물		
	유상취득	원시취득	증여취득	승계취득	원시취득	증여취득
일반개인	1주택 : 1~3%	2.8%	3.5%	4%	2.8%	3.5%
	2주택 : 1~8%		3.5~12%			
	3주택 : 8~12%					
	4주택 : 12%					
개인 임대·매매사업자	상동	–	상동	상동	상동	상동
신축 판매 (개인·법인)	멸실용 주택 : 1~3% (단, 요건 있음)*	2.8%	상동	상동	상동	상동
일반법인	12% (주택 수 불문)	상동	상동	상동	상동	상동
사치성 재산	12% 이상**	10.8%	3.5~12% 이상**	12%	10.8%	–
본점, 공장	–	–	–	–	6.8%	–
과밀 안 법인	1~3%+4%***	4.4%	3.5~12%	4%+4%	4.4%	3.5%
	중과배제 업종은 중과 제외****					

* 신축 판매업의 경우 1년 내 멸실, 3년 내 신축 판매 등의 요건이 있다.

** 주택에 대한 중과세(8~12%)가 적용되는 자가 지방법상 '고급주택'을 취득하거나 증여받으면 8%가 추가된다.

*** 법인이 1억 원 이하의 주택 등을 취득하면 1~3%가 적용되지만, 과밀 안 5년 미경과한 법인이 취득하면 중과세율 4%가 추가된다.

**** 등록 건설사업자(주택건설용으로 3년 내 착공), 민간임대주택법에 따른 등록한 임대사업자 등(지방령 제26조)의 업종을 말한다.

양도세 과세 방식과
절세 포인트

개인이 부동산을 양도하면 양도세가 발생한다. 이에 반해 개인사업자는 종소세, 법인은 법인세가 부과된다. 그런데 이 중 주택과 토지에 대한 양도세의 과세 방식이 상당히 복잡하다. 비과세와 중과세, 그리고 감면, 계산 등과 관련해 다양한 쟁점들이 발생하기 때문이다. 다만, 이 중 주택 관련 중과세는 최근 그 중요성이 상대적으로 약화해 쟁점이 많이 발생하지 않지만, 비과세는 그렇지 않다. 다음에서는 양도세의 과세 방식에 대해 전체적으로 알아본 후 뒤에서 순차적으로 관련 내용을 점검해보자.

Case

K 씨는 다음과 같이 주택을 보유하고 있다. 물음에 답하면?

| 자료 |

• 거주주택 : 1채
• 임대주택 : 3채(미등록)

Q1 현 상태에서 거주하고 있는 주택을 양도하면 비과세가 성립하는가?

아니다. 미등록한 임대주택은 K 씨가 보유한 주택 수에 포함하므로 K 씨는 현재 1세대 4주택자가 된다. 따라서 이러한 상황에서 거주주택을 양도하면 비과세를 적용할 이유가 없다.

⚙ 중개 시에는 비과세나 중과세를 적용할 때 주택 수 판단이 매우 중요하다. 대표적인 것 몇 개만 열거하면 다음과 같다. 기타 자세한 것은 저자의 다른 책을 참조하기를 바란다.

주택 수에 포함	주택 수에 제외
• 입주권 • 무허가주택 • 주거용 오피스텔 등	• 감면주택 • 사업자 등록한 임대주택 • 사업자 및 법인소유 주택

Q2 현 상태에서 임대주택을 처분하면 양도세가 감면되는가?

임대주택을 양도해 감면을 받으려면 이에 관한 내용이 조특법에 규정되어 있어야 한다. 비과세와 감면의 차이점을 이해해야 한다.

Q3 만일 임대주택을 관할 시·군·구청과 관할 세무서에 사업자 등록하면 거주주택은 양도세 비과세가 가능한가?

가능할 수도 있고 가능하지 않을 수도 있다.

• 가능한 경우 → 임대주택을 아파트 외 주택으로 10년 이상 장기임대한 경우(기타 기준시가, 임대료 증액 제한 요건 등을 준수해야 함)
• 가능하지 않은 경우 → 등록이 불가한 아파트나 요건을 위배한 경우

부동산 양도세와 관련된 세무상 쟁점을 정리하면 다음과 같다.

비과세
- 다음의 항목에 대해 비과세가 적용된다.
  - 일반개인의 주택
  - 재건축·재개발 입주권
  - 주택임대사업자의 거주주택

▼

중과세　주택과 토지에 대해 중과세가 적용된다.

▼

감면
- 주택과 토지에 대해 감면이 폭넓게 적용된다.
  - 주택 : 미분양주택 등
  - 토지 : 8년 자경농지 등

▼

계산
- 양도세 계산 시 다양한 쟁점이 발생한다.
  - 양도차익 : 양도차익 안분
  - 장기보유특별공제 : 0~80%
  - 세율 적용 등 : 일반세율, 중과세율

 실무에서는 비과세와 중과세, 감면 등을 동시에 판단해야 하는 경우가 많다. 따라서 어느 한 곳에서 판단이 누락되면 예기치 않은 손해가 발생할 가능성이 크다.

실전연습

K 씨는 다음과 같이 주택을 보유하는 중에 A 주택이나 B 주택 중 한 채를 양도하고 C 주택을 취득하고자 한다. 물음에 답하면?

| 자료 |

- 보유 현황

구분	취득시기	비고
A 아파트	2000년 5월 1일	서울 송파구에 소재함. 임대등록은 하지 않았음.
B 아파트	2020년 1월 1일	서울 강남구에 소재함. 거주용 주택에 해당함.

Q1 이 주택들은 비과세를 받을 수 있는가? 받을 수 있다면 어떤 상황에서 그런가?

A 아파트가 감면주택 등에 해당하고 주택 수에서 제외되면 B 아파트에 대해 비과세가 가능하다.

Q2 만일 비과세를 받을 수 없다면 중과세가 적용되는가?

중과세 대상 주택 수가 2주택이 되고 해당 주택이 조정지역에 소재하면 중과세가 적용될 수 있다. 2024년 4월 초 현재 서울 강남구와 송파구는 조정지역으로 지정되어 있다.

Q3 A와 B 주택 중 한 채를 양도한 후 C 주택을 취득하면 일시적 2주택 비과세가 성립하는가?

그렇다. 참고로 양도세 비과세에서 일시적 2주택은 종전 주택의 취득일로부터 1년 이후에 신규 주택을 취득해야 하는 요건을 적용하지만, 취득세에서는 이러한 요건을 적용하지 않는다. 이러한 것도 알아두면 좋을 정보에 해당한다.

구분	비과세	중과세	감면
투자자	매우 중요함.	다소 중요함.	매우 중요함.
관련 업계	상동	다소 중요함.	매우 중요함.
비고	비과세요건을 오판한 경우가 많음.	–	감면을 누락한 경우가 많음.

양도세 비과세(기본)와 절세 포인트

주택에 대한 양도세 비과세 제도에 대해 알아보자. 비과세 유형은 크게 일반 규정, 재건축·재개발입주권 규정 등 2가지 형태로 구분할 수 있다. 이 중 일반 규정은 1세대 1주택 비과세와 2주택 이상 특례규정으로 구분된다. 전자부터 살펴보자.

Case

K 중개사무소는 다음의 부동산을 중개했다. 물음에 답하면?

ㅣ자료ㅣ
• 중개대상 부동산 : 주택
• 양도 예상가액 : 7억 원
• 취득가액 : 5억 원
• 이 주택은 양도세 비과세 대상에 해당함.

Q1 양도차익 3억 원이 발생했는데 왜 비과세를 적용할까?

국민의 거주 자유를 지원하기 위해 특별히 비과세를 적용하고 있다. 과세하면 이사 가는 것이 쉽지 않을 수 있기 때문이다.

Q2 사례의 경우 양도세 비과세요건은 어떻게 될까?

주택의 경우 소득세법 제89조 등에서 이에 대한 요건을 정하고 있다.

> ※ 소득세법 제89조 [비과세양도소득]
>
> ① 다음 각호의 소득에 대해서는 양도소득에 대한 소득세(이하 '양도세'라 한다)를 과세하지 아니한다.
>
>   3. 다음 각 목의 어느 하나에 해당하는 주택(가액이 대통령령으로 정하는 기준을 초과하는 고가주택은 제외한다)의 양도로 발생하는 소득
>
>   가. 대통령령*으로 정하는 1세대 1주택
>
>   나. 1세대가 1주택을 양도하기 전에 다른 주택을 대체취득하거나 상속, 동거봉양, 혼인 등으로 인해 2주택 이상을 보유하는 경우로서 대통령령*으로 정하는 주택

* 구체적인 요건은 소득령 제154조, 제155조 등을 확인해야 한다.

Q3 비과세를 받으면 세무서에 신고해야 할까?

비과세의 경우 신고를 하지 않아도 가산세 등의 불이익이 없다. 따라서 신고를 하지 않아도 된다. 다만, 1세대 2주택 등에 해당해 특별한 사유(상속주택, 농어촌주택, 입주권, 임대주택사업자의 거주주택 등)에 해당하는 경우에는 신고하는 것이 나중에 불필요한 세무 간섭을 줄일 수가 있는데, 이때에는 양도세 간편 신고서에 '1세대 1주택 비과세'라고 기재하고, 취득·양도 시의 매매계약서 사본 등을 첨부해 주소지 관할 세무서에

제출하면 된다. 참고로 신고기한은 양도일이 속하는 달의 말일로부터 2개월 이내다.

Consulting

양도세 비과세 제도와 관련된 세무상 쟁점을 살펴보면 다음과 같다.

1세대	• 1세대는 같은 주소에서 생계를 같이하는 가족을 말한다. • 1세대가 어떤 식으로 구성되었는지에 따라 비과세 판단이 달라진다.
1주택	• 양도일 현재 1주택자에 대해 비과세가 적용되는 것이 원칙이다. • 2주택 이상 보유한 때도 비과세 특례가 적용되므로 경우의 수를 고려한다. • 비과세 판단 시 주택 수에는 입주권, 분양권, 주거용 오피스텔이 포함된다.
2년 보유	• 취득일부터 양도일까지를 기준으로 한다. • 용도변경이나 취득가액 이월과세 등이 적용되는 경우 보유기간 산정 방법이 달라질 수 있다.
2년 거주	• 취득 시점과 취득지역(조정지역) 등에 따라 거주요건이 달라진다. • 주택임대사업자의 거주주택은 전국적으로 적용된다.

※ 저자 주

실무에서 보면 양도세에서 쟁점이 가장 많이 등장하는 곳이 바로 비과세다. 비과세요 건을 제대로 판단하는 것이 지나치게 까다로운 경우가 많기 때문이다. 특히 주택의 개념과 주택 수, 세대 등의 판단과 관련해서 이러한 문제점이 도드라진다. 독자들은 이러한 점에 유의해 실무 처리를 해야 할 것으로 보인다.

※ 양도세 비과세 2년 거주요건

구분	내용	비고
거주요건 적용	취득 당시* 조정지역인 경우(2017년 8월 3일 이후)	양도 당시* 조정지역에서 해제된 경우 포함
거주요건 면제	취득 당시 비조정지역인 경우	
	1세대가 조정지역에 1주택을 보유한 거주자로서 2019년 12월 16일 이전에 임대사업자로 등록을 신청한 경우	
	거주자가 조정지역의 공고가 있은 날 이전에 매매계약을 체결하고 계약금을 지급한 사실이 증빙서류에 의해 확인되는 경우로서 해당 거주자가 속한 1세대가 계약금 지급일 현재 주택을 보유하지 않은 경우	
	주택을 취득한 날에 해당 주택이 소재하는 지역이 조정지역에서 해제된 경우	법령해석재산-4045(2021.02.18)
	상생 임대차계약(5% 이내 임대료 증액)을 2021년 12월 20일부터 2024년 12월 31일까지의 기간 중 체결하고 임대 개시한 경우(단, 직전 임대차 기간이 1년 6개월 이상이 되어야 함)	다음 내용 참조

* 원칙적으로 잔금청산일과 등기접수일 중 빠른날을 말한다.

※ 상생 임대차계약의 요건과 혜택 정리

구분	내용	비고
상생 임대인 개념	직전 계약 대비 임대료를 5%* 이내 인상한 신규(갱신) 계약체결 임대인 ① 직전 계약 1년 6개월** 이상 유지 ② 상생 임대계약 2년간*** 유지	임차인은 변경할 수 있으나 임대인은 같아야 함.
임대주택 면적 등 제한	없음.	임대개시 시점에 다주택자이나 향후 1주택자 전환 계획이 있는 임대인에게도 혜택 적용

구분		내용	비고
혜택	비과세	조정지역 1세대 1주택 양도세 비과세 2년 거주요건 면제	
		장기임대주택 보유 1세대의 거주주택 특례적용 시 2년 거주요건 면제	
	장특공제	1세대 1주택 장기보유특별공제 적용을 위한 2년 거주요건 면제	보유기간 별 4% 공제 등
적용기한		2021.12.20~2024.12.31. 계약분	연장 가능성 있음.

* 5%는 원칙적으로 상생 임대차계약 기간인 2년을 기준으로 한다(다만, 1년 단위의 계약을 한 후 합의를 하면 1년간 5% 이내 인상도 가능한 것으로 보인다. 유권해석 확인 필요함).

** 직전 계약은 해당 거주자가 주택을 취득한 후 임차인과 새로이 체결한 계약을 의미한다. 따라서 2024년에 취득하고 이후 임대차계약을 맺으면 1년 6개월이 지난 후 상생 임대차계약을 맺어야 하므로 적용기한이 연장되지 않는 한, 이 규정은 적용되지 않는다. 이 법은 2021년 12월 20일에 시행된 것이므로 그 이전에 이미 1년 6개월 이상 임대하고 있는 임대인을 대상으로 한 것이라고 볼 수 있다.

*** 상생 임대차계약의 의무임대 기간은 '2년'인데, 이를 어떤 식으로 적용할 것인가 관건이다. 임대계약의 형태 등에 따라 실제 임대 기간이 달라지기 때문이다. 이에 대해서는 다음과 같이 이를 판단하면 될 것으로 보인다.

　- 임대차계약 기간이 2년인 경우 → 실제 임대 기간이 2년 이상이면 인정. 2년에 미달한 경우에는 합의하면 인정(유권해석 확인 필요함)

　- 임대차계약 기간이 1년인 경우 → 실제 임대 기간이 2년 이상이면 인정. 2년에 미달한 경우에는 불인정

　- 임차인이 조기 퇴거한 경우 → 새로운 임차인의 임대 기간을 합산(다음 예규 참조)

※ 기획재정부 재산세제과-1412(2022.11.10)

'직전 임대차계약' 또는 '상생 임대차계약'을 체결했으나, 임차인의 중도 퇴거해 임대 기간 요건을 충족하지 못한 경우, 종전 임대 기간과 새롭게 체결한 임대차계약(종전 임대차계약의 임대보증금 또는 임대료보다 낮거나 같은 경우에 한정한다)에 따른 임대 기간을 합산할 수 있는 것임.

실전연습

K 중개사무소는 다음의 부동산 권리를 중개하려고 한다. 물음에 답하면?

| 자료 |

- 중개대상물 : 주택분양권
- 매수자 : 현재 1세대 1주택을 보유 중임.
- 매수 예상가액 : 8억 원

Q1 주택분양권도 양도세 비과세 판단 시 주택 수에 포함되는가?

그렇다. 세법상의 주택개념에는 해당하지 않지만, 1세대 1주택에 대한 양도세 비과세 여부를 판단할 때 주택 수에 포함된다.

구분	양도세 비과세	취득세 과세
개념	허가 여부나 공부(公簿)상의 용도 구분과 관계없이 세대의 구성원이 독립된 주거생활을 할 수 있는 구조로서 대통령으로 정하는 구조를 갖추어 사실상 주거용으로 사용하는 건물을 말한다.	건축법상의 단독주택과 공동주택을 주택으로 정의하고 있음. • 단독주택 : 단독주택, 다중주택, 다가구주택, 공관 • 공동주택 : 아파트, 연립주택, 다세대주택, 기숙사
주택 수 포함*	• 주택분양권 • 조합원 입주권 • 주거용 오피스텔	• 주택분양권 • 조합원 입주권 • 주거용 오피스텔 • 신탁주택
주택 수 제외	• 등록한 임대주택 • 양도세 감면주택 • 사업용 주택 등	시가 표준액 1억 원 이하의 주택, 농어촌주택 등

* 주택분양권과 조합원 입주권의 범위에 대해 양도세는 소득법 제88조 제9호와 제10호, 취득세는 지방법 제13조의 3 규정 등을 참조하기를 바란다. 이 둘의 범위는 대부분 유사하나 미세한 차이가 있다. 주의하기 바란다.

Q2 취득세에서도 주택분양권이 주택 수에 포함되는가?

그렇다. 취득세는 2020년 8월 12일 이후 취득분(양도세는 2021년 1월 1일 이후 취득분)부터 주택 수에 포함되고 있다.

Tip 양도세 비과세 유형

양도세 비과세 유형을 주택 소유 형태별로 열거하면 다음과 같다.

구분	비과세 유형	비고
개인	1세대 1주택	
	1주택 비과세 특례	일시적 2주택, 상속주택 특례, 일시적 3주택 등
	재건축·재개발 입주권 또는 주택 비과세 특례	
	분양권 보유 시 주택 비과세 특례	
임대·매매·신축 판매 사업자	임대사업자 : 거주주택 비과세	등록임대주택은 비과세에서 주택 수 제외
	매매사업자 : 앞의 개인과 같음.	사업용 주택은 비과세에서 주택 수 제외
	신축 판매사업자 : 앞의 개인과 같음.	
법인	앞의 개인과 같음.	법인소유 주택 제외
비거주자	출국 후 1세대 1주택 보유하고 2년 내 양도 시 비과세	2년 보유기간 등 요건을 미적용함.

양도세 비과세(특례)와 절세 포인트

양도세 비과세는 '① 1세대 ② 1주택 ③ 2년 보유(거주)'가 기본이다. 이러한 기본적인 요건들과 관련해 예외적인 상황이 발생한 때도 비과세가 적용되는데 이와 관련해 다양한 쟁점이 발생한다. 이 중 가장 빈도가 높은 것은 바로 주택 수와 관련된 부분이다. 다음에서 2주택 이상 보유한 경우의 비과세 특례에 대해 알아보자.

Case

K 씨는 현재 1세대 3주택자에 해당한다. 그는 자신이 거주하고 있는 주택을 처분하고 새로운 주택으로 이사를 하려고 한다. 물음에 답하면?

| 자료 |

구분	취득시기	비고
A 주택	2000년	거주
B 주택	2020년	임대
C 주택	2021년	임대

Q1 이 상태에서 A 주택을 양도하면 비과세가 적용되는가?

1세대 3주택자에 해당하므로 원칙적으로 양도세가 과세된다.

Q2 이 상태에서 B 주택을 먼저 처분하면 A 주택에 대해 비과세를 적용받을 수 있는가?

B 주택을 처분하면 1세대 2주택자가 된다. 이런 상황에서 A 주택과 C 주택은 일시적 2주택에 해당하므로 A 주택에 대해서는 비과세가 성립할 수 있다.

Q3 1세대 3주택 상태에서 A 주택에 대해 비과세를 받을 방법은?

1세대 3주택 상태에서도 비과세를 받을 수 있는 방법이 있다.

- ✅ B 주택 등이 상속주택 등에 해당해 일시적 3주택에 해당하면 비과세를 받을 수 있다.
- ✅ B 주택과 C 주택을 임대주택으로 등록하는 방법이 있다(단, 아파트는 등록할 수 없다).

Consulting

1세대 1주택이 아니어도 양도세 비과세를 받을 수 있는 경우를 열거하면 다음과 같다.

※ 소득세 집행기준 89-155-2 [1세대 2주택 비과세 특례 적용 대상]

유형		비과세 특례적용 요건
1. 종전 주택+일반주택(일시적 2주택)		종전 주택을 취득하고 1년* 이상이 지난 후 일반주택을 취득하고 일반주택 취득일부터 3년 이내 종전 주택을 양도하는 경우
2. 상속(공동)주택 +일반주택**	상속주택+일반주택	일반주택을 양도하는 경우
	공동상속주택+일반주택	일반주택을 양도하는 경우
3. 일반주택+일반주택(동거봉양)		동거봉양 합가일부터 10년 이내 먼저 양도하는 주택
4. 일반주택+일반주택(혼인 합가)		혼인 합가일부터 5년 이내 먼저 양도하는 주택
5. 문화재 주택 + 일반주택		일반주택을 양도하는 경우
6. 농어촌주택 + 일반주택		일반주택을 양도하는 경우
7. 수도권 밖에 소재하는 주택 + 일반주택		일반주택을 양도하는 경우 (부득이한 사유가 해소된 날부터 3년 이내에 양도하는 경우)
8. 장기임대주택+일반주택(거주 주택)**		거주 주택을 양도하는 경우 (2년 이상 보유, 2년 이상 거주)

* 양도세 집행기준 89-155-4 [종전 주택을 취득한 날부터 1년 이상 지난 후 신규주택을 취득해야 하는 요건에 대한 예외]

다음의 경우에는 종전 주택을 취득한 날부터 1년 이상 지난 후 신규주택을 취득해야 하는 요건을 적용하지 않는다(2020.2.15 이후 최초로 양도하는 분부터 적용).

• 건설임대주택을 분양전환 받은 경우
• 종전 주택이 수용된 경우
• 취학, 전근 등 부득이한 사유로 양도하는 경우

** 실무에서 보면 상속주택과 장기임대주택과 관련된 다양한 쟁점들이 많이 발생하고 있다. 이를 포함한 비과세 제도에 대해서는 저자의 《부동산 세무 가이드북 실전 편》을 참조하기를 바란다.

참고로 앞의 특례규정이 2개 이상 결합한 때도 비과세가 가능하다. 다음의 집행기준을 참조하기를 바란다.

※ 일시적 1세대 3주택 비과세 특례 적용 사례(양도세 집행기준 89-155-27)

유형	비과세 특례적용 요건
일반주택(A) + 상속주택(B) + 다른 주택(C)	C 주택 취득일부터 3년 이내 양도하는 A 주택
일시적 2주택(A, B) + 동거봉양 합가주택(C) 또는 혼인 합가주택(C)	① B 주택 취득일부터 3년 이내 양도하는 A 주택 ② A 주택양도 후 합가일부터 10년 (혼인 5년) 이내 양도하는 B 주택 또는 C 주택
동거봉양 합가 2주택(A, B) + 다른 주택(C) 또는 혼인 합가 2주택(A, B)	합가일부터 10년(혼인 5년) 이내 및 C 주택 취득일부터 3년 이내 양도하는 A 주택 또는 B 주택

🖘 일시적 3주택은 일반적으로 일시적 2주택과 상속 등의 특례 사유가 동시에 발생한 경우를 말한다. 따라서 이러한 상황에서는 가능한 모든 비과세 방법 중 가장 유리한 것을 선택하는 것이 좋다.

실전연습

K 씨는 다음과 같이 주택을 보유하고 있는 상태에서 A 주택을 처분하고자 한다. 물음에 답하면?

I 자료 I

- A 주택 : 15년 보유(양도차익 3억 원)
- B 주택(다세대주택) : 5년 전 매입(양도차익 5,000만 원, 기준시가 2억 원)
- C 주택 : 1년 전 매입

Q1 사례의 경우 어떻게 해야 거래가 성사될 확률을 높일 수 있을까?

STEP1 쟁점은?

K 씨는 현재 1세대 3주택에 해당하므로 A 주택을 양도하면 원칙적으로 양도세가 과세된다.

STEP2 산출세액은?

사례의 경우 대략적인 양도세를 계산하면 다음과 같다.

구분	금액	비고
양도차익	3억 원	
-장기보유특별공제(30%)	9,000만 원	
=양도소득 금액	2억 1,000만 원	
-기본공제	250만 원	
=과세표준	2억 750만 원	
×세율	38%	
-누진공제	1,994만 원	
=산출세액	5,891만 원	지방소득세 10% 별도

STEP3 대안은?

위에서 계산된 세금을 내는 것을 감수하고 거래할 것인지 아니면 다른 대안이 있는지를 검토한다. 이러한 대안에는 다음과 같은 것들이 있을 수 있다.

- 대안 1 : B 주택을 먼저 처분한 후 A 주택을 처분하는 전략
- 대안 2 : B 주택을 세대분리가 된 자녀 등에게 증여한 후 A 주택을 처분하는 전략
- 대안 3 : B 주택을 임대사업자등록을 한 후에 A 주택을 처분하는 전략

이 중 대안 1을 기준으로 하면 다음과 같은 효과가 발생한다.

구분	대안 없이 A 주택을 처분하는 경우	B 주택 먼저 처분한 후 A 주택을 비과세로 처분한 경우	차이
양도차익	3억 원	5,000만 원	
−장기보유특별공제	9,000만 원	750만 원	
=양도소득 금액	2억 1,000만 원	4,250만 원	
−기본공제	250만 원	250만 원	
=과세표준	2억 750만 원	4,000만 원	
×세율	38%	15%	
−누진공제	1,994만 원	126만 원	
=산출세액	5,891만 원	474만 원	5,417만 원

대안 2의 경우에는 자녀에게 증여하는 경우 증여세와 취득세가 발생한다. 따라서 다음과 같은 세금을 부담해야 하므로 증여의 효과가 대안 1보다 축소될 수 있다.

구분	금액	비고
증여세	2,000만 원	(2억 원−5,000만 원)×20%− 1,000만 원(누진공제)=2,000만 원
취득세	800만 원	2억 원×4%(취득세)
계	2,800만 원	

한편 대안 3의 경우 비과세를 받을 수 있으므로 5,891만 원 전액을 내지 않아도 되는 효과가 발생한다.

Q2 사례의 경우 임대등록을 하는 것이 좋을까?

임대등록을 하면 10년 이상 임대를 해야 하고 임대료를 5% 이내에서 올려야 하는 등의 의무를 이행해야 한다. 따라서 여러 가지 요인을 따져 이에 관한 의사결정을 내려야 한다.

Tip ▶ **임대주택사업자의 거주주택 비과세 체크 리스트**

구분	요건	비고
임대주택의 요건	등록 시 기준시가	• 수도권 : 6억 원 • 비수도권 : 3억 원
	의무임대 기간 준수	• 등록 시기별*로 달라짐에 유의 • 자동말소 등은 의무임대 기간을 충족한 것으로 간주함. • 일부 공실은 계속 임대로 간주함.
	임대료 증액 제한	• 원칙 : 2년 5% 이내 • 예외 : 1년 5% 이내(합의 등)
거주주택 요건	거주기간 요건	• 원칙 : 취득일 이후 • 예외 : 직전 거주주택 보유주택**은 사업자 등록 이후
	비과세 적용 횟수	생애 1회만 적용
	일시적 2주택 중첩적용	가능함. 3년 이내에 처분

* 2020년 7월 10일 이전은 5년, 2020년 7월 11일~8월 17일은 8년, 2020년 8월 18일 이후는 10년이다.

** 거주주택에 대한 비과세를 1회 받은 후 임대용 주택을 거주주택으로 전환한 경우의 해당 주택을 말한다. 어려운 개념에 해당한다.

조합원 입주권·분양권 소유 시의 비과세 특례와 절세 포인트

조합원 입주권과 분양권을 보유한 때도 양도세 비과세를 받을 수 있다. 다만, 이는 앞에서 본 1세대 1주택이나 1주택 특례와는 별개의 규정에 따라 비과세가 적용되고 있다. 다음에서 이에 관한 내용을 알아보자.

Case

다음 자료를 보고 물음에 답하면? 단, 아래의 권리는 독립적인 관계에 해당한다.

> | 자료 |
> - 입주권 : 10년 이상 보유한 주택의 재개발에 따른 입주권임.
> - 분양권 : 2024년 1월에 계약한 것임.

Q1 입주권을 양도해도 양도세 비과세를 받을 수 있는가?

그렇다. 다만, 관리처분계획인가일(철거일) 현재 2년 이상 보유 등의 조건을 충족해야 한다.

Q2 만일 앞의 입주권 1개를 보유한 상태에서 1주택(A)을 취득했다고 하자. 이때 입주권에 대해서 비과세를 받을 수 있는가?

그렇다. 이 경우 일시적 2주택 형태로 3년 이내에 입주권을 양도하면 된다(단, 관리처분계획인가일 현재 2년 이상 보유 등을 해야 함).

Q3 Q2에서 입주권이 주택으로 완성되면 이곳으로 이사를 하고 완공일로부터 3년 이내에 A 주택을 양도하면 비과세를 받을 수 있는가?

그렇다. 사업 시행 중 1년 이상 거주하기 위해 대체주택을 취득한 경우 이에 대해 비과세가 적용된다.

(Consulting)

입주권과 분양권이 있는 경우의 양도세 비과세와 관련된 내용을 정리하면 다음과 같다.

구분		입주권	분양권
권리 양도	권리가 1개 있는 경우	입주권 비과세 가능	불가능
	권리+주택이 있는 경우	일시적 2주택 형태로 권리 양도 시 비과세	
주택의 양도	주택+권리의 승계취득 시	권리 취득일기준 3년 내 양도 시 비과세	좌동
	위 특례	완공주택으로 3년 내 이사 및 완공일로부터 3년 이내 종전 주택 양도 시 비과세	좌동

구분	입주권	분양권
사업 시행 중 취득한 대체주택양도	대체주택에서 1년 이상 거주 후 완공일로부터 3년 이내 대체주택 양도 시 비과세	불가능

실전연습

앞의 사례를 연장해보자.

Q1 앞 자료상의 입주권을 보유한 상태에서 분양권을 취득했다면 입주권에 대해서도 비과세를 받을 수 있는가?

입주권 비과세는 다음과 같은 상황에만 적용된다.

① 양도일 현재 다른 주택 또는 분양권*을 보유하지 아니할 것
② 양도일 현재 1조합원입주권 외에 1주택을 보유한 경우(분양권*을 보유하지 아니하는 경우로 한정한다)로서 해당 1주택을 취득한 날부터 3년 이내에 해당 조합원입주권을 양도할 것

* 2022년 1월 1일 이후에 취득한 분양권을 말한다(부칙).

따라서 사례의 분양권은 2024년에 취득한 것이므로 사례의 입주권에 대해서는 비과세가 적용되지 않는다. 참고로 입주권에 대한 비과세 판단 시 분양권을 주택으로 보는 시기는 2022년 1월 1일 이후 취득분이다. 세법 개정이 늦어져 빚어진 현상에 해당한다.

※ 분양권을 주택으로 보는 시기

구분		취득세 중과세 판단	주택 양도세 비과세와 중과세 판단	입주권 양도세 비과세 판단*
취득시기		2020년 8월 12일	2021년 1월 1일	2022년 1월 1일
취득일	당첨	계약일	당첨일	좌동
	전매	잔금청산일	좌동	좌동

* 2022년 이후에 분양권을 취득한 경우에는 입주권에 대해서는 비과세가 적용되지 않는다.

Q2 Q1에서 분양권의 주택이 완공되었다고 하자. 이 경우 완공일로부터 3년 이내에 입주권을 양도하면 비과세가 적용되는가?

2022년 전에 취득한 분양권이 완공된 경우에는 비과세가 가능하나, 2022년 이후에 취득한 경우에는 비과세가 성립하지 않는다(법규재산-7792, 2023.08.09).

Q3 앞의 입주권을 보유한 상태에서 2024년에 입주권을 승계 취득하면 일시적 2주택 등에 대한 비과세를 받을 수 있는가?

아니다. 입주권에 대한 비과세는 Q1에서 본 2가지에만 적용되기 때문이다. 따라서 이 경우 비과세가 적용되지 않는다.

Q4 2주택 보유 중 그중 한 채가 입주권이 되었다. 이후 해당 입주권이 완성된 이후 3년 이내에 종전 주택을 양도하면 비과세를 받을 수 있는가?

없다. 이는 2주택의 연장으로 보기 때문이다.

재건축·재개발 입주권이나 완공된 주택에 대한 자세한 세무 내용은 이 책의 자매서인 《재건축·재개발 세무 가이드북(실전 편)》을 참조하기를 바란다.

양도세 중과세와
절세 포인트

양도세 중과세는 양도세 세율을 일반세율보다 높게 적용하는 과세 방식을 말한다. 현행 양도세 중과세는 주택과 토지에 적용된다. 다만, 주택 양도세 중과세의 경우 그 적용 범위가 점차 축소되어 폐지되다시피하고 있다. 다음에서 양도세 중과세에 대해 간략히 정리해보자.

Case

K 중개사무소는 다음과 같은 부동산을 중개하고자 한다. 물음에 답하면?

| 자료 |

- A 부동산 : 주택(경기도 성남시 소재) → 매도의뢰인은 다주택자에 해당함.
- B 부동산 : 토지 → 임야에 해당함(재촌하지 않음).
- C 부동산 : 무허가건물 → 당초 허가를 받지 못함.

Q1 A 부동산을 양도하면 중과세가 적용될까?

다주택자가 보유한 주택에 대해서는 양도세 중과세가 적용될 수 있다. 하지만 이 제도는 양도하는 주택이 조정지역에 소재한 경우에만 적용되므로 사례의 경우에는 중과세를 적용하지 않는다. 사례의 경우에는 다음과 같은 세율이 적용된다.

구분	1년 미만	1~2년 미만	2년 이상
보유기간	70%	60%	6~45%

Q2 B 부동산을 처분하면 중과세가 적용될까?

토지도 중과세 제도가 적용된다. 다만, 모든 토지에 대해 중과세를 적용하는 것이 아니라 비사업용 토지(투자 목적으로 보유하는 토지. 지목별로 규정되어 있음)에 대해서만 중과세를 적용한다. 사례의 토지는 재촌하지 않았으므로 비사업용 토지에 해당할 가능성이 크다.

구분	1년 미만	1~2년 미만	2년 이상
보유기간	50%	Max[40%, 16~55%]	16~55%

Q3 C 부동산을 처분하면 중과세가 적용될까?

미등기자산에 해당하면 중과세율이 적용될 수 있다. 다만, 당초 건축허가를 받았는지 아닌지에 따라 세율이 달라진다.

구분	당초 건축허가를 받지 못해 미등기가 된 경우	당초 건축허가를 받았으나 미등기가 된 경우*
미등기자산 해당 여부	미등기자산에 해당하지 않음.	미등기자산에 해당함.
세율	일반세율	중과세율(70%)

* 무허가주택에 대한 미등기자산 판단은 6장을 참조하기를 바란다.

Consulting

부동산 양도세 중과세와 관련된 세무상 쟁점을 정리하면 다음과 같다.

구분	주택	토지
중과세 대상	2주택 이상 조정지역의 주택	비사업용 토지
중과세 제외	• 비조정지역 주택 • 2년 이상 보유한 주택 등	–
중과세율	6~45%+20~30%P	6~45%+10%P
장기보유특별공제	적용 배제	적용함.

실전연습

K 씨는 아래와 같이 주택을 보유하고 있다. 물음에 답하면?

> |자료|
> • 현재 2주택을 보유 중임. 모두 서울에 소재함.
> • 취득시기는 5년 전임.

Q1 이 주택을 양도하면 양도세 중과세가 적용되는가?

아니다. 중과세 대상 주택 수는 2주택이지만 해당 주택이 비조정지역에 소재하거나 조정지역 내에 소재하더라도 2년 이상 보유하면 한시적*으로 중과세가 적용되지 않기 때문이다.

* 2025년 5월 9일까지 중과 배제된다.

Q2 K 씨는 매매사업자등록을 낸 후 서울 강남구에서 1주택을 취득해 매매하고자 한다. 이때 1년 미만 보유 후 양도하더라도 6~45%를 적용받을 수 있는가?

아니다. 이 경우에는 양도세와 종소세 중 많은 세액을 납부해야 한다. 비교과세가 적용되기 때문이다.

Q3 앞의 주택 중 한 채는 2010년 1월에 취득한 것이다. 그런데 그 당시 이 주택에 대해서는 중과세를 적용하지 않겠다고 했다. 2024년 이후에도 이 약속은 그대로 유효한가?

원래 2009.3.16.~2012.12.31. 사이에 취득한 주택은 중과세를 적용하지 않는다. 그런데 그 이후 중과세 제도가 폐지되었다가 2018년 4월 1일에 부활함에 따라 앞의 기간에 취득한 주택에 대해서도 중과세를 적용했다. 하지만 최근 법원의 판결 영향으로 이 시기에 취득한 주택은 중과세를 적용하지 않는다는 해석을 발표했다(재산세제과-1422, 2023.12.26).

☞ 중과세가 적용되지 않음에도 중과세가 적용된 경우에는 경정청구 등을 통해 환급을 받을 수 있다(저자의 카페로 문의해도 된다).

구분	내용	비고
중과대상	조정지역 내의 주택	중과세 대상 주택 수가 2채 이상인 경우

중과배제	• 비조정지역 내의 주택
	• 조정지역 내의 주택 중
	  – 등록임대주택, 감면주택
	  – 2년 이상 보유한 주택*등	

* 궁극적으로 조정지역 내의 주택을 2년 미만 보유하고 양도할 때 중과세가 적용된다. 이때 세율은 Max[일반세율, 중과세]가 적용된다. 일반세율은 70%, 60%가 되며, 중과세율은 6~45%+20~30%P가 된다.

양도세 중과세
제도(토지)

앞으로 양도세 중과세는 토지를 중심으로 전개될 가능성이 크다. 주택의 경우에는 영구적으로 폐지될 가능성이 크기 때문이다. 따라서 독자들은 토지에 대한 양도세 중과세 제도에 관해서는 관심을 둘 필요가 있다. 다음에서 이에 대해 알아보자.

Case

K 씨가 보유한 토지는 다음과 같다. 물음에 답하면?

| 자료 |

- 지목 : 농지
- 취득원인 : 승계취득
- 재촌·자경한 기간 : 없음.
- 양도차익 : 5억 원
- 보유기간 : 15년(장기보유특별공제율 30%)

Q1 이 토지는 사업용 토지인가, 비사업용 토지인가?

사례의 경우 비사업용 토지에 해당할 가능성이 크다. 농지의 경우, 재촌·자경을 법에서 정한 기간 내에 해야 하는데 사례의 농지는 해당 사항이 없기 때문이다.

Q2 비사업용 토지면 과세 방식은?

비사업용 토지에 대한 과세 방식을 사업용 토지와 비교하면 다음과 같다.

구분	사업용 토지	비사업용 토지
장기보유특별공제	• 취득일로부터 기산 • 10~30%	좌동
세율	50%, 40%, 6~45%	50%, Max[40%, 16~55%], 16~55%

Q3 이 토지에 대한 양도세는 얼마나 되는가? 사업용 토지와 비사업용 토지로 구분해 계산하면? 기본공제 250만 원은 제외한다.

구분	사업용 토지	비사업용 토지
양도차익	5억 원	5억 원
−장기보유특별공제	1.5억 원	1.5억 원
=과세표준	3.5억 원	3.5억 원
×세율	40%	50%
−누진공제	2,594만 원	2,594만 원
=산출세액	1억 1,406만 원	1억 4,906만 원

세법에서는 토지에 대해 어떤 방법으로 비사업용 토지 여부 판단을 하는지 정리해보자.

구분	사업용 토지 요건	비고
① 농지	• 재촌 • 자경 • 도시지역 밖 소재 • 사업용 기간 충족	• 재촌·자경을 하지 않아도 되는 경우 : 상속농지 등 • 무조건 사업용 토지로 보는 경우 : 상속농지(직계존속이 8년 이상 재촌·자경), 수용농지 등
② 임야	• 재촌 • 사업용 기간 충족	• 재촌하지 않아도 되는 경우 : 상속임야 등 • 무조건 사업용 토지로 보는 경우 : 상속임야(직계존속이 8년 이상 재촌), 수용임야 등
③ 목장용지	• 축산업 영위 • 도시지역 밖 • 가축별 기준면적 내 • 사업용 기간 충족	• 축산업 영위를 하지 않아도 되는 경우 : 상속목장용지 등 • 무조건 사업용 토지로 보는 경우 : 상속목장용지(직계존속이 8년 이상 목축업 영위), 수용임야 등
④ 주택 부속 토지	• 기준면적(5배, 10배) 내 • 사업용 기간 충족	–
⑤ 별장 부속 토지	(무조건 비사업용 토지에 해당함)	–
⑥ 위 외의 토지	• 재산세 비과세 대상 토지, 분리과세 대상 토지, 별도합산 대상 토지 • 재산세 종합과세 대상 토지 중 거주·사업에 직접 관련된 토지 • 사업용 기간 충족	–

앞에서 사업용 기간조건이란 토지 소유 기간에 세법에서 정한 기간 이상을 사업용으로 사용해야 한다는 것을 의미한다. 예를 들어, 농사를

하루만 지어도 일단 사업용 농지가 될 수 있는데, 이를 세법상 비사업용 토지에서 무조건 제외해주면 편법이 등장할 가능성이 크다. 그래서 세법은 다음과 같은 기간 기준을 두어 사업용으로 사용한 기간이 이에 미달하면 최종적으로 비사업용 토지로 판정한다. 이는 사업용으로 위장하는 것을 방지하기 위한 요건에 해당한다고 볼 수 있다.

토지 소유 기간	사업용으로 사용한 기간
① 3년 미만	다음 중 하나 이상의 기간 기준을 충족해야 최종적으로 사업용 토지가 된다. • 토지 소유 기간에 2년 이상 사업에 사용(토지 소유 기간이 2년 미만이면 이 기준은 사용하지 않고 아래 60% 기준을 사용한다) • 토지 전체 소유 기간에 60% 이상 사업에 사용
② 3년 이상 5년 미만	다음 중 하나 이상의 기간 기준을 충족해야 최종적으로 사업용 토지가 된다. • 토지 소유 기간에 3년 이상 사업에 사용 • 양도일 직전 3년 중 2년 이상 사업에 사용 • 토지 전체 소유 기간에 60% 이상 사업에 사용
③ 5년 이상	다음 중 하나 이상의 기간 기준을 충족해야 최종적으로 사업용 토지가 된다. • 양도일 직전 5년 중 3년 이상 사업에 사용 • 양도일 직전 3년 중 2년 이상 사업에 사용 • 토지 전체 소유 기간에 60% 이상 사업에 사용

실전연습

K 중개사무소는 이번에 다음과 같은 토지에 대해 매매계약을 체결하려고 한다. 2024년을 기준으로 물음에 답하면?

| 자료 |

- 매매대상 지목 : 공부상 임야, 실질 용도는 대지
- 예상양도가액 : 5억 원
- 취득연도 : 1990년
- 취득가액 : 1억 원
- 취득자는 임야소재지에서 거주함.

Q1 이 토지는 사업용 토지인가, 비사업용 토지인가?

임야를 기준으로 볼 때는 매도자가 거주하고 있으므로 사업용 토지에 가깝다. 하지만 세법은 실질과세의 원칙을 기준으로 세법을 적용하므로 토지의 실질 용도인 대지를 가지고 이를 판단해야 한다. 따라서 대지를 어떤 용도로 사용하고 있는지가 중요하다. 만일 빈터로 방치되어 있다면 여전히 비사업용 토지에 해당할 수 있다.

Q2 비사업용 토지면 사업용 토지로 전환할 방법은?

사례의 토지가 대지로서 비사업용 토지에 해당한다면 다음과 같은 방법으로 사업용 토지로 전환한다.

- ☑ 대지 위에 주택을 지어 분양하면 언제든지 사업용 토지로 바뀐다.
- ☑ 대지 위에 주택 외의 건물을 지어 분양할 때는 착공 후부터 2년 후에 양도해야 사업용 토지로 바뀐다.

양도세 감면과
절세 포인트

양도세가 감면되는 주택에 대한 세무상 쟁점은 주택소유자나 중개사무소의 관점에서 자세히 알아두어야 할 주제에 해당한다. 이를 등한시하면 올바른 의사결정을 내리기가 힘들기 때문이다. 다음에서 이에 대해 살펴보자.

Case

서울에 사는 K 씨는 양도세가 감면되는 주택을 보유하고 있다. 물음에 답하면?

| 자료 |

- 현재 1세대 2주택 상태임.
- A 주택 : 10년 전에 취득함.
- B 주택 : 5년 전에 취득한 양도세 감면되는 주택에 해당함(이 주택은 거주자의 양도세 비과세 판단 시 주택 수에 포함되지 않음).

Q1 A 주택을 양도하면 비과세를 받을 수 있는가?

양도세 감면주택은 2가지의 혜택이 있다. 하나는 언제든지 양도해도 감면을 받을 수 있다는 것이고, 다른 하나는 다른 주택의 비과세 판단 시에 주택 수에서 제외된다는 것이다. 따라서 사례의 경우 A 주택을 양도하면 이에 대해서는 비과세를 받을 수 있게 된다.

Q2 B 주택을 취득 후 10년 후에 양도해도 감면을 받을 수 있는가?

그렇다. 다만, 구체적인 적용법은 각 규정을 참조해야 한다.

Q3 A 주택 처분 후 남아 있는 B 주택을 양도하면 비과세를 받을 수 있는가?

양도세 비과세 적용은 양도일 현재 현황에 따른다. 따라서 이 경우 1세대 1주택자에 해당하므로 이에 대해서는 비과세를 받을 수 있다.

🔞 양도세가 감면되는 주택이 비과세 규정에도 부합한 경우에는 비과세를 받는 것이 유리하다. 감면은 감면세액의 20% 상당인 농특세가 부과될 수 있기 때문이다. 고가주택은 12억 원까지는 비과세, 초과분은 감면을 적용받으면 된다.

(Consulting)

양도세가 감면되는 주택과 관련된 세무상 쟁점을 정리하면 다음과 같다.

감면 요건 확인	조특법에 규정된 감면 요건을 정교히 검토해야 한다.

감면 내용 확인	감면조항별로 구체적으로 어떤 감면 내용을 담고 있는지 점검한다.*

감면 적용	구체적으로 감면을 적용할 때에는 감면 내용이 적절한지 다시 한번 점검한다.

* 154페이지의 Tip을 참조하기를 바란다.

실전연습

K 중개사무소에서는 A 주택을 중개하려고 한다. 매도의뢰자의 주택 보유 현황을 보고 대안을 마련한다면?

앞의 물음에 대한 답변을 순차적으로 찾아보자.

STEP1 쟁점은?

현재 상황에서 A 주택을 양도하면 비과세가 성립되는지 검토하고, 만일 비과세가 성립되지 않으면 A 주택이 감면을 받을 수 있는 주택에 해당하는지 검토한다.

STEP2 세법 규정은?

사례의 A 주택은 비과세를 받을 수 없다고 하자. 이때에는 조특법에 규정된 감면주택에 해당하는지를 검토한다. 같은 법 제99조와 제99조의 3에 해당하는 신축주택은 우리 주위에서 흔하게 볼 수 있다. 따라서 이 둘을 비교해보는 것도 나름대로 의미가 있을 것이다.

구분	제99조		제99조의 3	
취득 기간	1998.5.22~ 1999.6.30	1998.5.22~ 1999.12.31	2001.5.23~ 2002.12.31	2001.5.23~ 2003.6.30
주택 소재지	전국		서울·과천·5대 신도시	전국
주택 규모	국민주택규모 이하	고가주택이 아닌 주택	고가주택이 아닌 주택*	
감면 대상자	일반 분양자 조합원 (승계조합원 포함)		일반 분양자 조합원 (2002년 이후 승계조합원은 제외)	
주택 수 제외	2007년 12월 31일까지 일반주택을 양도하는 경우에 한함.			

* 이는 주택건설사업자와 최초로 계약한 날 당시의 실거래가액이 6억 원을 초과하는 주택을 말한다(서면 인터넷방문상담 5팀-2100, 2007.7.18).

STEP3 결론은?

사례를 검토한 결과 조특법 제99조의 3 규정을 적용받을 가능성이 크다. 실무에서는 구체적인 조문을 근거로 최종 감면 여부를 판단 내리는 것이 좋다.

주택 등에 대한 양도세 감면은 조특법에서 정하고 있다. 이에는 수많은 조항이 산재해 있다. 이 중 조특법 제99조의 2를 한번 살펴보자.

구분			조특법 제99조의 2
감면 대상자			거주자 또는 비거주자
감면 요건			• 기간 내에 계약금을 납부하고 취득한 주택으로서 시·군·구청장으로부터 감면 대상 주택임을 확인받아 관할 세무서장에게 제출한 경우에만 적용
감 면 율			• 5년 이내 양도 ⇒ 100% 감면 • 5년 경과 양도 ⇒ 5년간 발생한 양도소득 금액을 감면
대상 주택	과세특례 취득기간		2013.4.1.~2013.12.31. 최초 매매계약 체결 및 계약금 지급
	신축주택 ·미분양 주택	대상	• 주택법에 따라 공급하는 계약일이 지난 주택으로서 2013.4.1. 이후 선착순 공급 주택 • 주택법에 따라 공급하는 2013.4.1 이후 계약일 도래 주택 • 주택법 시행령에 따른 오피스텔 중 건축법에 따른 건축허가를 받아 건축물분양법에 따라 공급하거나 건축법에 따른 사용승인을 받아 공급하는 오피스텔

		제외	• 실지거래가액이 6억 원을 초과하고 연면적(전용면적)이 85㎡ 초과하는 주택
			• 2013.3.31. 이전에 체결된 매매계약이 과세특례 취득기간 중에 해제된 주택
			• 2013.3.31. 이전에 체결된 매매계약을 과세특례 취득기간 중에 해제한 자가 계약을 체결한 주택 및 그 배우자 등이 계약을 체결한 주택
			• 오피스텔을 취득한 자가 다음 모두에 해당하지 않게 된 경우 오피스텔
			  - 취득일부터 60일이 지난 날부터 양도일까지 해당 오피스텔에 주민등록이 되어 있지 않은 경우
			  - 취득일부터 60일 이내에 임대용 주택으로 등록한 경우

구분			조특법 제99조의 2
대상 주택	1세대 1 주택자의 주택	대상	• 2013.4.1 현재 주민등록법상 1세대가 매매계약일 현재 취득등기일부터 2년 이상 보유한 1주택(오피스텔 포함, 도시지역 안 5배, 밖 10배 이내의 부수토지 포함) • 1주택을 보유한 1세대가 종전 주택 취득등기일부터 1년 이상 지난 후 다른 주택을 취득하고 다른 주택 취득등기일부터 3년 이내에 양도하는 2년 이상 보유주택
		제외	• 실지거래가액이 6억 원을 초과하고 연면적(전용면적)이 85㎡ 초과하는 주택 • 과세특례 취득기간 중 매매계약을 해제한 자 및 그 배우자 등이 계약 체결한 원래 매매계약 주택 • 오피스텔 취득자가 신축주택 등의 오피스텔 요건을 모두 충족하지 않은 오피스텔
	감면 제외		• 지정지역 소재 주택 등 • 타인으로부터 분양권을 매입해 취득하는 신축주택 • 건설업자로부터 최초 매매계약 후 분양권 상태로 양도
	적용 시기		• 2013.5.10 양도분부터 적용
비 고			• 당해 거주자의 보유주택 수와 관계없이 감면 가능 • 감면세액의 20% 농특세 과세 • 1세대 1주택 비과세 판정 시 주택의 수에서 제외

이러한 감면 규정을 적용할 때 다음의 몇 가지에 주의해야 한다.

☑ 감면 요건을 일일이 확인해야 한다.→감면 요건이 매우 복잡함을 알 수 있다.

☑ 양도세 산출세액과 감면세액을 정확히 계산할 수 있어야 한다.→어떤 감면에서는 산출세액 중 일부만 감면이 되는 경우가 있다. 다음의 규정을 참조하기를 바란다.

※ 소득세법 제90조(양도소득세의 감면)

① 제95조에 따른 양도소득 금액에 이 법 또는 다른 조세에 관한 법률에 따른
감면 대상 양도소득 금액이 있을 때는 다음 계산식에 따라 계산한 양도소득
세 감면액을 양도소득 산출세액에서 감면한다.

$$양도소득세 감면액 = A \times \frac{(B-C)}{D} \times E$$

A : 제104조에 따른 양도소득 산출세액

B : 감면 대상 양도소득 금액

C : 제103조 제2항에 따른 양도소득 기본공제

D : 제92조에 따른 양도소득 과세표준

E : 이 법 또는 다른 조세에 관한 법률에서 정한 감면율

② 제1항에도 불구하고 조특법에서 양도소득세의 감면을 양도소득 금액에서
감면 대상 양도소득 금액을 차감하는 방식으로 규정하는 경우에는 제95조
에 따른 양도소득 금액에서 감면 대상 양도소득 금액을 차감한 후 양도소득
과세표준을 계산하는 방식으로 양도소득세를 감면한다.

☑ 감면세액의 20%로 농특세가 과세되는지의 여부를 확인해야 한다. 농특세법에
서는 양도세를 감면받으면 20%의 세율로 과세한다(감면이 아닌 장기보유특별공
제 특례 등은 감면이 아니므로 농특세가 과세되지 않음).

☑ 이외 다른 주택의 양도세 비과세나 중과세 판단 시 주택 수에서 제외되는지를
정확히 판단해야 한다.

※ 조특법상 감면주택에 대한 감면 내용과 일반주택 비과세 판단 시 주택 수 제외
여부(체크 리스트)

구분	주요 요건	감면율 등	주택 수 제외
제97조 장기임대주택에 대한 양도소득세의 감면(2001.12.29 제목 개정)	2020.12.31 이전 임대	50~100%	○

구분	주요 요건	감면율 등	주택 수 제외
제97조의 2 신축임대주택에 대한 양도소득세의 감면 특례(2001.12.29 제목 개정)	2021.12.31 이전 신축임대	100%	○
제97조의 3 장기일반민간임대주택 등에 대한 양도소득세의 과세특례(2022.12.31 제목 개정)	장기임대 8년 임대	장특공제 50~70%	○ (거주주택 비과세)
제97조의 4 장기임대주택에 대한 양도소득세의 과세특례(2014.01.01 신설)	장기임대 6년 임대 (2018.3.31 종료)	장특공제 2~10% 가산	
제97조의 5 장기일반민간임대주택 등에 대한 양도소득세 감면(2018.01.16 제목 개정)	장기임대 10년 임대	100%	
제97조의 6 임대주택 부동산 투자회사의 현물출자자에 대한 과세특례 등 (2014.12.23 신설)	-	과세이연	-
제97조의 7 임대사업자에게 양도한 토지에 대한 과세특례(2018.01.16 제목 개정)	-	10%	-
제97조의 8 공모 부동산 투자회사의 현물출자자에 대한 과세특례(2016.12.20 신설)	-	과세이연	-
제97조의 9 공공매입임대주택 건설을 목적으로 양도한 토지에 대한 과세특례 (2021.03.16 신설)	-	10%	-
제98조 미분양주택에 대한 과세특례	1997.12.31까지의 미분양주택	양도세율 20% 또는 종소세 납부	-
제98조의 2 지방 미분양주택 취득에 대한 양도소득세 등 과세특례(2008.12.26 신설)	2008.11.03~2010.12.31 까지의 지방 미분양주택	장특공제 별표2 적용	○
제98조의 3 미분양주택의 취득자에 대한 양도소득세의 과세특례(2009.03.25 신설)	2009.02.11~2010.2.11 까지의 서울시 외의 미분양주택	60~100%	○
제98조의 4 비거주자의 주택취득에 대한 양도소득세의 과세특례(2009.05.21 신설)	2009.03.16~2010.2.11 까지의 서울시 외의 미분양주택	10%	
제98조의 5 수도권 밖의 지역에 있는 미분양주택의 취득자에 대한 양도소득세의 과세특례(2010.05.14 신설)	2010.2.11 현재 지방 미분양주택을 2011.4.30까지 계약	60~100%	○

구분	주요 요건	감면율 등	주택 수 제외
제98조의 6 준공 후 미분양주택의 취득자에 대한 양도소득세의 과세특례	취득 후 2011.12.31까지 임대계약	50%	○
제98조의 7 미분양주택의 취득자에 대한 양도소득세의 과세특례(2012.10.02 신설)	2012.12.31까지 취득계약 (취득가액 9억 원 이하)	100%	○
제98조의 8 준공 후 미분양주택의 취득자에 대한 양도소득세 과세특례 (2014.12.23 신설)	2015.12.31까지 취득계약 (취득가액 6억 원 이하, 135㎡ 이하)	50%	○
제99조 신축주택의 취득자에 대한 양도소득세의 감면	1998.5.22~1999.12.31 까지의 신축주택	5년간 발생 소득 차감	_*
제99조의 2 신축주택 등 취득자에 대한 양도소득세의 과세특례(2013.05.10 신설)	2013.4.1~2013.12.31까 지의 신축주택. 미분양주택, 1세대 1주택 취득	100%(5년 내) (5년 후 5년간 발생소득 차감) (감면 날인 필요)	○
제99조의 3 신축주택의 취득자에 대한 양도소득세의 과세특례(2001.08.14 제목 개정)	2001.05.23~2003.06.30 까지 취득한 신축주택	5년간 발생 소득 차감	_*
제99조의 4 농어촌주택 등 취득자에 대한 양도소득세 과세특례(2008.12.26. 제목 수정)	2003.08.01(고향 주택은 2009.01.01)부터 2025.12.31까지 취득한 농어촌주택	–	○

* 신축주택과 그 외의 주택을 보유한 거주자가 그 신축주택 외의 주택을 2007년 12월 31일까지 양도하는 경우에만 그 신축주택을 거주자의 소유주택으로 보지 않는다. 이 부분에서 많은 혼란이 발생하고 있다.

양도세 감면
(농지)

양도세 감면은 농지에도 적용된다. 다만, 이에 대한 감면 규정은 8년 자경농지, 대토농지 등에 국한되어 적용되고 있다. 다음에서는 중개 시에 알아두면 유용할 감면 제도에 대해 알아보자.

> **Case**

K 씨가 보유한 농지의 현황은 다음과 같다. 물음에 답하면?

구분	내용	비고
취득시기	2000.1.1	
취득가액	5,000만 원	
재촌·자경 기간	8년 이상 본인이 직접 자경함.	농지 원부만 있음.
소유자의 소득	위 자경 기간 중 매년 연 매출액이 5,000만 원임.	부업으로 경작 중임.
농지 소재 지역	도시지역 밖	
양도 예상가액	3억 원	

Q1 이 농지는 양도세 감면을 받을 수 있는가?

일반적으로 농지 소유자가 직접 농사를 8년 이상 지은 후에 이를 양도하면 양도세를 100% 감면받을 수 있다. 그런데 이 농지가 도시지역 밖에 있어야 하고, 소유자의 소득이 연간 3,700만 원에 미달해야 이를 적용받을 수 있다. 따라서 사례의 경우 소득요건을 미충족해 감면이 적용되지 않을 수 있다.

Q2 이 경우 양도세 산출세액은 얼마인가?

사업용 토지에 해당하는 경우와 되지 않는 경우로 나눠 살펴보자. 단, 장기보유특별공제율은 30%를 적용한다.

구분	사업용 토지	비사업용 토지
양도차익	2억 5,000만 원	2억 5,000만 원
−장기보유특별공제	7,500만 원	7,500만 원
=양도소득 금액	1억 7,500만 원	1억 7,500만 원
−기본공제	250만 원	250만 원
=과세표준	1억 7,250만 원	1억 7,250만 원
×세율	38%	48%
−누진공제	1,994만 원	1,994만 원
=산출세액	4,561만 원	6,286만 원

Consulting

8년 자경농지에 대한 감면 규정을 좀 더 세부적으로 알아보면 다음과 같다.

| 재촌·자경 | • 농지 소유자가 직접 해당 농지에서 재촌·자경을 8년 이상해야 한다.
• 재촌은 주민등록으로 자경은 농지 원부, 경작 사실확인서 등으로 입증한다. |

▼

| 소재지역 | • 농지는 원칙적으로 도시지역 내의 주·상·공 이외의 지역과 도시지역 밖에 소재해야 한다.
• 주거지역으로 편입된 경우에는 감면이 제한된다. |

▼

| 소득요건 | • 농지 소유자의 연간 근로소득과 사업소득(임대소득은 제외)이 3,700만 원에 미달해야 한다. 이를 초과한 기간은 재촌·자경하지 않는 것으로 본다. |

※ 소득요건

경작 기간을 계산할 때 총급여액, 사업소득 금액, 총수입금액이 다음 기준금액 이상인 연도는 경작 기간에서 제외한다.

구분	금액	비고
총급여액	연간 3,700만 원* 이상	–
사업소득 금액 (수입금액−필요경비)	연간 3,700만 원* 이상	다음 ①, ②, ③은 제외 ① 농업·임업에서 발생하는 소득
총수입금액**	• 도소매업, 부동산 매매업 3억 원 이상 • 제조업, 숙박 및 음식업 등 1.5억 원 이상 • 서비스업 등 0.75억 원 이상	② 부동산 임대업에서 발생하는 소득 ③ 농가 부업소득

* 3,700만 원 요건은 2014.7.1 이후 양도하는 분부터 적용
** 총수입금액 기준은 2020년 귀속분부터 적용

※ 양도세 감면 한도

구분	감면 한도	대상
1년 기준	1억 원	8년 자경농지+대토농지 등
5년 기준	1억 원	대토농지
	2억 원	8년 자경농지+대토농지

8년 자경농지의 경우 1년 기준은 1억 원, 5년 기준은 2억 원까지 감면할 수 있다. 따라서 규모가 큰 경우에는 연도별로 양도시기를 달리하면 최대 3억 원까지 세금을 절약할 수 있다.*

* 이때 주의할 것은 농지를 분할(해당 토지의 일부는 양도한 날로부터 소급해 1년 이내에 토지를 분할한 경우를 말한다)해 같은 양수자(배우자 포함)한테 2년 이내에 양도하면 1 과세기간 내에 해당 양도가 모두 이뤄진 것으로 본다(2024년 개정세법).

실전연습

경기도 어느 시의 군지역에 거주하고 있는 L 씨는 평생 농사를 지어왔다. 그런데 본인이 경작하고 있는 농지를 양도하면 양도세를 면제받을 수 있는지 궁금하게 생각하고 있다. 다음 자료를 참고해 답을 하면?

| 자료 |
• 농지 소재 지역 : 경기도 시 지역 내의 군지역(2020.1.1에 주거지역으로 편입)
• 양도예정일 : 2024년

앞의 물음에 대해 순차적으로 답을 찾아보자.

STEP1 쟁점은?

농지가 도시지역으로 편입된 경우 감면이 적용되는지가 중요하다.

STEP2 세법 규정은?

종전 농지가 국토계획법에 따른 도시지역의 주거지역·상업지역 및 공업지역(녹지지역과 개발제한구역은 제외)에 편입된 경우에는 다음과 같이 편입일까지 발생한 소득에 대해서만 감면이 적용된다(조특법 제70조 등). 다만, 이때 특별시, 광역시(군지역 제외) 또는 시 지역(읍·면 지역 제외) 내의 농지 중 주거지역 등에 편입된 날부터 3년이 지나간 농지는 감면 대상에서 제외된다.

- 양도소득 금액 × $\dfrac{(주거지역\ 등에\ 편입된\ 날의\ 기준시가\ -\ 취득\ 당시\ 기준시가)}{(양도\ 당시\ 기준시가\ -\ 취득\ 당시\ 기준시가)}$

※ 주거지역 등에 편입된 농지와 양도세 감면

구분	편입일로부터 3년 내 양도	편입일로부터 3년 후 양도
특별시·광역시·시 지역	취득일~편입일까지의 소득금액에 대해 감면	감면 배제
광역시의 군지역, 도농복합 시의 읍·면 지역*		좌동(감면 적용)
대규모 개발사업의 단계적 시행 및 보상지연지역		
참고 : 일반 군지역, 녹지지역, 개발제한구역	취득일~양도일까지의 소득금액에 대해 감면 좌동(감면 적용)	

* 이 지역에 소재한 농지가 2011.12.31 이전에 주거지역 등에 편입된 경우에는 취득일~양도일까지의 양도소득 금액 전체에 감면이 적용된다.

STEP3 결론은?

사례의 경우 해당 농지가 시 지역의 군지역에 소재하므로 편입일로부터 3년이 지나간 경우라도 감면이 적용된다. 다만, 이 경우에도 전체 소득금액에 대해 감면이 적용되는 것이 아니라, 주거지역 등으로 편입일까지 발생한 소득금액에 대해서만 감면이 적용된다(단, 2001.12.31 이전에 편입 시에는 전체 소득금액에 대해 감면이 적용된다).

양도세 비과세 등을 판단할 때 많은 사람이 알쏭달쏭해 하는 것이 바로 '양도일 현재'의 의미다. 양도일이 어느 날을 의미하는지, 그리고 기타 이와 관련되는 여러 가지 상황들에 대해 의문점을 표시하기 때문이다.

다음에서 양도일과 관련된 문제들을 살펴보기로 하자.

1. 비과세요건 보기

먼저 현행 소득세법 시행령 제154조 제1항에서는 1세대 1주택의 범위에 대해 다음과 같이 규정하고 있다.

> 1세대가 양도일 현재 국내에 1주택을 보유하고 있는 경우로서 해당 주택의 보유기간이 2년 이상인 것[취득 당시에 조정대상지역에 있는 주택의 경우에는 해당 주택의 보유기간이 2년 이상이고 그 보유기간 중 거주기간이 2년 이상인 것]을 말한다.

이 내용은 국내에 1주택을 보유한 상태에서 비과세요건을 갖추고 있으면 원칙적으로 양도세를 부과하지 않겠다는 것이다.

한편 소득령 제155조 제1항 1세대 1주택 특례규정에서는 "국내에 1주택을 소유한 1세대가 그 주택을 양도하기 전에 다른 주택을 1년 이후에 취득함으로써 일시적으로 2주택이 된 경우 다른 주택을 취득한 날로부터 3년 이내에 종전의 주택을 양도하는 경우에는 이를 1세대 1주택으로 보아 비과세를 적용한다"라고 하고 있다.

이 내용은 1세대가 일시적으로 2주택을 보유한 때도 비과세를 받을 수 있는 특례 제도를 말한다.

2. 양도일이란

그런데 앞의 비과세 내용 중 비과세 판정은 '양도일 현재'를 기준으로 하고 있다. 따라서 양도일의 의미를 정확히 이해하는 것은 매우 중요하다.

세법상 이 양도일은 소유권이 완전히 상대방에게 이전되는 날을 말한다. 예를 들어 유상양도의 경우에는 다음과 같이 보통 잔금청산일이 원칙적으로 양도일이 되며, 만일 등기가 앞설 때는 등기접수일이 바로 양도일이 된다.

① 원칙 : 대금을 청산한 날(매매계약서상의 잔금 약정일이 아닌 실제 잔금을 지급한 날임)
② 예외 :
  • 대금청산일이 분명하지 않은 경우 : 등기접수일
  • 대금 청산 전 소유권이전등기 시 : 등기접수일
  • 장기할부(1년 이상에 거쳐 2회 이상 분할) : 등기접수일·인도일·사용일 중 빠른 날

3. '양도일 현재'의 적용 사례

결국, 양도일을 기준으로 1세대가 1주택을 가지고 있는 상황에서 비과세요건을 갖추고 있다면 비과세를 받을 수 있다고 할 수 있다.

그런데 다음과 같은 상황에서는 비과세를 받을 수 있는지 다소 혼란스럽다.

예를 들어 10년 전에 2주택(A 주택, B 주택)을 취득해 보유하던 중에 다음과 같이 주택을 양도했다고 하자.

- A 주택 → 2024년 5월 1일 양도가 완료되었음.
- B 주택 → 2024년 10월 1일 양도가 완료되었음.

위에서 A 주택은 2주택 상태에서 양도가 되었으므로 과세가 되었을 것이나 B 주택은 비과세를 받을 수 있을까? 이에 대해서는 당연히 논란의 소지가 없다. B 주택의 양도일 현재는 1세대 1주택으로서 비과세 요건을 갖추었기 때문이다. 따라서 최종적인 1주택은 비과세 대상이 되는 것이다.

그렇다면 다음과 같은 상황에서는 비과세를 받을 수 있을지 보자.

예를 들어, 10년 전에 2주택(A 주택, B 주택)을 취득해 보유하던 중에 다음과 같이 거래가 있었다고 하자. 이러한 상황에서 B 주택에 대해서는 비과세를 받을 수 있을까?

- A 주택 → 2024년 5월 1일 양도가 완료되었음.
- C 주택 → 2024년 8월 1일 취득을 완료되었음.
- B 주택 → 2024년 10월 1일 양도가 완료되었음.

일단 A 주택은 B 주택이 있는 상황에서 양도가 되었으므로 과세가 될 것이다. 문제는 B 주택에 대해 양도세가 비과세되는 것인데 앞에서 본 '양도일 현재'란 개념을 적용하면 비과세를 받는 데 아무런 문제가 없다.

현행 세법은 원칙적으로 '양도일 현재'를 기준으로 비과세요건을 따지고 있기 때문이다. 물론 일시적 2주택 비과세도 양도일 현재를 기준으로 요건을 충족하면 비과세를 받는 데 전혀 문제가 없다.

양도세 세무조사의 내용은 생각보다 범위가 넓을 수 있다. 이런저런 이유로 탈루가 발생하면 모두가 세무조사의 대상이 되기 때문이다. 지금부터는 실무적으로 주의해야 할 세무조사 사례들이다.

1. 계약 관련

☑ 매매계약서상의 금액을 가짜로 기재한 경우

상황	과세관청의 대응
• 다운계약서 또는 업계약서 작성 • 취득계약서 재작성 등	• 고액거래를 중심으로 양도가액 및 취득가액을 동시 조사한다(계약서, 자금흐름. 거래상대방 등 조사). • 계약서 재작성 혐의 시 문서 감정을 의뢰해 조작 등을 밝혀낸다.

☑ 계약자 명의를 차명으로 하는 경우(명의신탁)

상황	과세관청의 대응
• 계약자 명의를 다른 사람의 명의로 하는 경우 ☞ 특히 아파트분양권과 관련된 사례들이 많음.	• 자금출처 조사 등을 통해 대응한다. 이로 인해 증여세 등이 부과될 수 있다. ☞ 명의신탁 혐의 시 관할 시·군·구청에 통보됨. 이곳에서 실명 등을 조사함.

※ 부동산 명의신탁이 허용되는 경우

채무의 변제를 담보하기 위해 가등기를 하거나 신탁법 등에 의해 신탁재산인 사실을 등기하는 경우, 종중 부동산의 명의신탁 또는 배우자 간의 명의신탁 등은 조세포탈이나 강제 집행 또는 법령상 제한을 피하기 위한 것이 아니라면 명의신탁에 해당하지 않는 것으로 한다.

✅ 매매대금 청산 후 소유권 가등기 등을 한 경우

상황		과세관청의 대응
• 매매대금 청산 후 소유권 가등기 또는 저당권설정 후 일정 기간 경과 후 소유권 이전하는 경우		• 양도세 등 신고자료 검토 시 매매대금이 청산된 날이 양도 및 취득시기가 되므로 이를 기준으로 세법을 적용해 세금을 추징한다.

✅ 가족 등 특수관계인 간에 직거래한 경우

상황		과세관청의 대응
• 가족 등 특수관계인 간에 매매하는 경우		• 증여추정을 해 거래 당사자가 양도임을 입증하지 못하면 증여세로 부과한다.

✅ 매매계약 횟수가 빈번한 경우

상황		과세관청의 대응
• 매매회수가 잦은 경우		• 기획조사 등을 통해 투기 조사할 수 있다. • 부동산 매매업으로 보아 과세할 수 있다. 매매업은 양도소득이 아닌 사업소득으로 구분된다.

✅ 미등기자산을 양도하는 경우

상황		과세관청의 대응
• 부동산을 미등기상태로 양도하는 경우		• 해당 주택이 건축법에 따른 건축허가를 받지 아니해 등기할 수 없는 자산이면 1세대 1주택 비과세를 받을 수 있다. • 등기가 가능함에도 등기하지 않고 양도한 경우에는 양도세가 과세된다.*

* 재건축·재개발의 경우 소유권 이전 고시 전까지는 등기할 수 없으므로 미등기자산에 해당하지 않는다.

※ 부동산 미등기와 세무위험

등기가 가능하지만 이를 하지 않고 양도하는 경우의 불이익은 다음과 같다.

- 1세대 1주택 비과세를 적용하지 않음.
- 장기보유특별공제 및 기본공제가 적용되지 않음.
- 양도세율은 70% 적용함.
- 가산세율은 40%가 적용됨.
- 국세부과 제척 기간은 10년이 적용됨.

2. 비과세 관련

✅ 세대분리를 허위로 한 경우

상황	과세관청의 대응
• 30세 미만자*에 대한 소득조건을 허위로 맞춘 경우 • 실제는 같이 거주하지만, 가짜로 세대분리를 해둔 경우 • 위장 이혼을 해 비과세를 신청한 경우	• 국세청 전산망 등을 활용해 주소 등을 확인한다. • 탐문 등의 방법으로 조사를 진행할 수 있다.

* 30세 미만자의 경우 소득이 있어야 독립 세대로 인정이 된다. 이때 소득 기준은 다음과 같다.

구분	2023년 이전	2024년 영 시행일 이후
소득 기준	기준 중위소득 40% 이상	12개월간 경상적·반복적 소득*이 기준 중위소득을 12개월로 환산한 금액의 40% 이상
개정 효과	–	기준 중위소득 산정 시 납세자 예측 가능성 제고

* 사업소득, 근로소득, 기타소득(저작권 수입, 강연료 등 인적용역의 대가만 포함) 등

✅ 오피스텔을 주거용으로 사용한 2주택 보유자가 1세대 1주택 비과세를 신청한 경우

상황		과세관청의 대응
• 주거용 오피스텔을 업무용으로 위장한 경우 • 주거용 오피스텔을 공실로 위장한 경우		• 국세청 전산망 등을 통해 주거 전입 사실을 확인한다. • 탐문 조사 등을 통해 주거용임을 확인한다.

✅ 1주택+1조합원 입주권 보유세대가 1세대 1주택 비과세를 신청한 경우

상황		과세관청의 대응
• 1주택과 1입주권을 보유한 상황에서 1주택을 매도한 경우	➡	• 일시적 2주택 등 주택에 대한 비과세가 적용되는지 점검한다. • 세법에서 정하고 있는 비과세요건*을 충족하지 못하면 과세한다.

* 비과세요건 : 주택을 취득한 날로부터 1년 이후에 입주권을 취득 및 그 취득일로부터 3년 이내에 주택을 양도하면 비과세가 적용된다.

✅ 임대주택사업자가 주택 비과세를 허위로 신청한 경우

상황		과세관청의 대응
• 임대주택사업자가 거주주택 양도세 비과세를 받기 위해서는 2년 이상 거주주택 요건을 충족해야 하는데, 이때 거주를 허위로 해 비과세를 신청하는 경우	➡	• 전 세대원들이 실제 거주했는지 등을 조사한다.

3. 양도세 신고 관련

☑ 취득시기와 양도 시기에 관한 판단 오류가 있는 경우

상황	과세관청의 대응
• 취득시기와 양도 시기에 대해 다양한 판단의 오류가 발생한 경우 ➡	• 사안별로 취득시기와 양도 시기가 잘 산정되었는지 검토한다. • 일반적으로 취득시기와 양도 시기는 원칙적으로 잔금청산일로 한다. • 조건부로 자산을 매매하는 경우 그 조건 성취일이 양도 또는 취득시기가 된다(소득세법 기본통칙 2-11-6--27).

🅖 취득시기와 양도 시기는 다음과 같은 항목을 적용할 때 과세에 다양한 영향을 미친다.
- 비과세 대상 적용
- 8년 자경농지 감면 적용
- 장기보유특별공제율 적용
- 세율 적용 등

☑ 취득가액을 환산가액으로 신고한 경우

상황	과세관청의 대응
• 취득가액이 있음에도 불구하고 환산가액으로 취득가액을 신고한 경우 ➡	• 국세청 전산망을 통해 신고된 가액이 있으면 이를 취득가액으로 경정한다. • 환산가액이 큰 경우에는 매도자 등을 조사 대상자로 선정하거나 탐문 조사 등을 통해 실제 거래가액을 찾는다.

🅖 건물을 신축·증축해 5년 이내에 양도하는 경우에 감정가액 또는 환산취득가액을 그 취득가액으로 하는 경우 해당 금액의 5% 상당액이 가산세로 부과된다(2018년 이후 신축·2020년 이후 증축 건물분에 한함. 토지는 제외).

☑ 필요경비 등 적용오류가 있는 경우

상황		과세관청의 대응
• 수익적 지출을 자본적 지출로 처리한 경우 • 소유권 이전비용과 관련 없는 비용을 적용한 경우 • 감가상각비를 취득가액에서 차감하지 않은 경우 등	➡	• 신고서상에 기재된 필요경비의 항목과 영수증을 확인해 시부인 한다.

☑ 양도차손 통산이 잘못된 경우

상황		과세관청의 대응
• 비과세 대상의 양도차손을 통산한 경우 • 배우자의 양도차손을 통산한 경우 • 형식인 NPL 투자를 통해 양도차손을 통산한 경우	➡	• 통산해 신고한 신고서를 검토해 적격 여부를 가리게 된다.

☑ 8년 자경농지 감면이 적용되지 않음에도 감면 신청을 한 경우

상황		과세관청의 대응
• 재촌 요건을 충족하지 못한 경우 • 자경 요건을 갖추지 못한 경우 • 양도일 현재 농지가 아닌 경우 • 근로소득(총급여)·사업소득(부동산 임대소득 제외)이 3,700만 원 이상인 경우 등	➡	• 주민등록초본 등으로 확인한 후 실제 거주했는지에 대해 탐문 조사를 한다. • 제출한 자경 입증서류를 검토한다. • 항공촬영 사진 판독으로 양도일 현재의 농지 상태를 확인한다. • 소득 관련 자료를 파악한다.

부동산 세금 중 주로 국세 즉 소득세(양도세 포함), 부가세, 법인세 등에 적용되는 가산세 규정을 알아보자.

1. 신고불성실가산세(국기법 제47의 2 등)

구분	가산세	비고
일반 무신고	산출세액 × 일반무신고과세표준/과세표준 × 20%	납세의무 불이행에 정당한 사유가 등이 있으면 가산세 감면 및 수정신고 시 가산세 감면 (국기법 제48조)
부당 무신고	산출세액 × 부당무신고과세표준/과세표준 × 40%	
일반 과소신고	산출세액 × 일반과소신고과세표준/ 과세표준 × 10%	
부당과소신고	산출세액 × 부당과소신고과세표준/ 과세표준 × 40%	
초과환급신고	초과환급신고세액의 10%(부당 : 40%)	

※ **부당한 방법** : 국세의 과세표준 또는 세액계산의 기초가 되는 사실의 전부 또는 일부를 은폐하거나 가장하는 것에 기초해 국세의 과세표준 또는 세액의 신고의무를 위반하는 것(예 : 허위계약서 작성)

2. 납부지연가산세

가산세	비고
미납세액×경과일수×2.2/10,000	수시로 변경 가능

※ **비과세·감면 적용 배제(소법 제91조 ②, 조특법 제129조 ①)**

거짓계약서를 작성한 경우 다음에 정한 금액을 당초의 비과세 또는 감면세액에서 차감한다.

비 과 세	Min	① 비과세를 적용 안 한 경우의 산출세액
		② 매매계약서의 거래가액과 실지거래가액과의 차액
감면세액	Min	① 감면을 적용한 경우의 감면세액
		② 매매계약서의 거래가액과 실지거래가액과의 차액

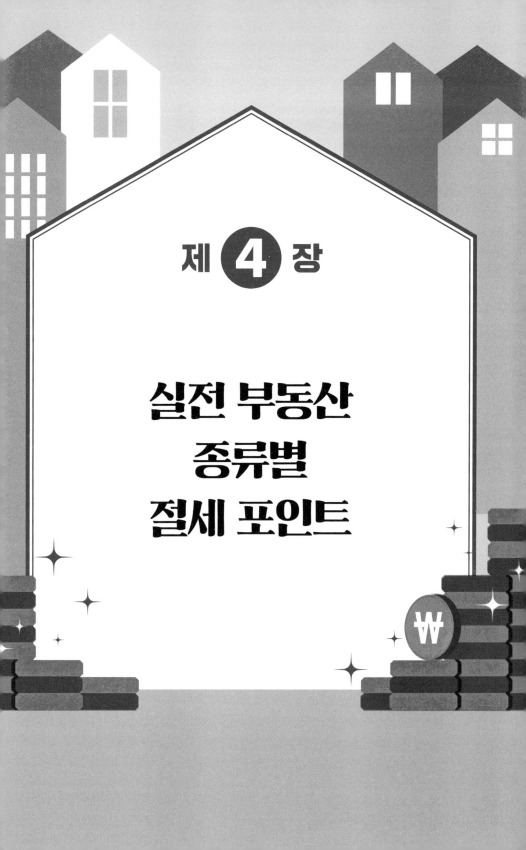

제 **4** 장

실전 부동산
종류별
절세 포인트

주택

이제 앞에서 공부한 내용을 토대로 실전에서 각종 세무상 쟁점을 해결하는 방법을 알아보자. 그중 첫 번째는 부동산 종류별로 세무상 쟁점 등을 파악하는 것이다. 이러한 방식에 따른 검토는 실전에서 실수를 줄여주는 경우가 많다. 먼저 주택부터 살펴보자.

Case

서울에 거주하는 K 씨는 85㎡ 이하 아파트를 매수하려고 한다. 물음에 답하면?

| 자료 |

- 취득 목적 : 거주 목적
- K 씨 가족 주택보유 : 없음.
- 매수 예상가액 : 5억 원(계약금 지급일 20×6.9.1, 잔금 지급일 20×6.11.1)
- 대출 : 2억 원
- 비조정지역에 소재함.

Q1 이 경우 예상되는 취득세는 얼마인가?

취득세는 취득가액에 취득세율을 곱해 계산한다. 사례의 아파트는 전용면적이 85m^2 이하 주택에 해당하므로 5억 원에 1.1%를 곱한 550만 원이 취득 관련 세금이 된다.

🔰 관련 업계는 생애 첫 주택에 대한 취득세 감면 제도 등도 알고 있어야 한다. 이 책에서는 이에 대한 정보를 제공하고 있지 않다. 지특법을 참고하기를 바란다.

Q2 주택취득 후 언제 양도해야 양도세 비과세를 받을 수 있을까?

잔금 지급일로부터 2년 이상 보유를 해야 한다. 잔급지급일이 20×6.11.1 이므로 20×8.11.1 이후에 양도해야 비과세를 받을 수 있다.* 보유기간은 실제 잔금 지급일과 등기접수일 중 빠른 날을 취득시기로 해 산정한다.

* 취득 당시 조정지역에 소재하면 2년 거주요건이 있다. 사례는 비조정지역이라 이와 무관하다.

Q3 앞의 매수자는 자금조달계획서를 제출해야 하는가?

아니다. 비조정지역은 거래가액이 6억 원 이상이 되어야 이를 제출하기 때문이다.

Consulting

주택을 중개할 때 매수자와 매도자의 관점에서 알아야 할 세무상 쟁점들을 정리하면 다음과 같다.

구분	매수자	매도자
취득 시	• 1.1~13.4%의 취득세가 발생한다. • 소형임대주택은 취득세가 감면된다 (신규 분양 아파트 외 공동주택, 60㎡ 이 하, 등록요건). • 중개보수료, 채권할인비용 등 부대 비용이 발생한다.	–
▼		
보유 시	• 재산세가 발생한다. • 종부세가 발생한다.	좌동(매도 전)
▼		
임대 시	• 임대소득에 대한 과세 문제가 있다. • 과세형태 : 비과세, 분리과세, 종합 과세 • 무신고 시 : 세무조사가 발생한다.	좌동(매도 전)
▼		
양도 시	–	• 비과세, 감면, 일반과세 등의 과 세 방식을 확인한다. • 과세되는 경우 세금의 크기를 예측해보고 전략을 수립한다.

실전연습

1. K 씨는 2000년에 취득한 주택을 처분하고자 한다. 물음에 답하면?

| 자료 |

• 양도대상 : 주택(1세대 1주택자에 해당)

• 예상양도가액 : 15억 원

• 취득가액 : 5억 원

• 거주기간 : 10년 이상

Q1 이 경우 비과세를 받을 수 있는가?

1세대 1주택에 해당하므로 비과세가 가능하다. 다만, 1세대 1주택자의 주택이 실거래가액이 12억 원을 초과하면 '고가주택'으로 구분해 일부 과세한다. 이 경우 과세 방식은 다음과 같다.

구분	내용	비고
비과세	양도차익×12억 원/양도가액	
과세	양도차익 : 양도차익×(양도가액-12억 원)/양도가액	
	장기보유특별공제 : 12~80%	• 보유기간 : 40% • 거주기간 : 40%

Q2 이 경우 양도세는 얼마인가?

양도세는 다음과 같이 계산한다.

구분	금액	비고
양도가액	15억 원	
-취득가액	5억 원	
=양도차익	10억 원	
=과세양도차익	2억 원	10억 원×[(15억 원-12억 원)/15억 원]=2억 원
-장기보유특별공제	1억 6,000만 원	80% 공제
=양도소득 금액	4,000만 원	
-기본공제	250만 원	
=과세표준	3,750만 원	
×세율	15%	
-누진공제	126만 원	
=산출세액	4,365,000원	지방소득세 10% 별도

Q3 만일 2주택자인 경우 어떻게 해야 할까?

원칙적으로 과세된다. 다만, 비과세 특례도 가능하므로 이를 검토하는 등의 대책안을 마련한다. 이러한 대안 검토를 어떤 식으로 하느냐에 따라 거래성사율이 결정된다.

2. 미국 시민권자인 K 씨는 다음과 같이 재건축으로 완공된 주택을 보유하고 있다. 물음에 답하면?

| 자료 |

- 취득가액 : 10억 원
- 양도가액 : 30억 원
- 현재 보유기간 : 10년
- 거주기간 : 없음.
- 현재 미국에서 거주하고 있음.

Q1 ① 비거주자인 경우, ② 거주자가 된 이후부터 2년 보유 후 양도하는 경우(총 15년 보유 가정), ③ 거주자가 된 후 해당 집에서 2년 거주한 경우, ④ 거주자로서 해당 집에서 10년 거주한 경우 양도세의 변화는? 단, 기본공제는 미반영한다.

구분	비거주자	거주자		
	현 상태	2년 보유 후 양도	2년 거주 후 양도	10년 거주 후 양도
	과세, 장특공제 20%	비과세, 장특공제 30%	비과세, 장특공제 48%	비과세, 장특공제 80%
양도차익	20억 원	20억 원	20억 원	20억 원
−비과세양도차익	0원	8억 원*	8억 원	8억 원
=과세양도차익	20억 원	12억 원	12억 원	12억 원
−장기보유특별공제	4억 원	3.6억 원	5.76억 원	9.6억 원

구분	비거주자	거주자		
	현 상태	2년 보유 후 양도	2년 거주 후 양도	10년 거주 후 양도
	과세, 장특공제 20%	비과세, 장특공제 30%	비과세, 장특공제 48%	비과세, 장특공제 80%
=과세표준	16억 원	8.4억 원	6.24억 원	2.4억 원
×세율	45%	42%	42%	38%
−누진공제	6,594만 원	3,594만 원	3,594만 원	1,994만 원
=산출세액	6억 5,406만 원	3억 1,686만 원	2억 2,614만 원	7,126만 원
비고	지방소득세 별도			

* 20억 원×(12억 원/30억 원)=8억 원

Q2 대안 중 어떤 안을 선택하는 것이 좋을까?

세금 측면에서 보면 10년 거주 안이 좋지만, 이는 각자의 상황에 따라 그 내용이 달라질 것으로 보인다.

Tip ▶ 고가주택에 대한 세법의 취급		
구분	규정	비고
취득세	• 일반주택 : 1~12% • 고급주택 : 사치성 재산으로 분류해 중과세	
재산세	없음.	
종부세	없음.	
임대소득세	있음 → 1세대 1주택자의 기준시가 12억 원 이하 임대소득은 비과세	
양도세	있음 → 1세대 1주택 비과세 적용 시 실거래가액 12억 초과분 일부 과세	장기보유특별공제 최대 80%

오피스텔

　오피스텔은 주로 업무용으로 사용되지만, 주거용으로도 사용되는 예도 있어 이에 대한 세무상 쟁점들이 다양하게 등장한다. 다음에서는 오피스텔과 관련된 세무상 쟁점 등을 정리해보자.

Case

경기도 고양시 일산에 사는 K 씨는 다음과 같은 오피스텔을 취득하려고 한다. 물음에 답하면?

| 자료 |
- 매수하고자 하는 부동산의 종류 : 오피스텔
- 오피스텔 용도 : 주거용 또는 업무용
- 예상가액 : 3억 원

Q1 K 씨가 매수하고자 하는 오피스텔은 부가세가 발생하는가?

오피스텔은 원래 업무용 시설에 해당한다. 따라서 부가세가 발생하는 것이 원칙이다. 다만, 소득세법에서는 주거용 오피스텔을 주택으로 보기 때문에 부가세가 발생하지 않는다. 이를 정리하면 다음과 같다.

구분	부가세 발생 여부	비고
업무용 오피스텔	○	환급 가능(일반과세자로 등록)
주거용 오피스텔	×*	환급 불가능

* 단, 신규 분양 시에는 무조건 발생하며, 기존 주거용 오피스텔을 매수하는 경우에는 면세에 해당해 발생하지 않는다.

Q2 K 씨가 취득 시 발생하는 지출항목은?

업무용 오피스텔과 주거용 오피스텔로 나누어서 살펴보면 다음과 같다.

구분	업무용 오피스텔	주거용 오피스텔
매수가액	3억 원	3억 원
부가세	환급 가능	환급 불가능
취득세	4%	4%
농특세	0.2%	0.2%
교육세	0.4%	0.4%
중개보수료	법정	법정
등기수수료	실비	실비
채권할인비용	법정	법정
기타	–	–
계	–	–

Q3 K 씨가 3년 후에 이를 양도 시 어떤 세목이 발생하는가?

업무용 오피스텔과 주거용 오피스텔로 나눠서 살펴보면 다음과 같다.

구분	업무용 오피스텔	주거용 오피스텔
부가세	○(포괄양수도계약 시 생략)	×
양도세	과세	비과세, 과세

Consulting

오피스텔을 주거용 오피스텔과 업무용 오피스텔로 나누어 세무상 쟁점들을 정리하면 다음과 같다.

구분	주거용 오피스텔	업무용 오피스텔
취득 시	• 취득세율 : 4%(4.6%) • 부가세 관계없음. • 주택 수에 포함됨.	• 취득세율 : 좌동 • 부가세 환급 가능 • 주택 수 포함 안 됨.
▼		
보유 시	• 재산세 • 종부세	좌동
▼		
임대 시	비과세, 분리과세, 종합과세	무조건 종합과세
▼		
양도 시	주택으로 보아 비과세, 과세	일반 건물로 보아 무조건 과세

☞ 아파텔 같은 부동산도 앞의 오피스텔처럼 세무 처리를 한다.

L 씨는 다음과 같은 오피스텔을 양도하고자 한다. 물음에 답하면?

| 자료 |

- 오피스텔 예상취득금액 : 2억 원(토지가액 1억 원, 건물가액 1억 원)
- 전용면적 : 84.9㎡
- 부가세가 있는 경우에는 부가세 별도

Q1 이 오피스텔이 주거용 오피스텔이라면 부가세는 얼마인가?

주거용 오피스텔의 경우 부가세가 면제되므로 이에 대한 세금이 발생하지 않는다.

Q2 이 오피스텔이 업무용 오피스텔이라면 부가세는 얼마인가?

업무용 오피스텔에 대해서는 부가세가 발생한다. 다만, 이때 토지공급에 대해서는 부가세가 면세되므로 건물공급분에 대해서만 부가세를 계산해야 한다.

구분	금액*	부가세율	부가세
토지가액	1억 원	-(면세)	-
건물가액	1억 원	10%	1,000만 원
계	2억 원		1,000만 원

* 안분은 기준시가로 하면 편리하나, 임의구분도 인정한다. 단, 기준시가로 안분한 것에 비해 30% 이상 차이가 난 경우 기준시가 비율로 안분해야 한다.

Q3 이 오피스텔을 양도하면 양도세는 얼마인가? 단, 양도가액은 2억 3,000만 원(부가세 별도)이고, 필요경비는 1,000만 원, 보유기간은 5년이라고 하자.

이때 양도세는 다음과 같이 계산한다.

구분	금액	비고
양도가액	2억 3,000만 원	부가세는 제외함.
−취득가액	2억 1,000만 원	
=양도차익	2,000만 원	
−장기보유특별공제	200만 원	10%
=양도소득 금액	1,800만 원	
−기본공제	250만 원	
=과세표준	1,550만 원	
×세율	15%	
−누진공제	126만 원	
=산출세액	1,065,000원	

Tip ▶ **오피스텔 투자·중개와 관련해 알아둬야 할 사항들**

- 오피스텔의 태생은 준주택, 즉 업무용 건물이다.
- 지방세법은 준주택으로 취급을 하지만, 주택에 대한 취득세 중과세 적용을 위해 재산세가 주택으로 과세되는 오피스텔은 주택 수에 포함한다(단, 2020년 8월 12일 이후 취득분에 한함).
- 소득세법은 이를 상시 주거용으로 사용하면 주택으로 보아 이를 적용한다(실질과세의 원칙).
- 업무용 오피스텔을 임대나 양도하면 부가세가 발생한다.
- 업무용 오피스텔을 10년 이내에 주거용으로 전환하거나 면세사업용으로 사용하면 당초 환급받은 부가세 중 일부를 반환해야 한다. 기타 내용은 다음의 내용을 참

조하기를 바란다.

※ 오피스텔 용도변경과 세제의 변화

구분		업무용 → 주거용	주거용 → 업무용
취득세(4%)		좌동	
재산세		재산세과세대장에 기재된 것에 따름.	
종부세			
사업자등록 정정		일반임대업(과세) → 주택임대업(면세)	주택임대업(면세) → 일반임대업(과세)
부가세	환급 또는 반환	면세전용에 따른 반환 (10년 중 미경과분)	과세전용에 따른 환급 (10년 중 미경과분)
	폐업신고	지체없이 신고	
	신고	• 과세분은 부가세 신고 • 면세분은 사업장 현황신고	
양도세	양도일 현재 과세 대상	주택	근린생활
	비과세 적용 여부	가능	불가능
	비과세 보유기간	사실상 주거용 사용일(또는 용도변경일)~양도일	–
	장기보유특별공제	취득일~양도일 (1주택 공제 특례는 별도)*	취득일~양도일(중과 주택 용도변경은 별도)**
	세율	취득일~양도일	

* 2025년 이후의 양도분은 업무용 보유기간×별표1(6~30%)+용도변경일 이후 보유·거주기간 ×별표2(40%, 40%)

** 중과 주택(오피스텔)을 용도변경 시 용도변경일 이후 보유기간으로 함(법규재산-0684, 2022.11.28).

상가빌딩

상가빌딩은 비교적 덩치가 큰 업무용 건물을 말한다. 이러한 상가빌딩을 거래하면 업무용 건물과 관련된 세금들이 발생한다. 다음에서는 이를 중개하는 경우 대두되는 세무상 쟁점들을 정리해보자.

Case

K 씨는 일반과세자인 L 씨로부터 상가빌딩을 매수하려고 한다. 물음에 답하면?

|자료|
• 취득 목적 : 임대 목적
• 매수 예상가액 : 10억 원
• VAT는 포괄양수도계약으로 생략할 예정임.

Q1 매수자가 부담해야 할 취득세는 얼마인가?

상가에 대한 취득세는 앞에서 본 오피스텔과 같은 4%(4.6%)다.

Q2 매수자는 간이과세자로 등록할 수 있는가?

일단 매도자가 어떤 유형인지 살펴보아야 한다. 포괄양수도계약이
되려면 다음과 같은 포지션이 되어야 하기 때문이다.

매도자	매수자
• 일반과세자	• 일반과세자(매수자가 간이과세자면 일반과세자로 자동전환된다)
• 간이과세자	• 간이과세자

사례의 경우, 매도자는 일반과세자다. 따라서 매수자인 K 씨는 간이
과세자가 될 수 없다.

**Q3 매수자가 이를 자신의 사업용으로 사용할 경우 포괄양수도계약이 가
능한가?**

업종이 다른 경우 포괄양수도계약이 성립되지 않는다. 따라서 이 경우
에는 세금계산서를 교부받아 부가세 신고를 통해 환급을 받아야 한다.

Consulting

상가빌딩을 중개 시 점검해야 할 세무상 쟁점들을 정리하면 다음과
같다.

구분	매수자	매도자
취득 시	• 부가세가 발생함(토지와 건물가액 안분*). • 취득세가 발생함.	–
▼		
보유 시	보유세	좌동
▼		

임대 시	• 상가임대소득
	  – 부가세
	  – 종소세 : 무조건 종합과세
	• 무신고 시 : 세무조사의 가능성이 큼.
		좌동

▼		
양도 시	–	• 부가세 • 양도세

* 토지와 건물가액을 구분해야 하는 이유는 건물에 대해서만 부가세가 발생하기 때문이다. 안분은 기준시가로 하는 경우가 일반적이다.

(실전연습)

일반과세자인 K 씨는 다음과 같은 상가를 양도하려고 한다. 물음에 답하면?

- 2005.1.5 토지취득(취득가액 1억 원)
- 2010.8.30 건물신축(신축가액 1억 원)
- 2024.8.30 양도[토지가액 4억 7,000만 원, 건물가액 1,000만 원(부가세 별도)]

Q1 이 사례의 양도세 계산 방법은?

사례의 경우, 토지와 건물의 취득시기가 다르다. 따라서 취득시기가 다르면 장기보유특별공제 등의 적용 측면에서 차이가 발생하므로 이를 구분해 양도차익을 계산해야 한다.

Q2 이 경우, 양도세는 얼마인가?

앞의 자료를 통해 양도세를 계산하면 다음과 같다.

구분	토지	건물	계
양도가액	4억 7,000만 원	1,000만 원	4억 8,000만 원
−취득가액	1억 원	1억 원	2억 원
=양도차익	3억 7,000만 원	△9,000만 원	2억 8,000만 원
−장기보유특별공제 (30%, 0%)	1억 1,100만 원	0원	1억 1,100만 원
=양도소득 금액	2억 5,900만 원	△9,000만 원	1억 6,900만 원
−기본공제			250만 원
=과세표준			1억 6,650만 원
×세율			38%
−누진공제			1,994만 원
=산출세액			4,333만 원

앞에서 토지는 양도차익, 건물은 양도차손이 발생한 경우 장기보유
특별공제는 토지의 양도차익에서만 적용한다.

Q3 만일 기준시가로 계산한 토지가액은 4억 원, 건물가액은 8,000만 원 이라면 양도세는 얼마나 나올까?

이 경우에는 Q2와는 다르게 양도세가 많이 나온다. Q1보다 토지가
액이 낮게 산정되었고, 그 결과 장기보유 특별공제액도 줄어들어 전체
적으로 과세표준이 상승했기 때문이다.

구분	토지	건물	계
양도가액	4억 원	8,000만 원	4억 8,000만 원
−취득가액	1억 원	1억 원	2억 원
=양도차익	3억 원	△2,000만 원	2억 8,000만 원
−장기보유특별공제 (30%, 0%)	9,000만 원	0원	9,000만 원
=양도소득 금액	2억 1,000만 원	△2,000만 원	1억 9,000만 원
−기본공제			250만 원
=과세표준			1억 8,750만 원
×세율			38%
−누진공제			1,994만 원
=산출세액			5,131만 원

👉 이처럼 토지가액과 건물가액의 인위적 조절은 부가세 및 양도세 모두에 영향을 준다.

Q4 세법은 어떤 기준으로 건물의 공급가액과 토지의 공급가액을 구분하도록 하고 있는가?

부가세법 제29조 제9항에서는 아래와 같이 규정하고 있다.

• 원칙 → ① 토지와 건물의 실지거래가액으로 한다.
• 예외 → ①의 구분이 불분명한 경우와 ①의 가액이 기준시가 비율로 안분한 금액과 30% 이상 차이가 난 경우에는 기준시가 비율로 안분한다.*

  * 단, 다른 법령에서 정하는 바에 따라 토지와 건물 등의 가액을 구분한 경우와 토지와 건물 등을 함께 공급받은 후 건물 등을 철거하고 토지만 사용하는 경우는 제외

※ 토지와 건물의 일괄공급 시 공급가액 안분계산

구분		내용
① 사업자가 임의로 구분 기재한 금액	인정하는 경우	구매 후 즉시 철거하고 토지만 사용하는 경우*
		기준시가 안분 대비 30% 미만인 금액
	인정하지 않은 경우	구입 후 일정 기간 사용 후 철거한 경우
		기준시가 안분 대비 30% 이상인 금액
② 감정평가 → 기준시가로 안분한 금액		위에서 인정하지 않은 경우

* 낙후된 건물을 구입 후 사용하지 않고 바로 철거를 한 경우에는 건물의 가치가 없으므로 이때에는 건물의 공급가액을 0원으로 해도 된다(신축목적의 철거도 포함하는 것으로 해석한다).

> **Tip** 상가빌딩 거래 시 알아둬야 할 사항들

- 토지와 건물의 공급가액에 따라 부가세와 양도세가 달라질 수 있다.
- 토지와 건물의 공급가액은 기준시가에 따라 안분계산하는 것이 원칙이다.
- 세금계산서는 공급 시기에 맞춰 발행해야 한다(중간지급 조건부 계약의 경우 계약변경 시에는 특히 주의해야 한다. 7장 참조).
- 재산세 중과세에 주의해야 한다.

※ 세금계산서 등 정규영수증 발행 방법

구분	건물	토지
영수증 종류	세금계산서	계산서
발행 방법	전자세금계산서 원칙	발행 생략 가능
발행 시기	공급 시기 • 일반적 : 잔금 지급일 기준(해당 부동산을 이용할 수 있게 되는 때) • 중간지급 조건부 : 각 대가를 받기로 한 날*	좌동

* 중간지급 조건부에 관련된 세금계산서 발행 시기는 7장의 절세 탐구를 참조하기를 바란다.

상가주택
(상가겸용주택)

상가주택은 상가와 주택이 결합한 건축물을 말한다. 하나의 부동산에서 주거용과 비주거용 건물이 결합해 관련 세금이 상당히 복잡해질 수 있다. 이러한 상가주택을 투자·중개할 때 알아야 하는 세금 문제를 정리해보자.

Case

P 중개사무소에서는 다음의 상가주택을 매도하기를 희망하는 K 씨와 상담 중이다. 물음에 답하면?

| 자료 |

- 해당 상가주택은 1세대 1주택에 해당함.
- 매도 예상가액 : 8억 원(보유기간 7년)*
  * 상가주택이 12억 원을 넘어가면 상가 부분은 무조건 과세되는 것으로 세법이 개정되었음.
- 주택의 전체면적 > 상가의 전체면적
- 상가의 기준시가 : 3억 원(상가건물 5,000만 원, 상가 부속토지 2억 5,000만 원)

- 주택의 기준시가 : 2억 원
- K 씨는 일반과세자에 해당함.

Q1 상가주택양도에 따른 양도세는 얼마인가?

K 씨가 양도하고자 하는 상가주택의 양도차익 전체에 대해 양도세가 비과세된다. 이 상가주택은 주택의 면적이 상가보다 더 크기 때문에 전체가 주택에 해당한다. 따라서 보유기간이 2년 이상 지났으므로 비과세를 받을 수 있다.

Q2 상가양도에 따른 부가세가 발생하는가?

상가주택 중 상가 부분은 전체면적의 크기와 관계없이 무조건 부가세가 과세된다. 다만, 매도자인 K 씨는 일반과세자이므로 건물공급가액의 10% 수준에서 과세된다.

Q3 이 경우 부가세는 얼마인가?

사례의 경우 부가세를 계산하기 위해서는 전체 상가의 공급가액 중 건물의 공급가액을 별도로 계산해야 한다. 이에 대해서만 부가세가 과세되기 때문이다. 다음의 절차에 따라 이를 이해해보자.

STEP1 상가와 주택의 양도가액을 기준시가로 안분한다.

전체 양도가액이 8억 원이고 상가와 주택의 기준시가가 3억 원과 2억 원이므로 다음과 같이 상가의 양도가액을 계산할 수 있다. 일반적으로 기준시가로 안분계산하는 것이 합리적이다.

- 상가의 양도가액=8억 원×(3억 원/5억 원)=4억 8,000만 원

STEP2 상가의 양도가액을 건물분과 토지분으로 나눈다.

건물분에 대해서만 부가세가 과세되기 때문이다. 상가건물의 기준시가는 5,000만 원, 토지의 기준시가는 2억 5,000만 원을 기준으로 상가건물분의 공급가액을 계산하면 다음과 같다.

- 상가건물 공급가액=4억 8,000만 원×(5,000만 원/3억 원)
  =8,000만 원

STEP3 상가건물 공급가액에 대해 부가세를 계산한다.

사례의 경우 일반과세자에 해당하므로 이 금액의 10%가 부가세가 된다.

- 상가양도에 따른 부가세=8,000만 원×10%=800만 원

Consulting

상가주택을 중개 시 점검해야 할 세무상 쟁점들을 정리하면 다음과 같다.

구분	매수자	매도자
취득 시	• 주택 부분 : 1.1~13.4%의 취득세가 발생함. • 상가 부분 : 4.6%의 취득세가 발생함.	–
▼		
보유 시	• 재산세 • 종부세	좌동
▼		
임대 시	• 주택임대소득 : – 부가세 : 없음. – 종소세 : 비과세, 분리과세, 종합과세 • 상가임대소득 – 부가세 – 종소세 : 종합과세	좌동
▼		
양도 시	–	아래 참조

※ 상가주택의 면적 안분

구분	1세대 1주택 비과세를 적용할 때	좌 외
저가(12억 원 이하) 상가주택	• 주택 전체면적〉상가 전체면적 : 전체가 주택 • 주택 전체면적≤상가 전체면적 : 주택은 주택, 상가는 상가	상가와 주택을 면적으로 안분
고가 상가주택	상가와 주택을 면적으로 안분	

(실전연습)

　P 중개사무소는 앞의 K 씨 상가주택을 L 씨에게 중개하고자 한다. 다음 자료를 추가해 물음에 답을 하면?

| 자료 |

- L 씨의 취득 목적 : 임대 목적
- L 씨 가족의 다른 주택보유 현황 : 없음.

Q1 매수자는 취득세를 얼마나 부담해야 하는가?

상가주택을 취득하는 경우에는 상가와 주택을 시가 표준액의 비율로 구분해야 한다. 취득세율이 다르기 때문이다. 사례의 경우 전체 양도가액 8억 원 중 앞에서 계산된 상가양도가액 4억 8,000만 원을 차감하면 3억 2,000만 원은 주택양도가액이 된다. 이를 기준으로 취득세를 계산하면 다음과 같다.

구분	취득가액	취득세율	취득세
상가	4억 8,000만 원	4%	1,920만 원
주택	3억 2,000만 원	1%	320만 원
계	8억 원	-	2,240만 원

Q2 상가에 대해 부가세가 얼마나 발생하는가?

상가의 매도자가 일반과세자이므로 상가건물 공급가액 8,000만 원인 10%가 부가세에 해당한다. 이러한 부가세 없이 거래하려면 포괄양수도계약을 맺어 진행하면 된다.

※ 부가세 환급절차

- 계약일이 속한 반기 말로부터 20일 이내에 사업자등록 신청을 해야 한다.
- 사업자등록은 주소지가 아닌 사업장소재지 관할 세무서에 등록한다.
- 과세 유형은 일반과세자로 해야 한다.
- 세금계산서를 적법하게 교부받았다면 매월, 매 2월, 분기 중 하나를 선택해 다음 달 25일까지 환급신청을 한다(조기환급).

Q3 주택과 상가 모두를 임대하려고 한다. 사업자등록은 어떻게 해야 할까?

주택과 상가를 동시에 임대하는 경우 다음과 같은 식으로 등록을 하도록 하자.

- ☑ 주택임대 → 면세사업자로 등록한다.
- ☑ 상가임대 → 일반과세자 또는 간이과세자 중 하나를 선택해 등록한다(단, 간이과세를 선택할 수 없는 때도 있다. 간이과세 배제).

- 상가주택에 대한 취득세 과세표준은 시가 표준액으로 안분해야 한다(지방령 제19조).
- 상가임대에 대해서는 부가세가 과세되며, 주택임대에 대해서는 부가세가 과세되지 않는다.
- 상가 및 주택임대에 대해서는 사업자등록을 의무적으로 해야 한다.
- 상가와 주택의 전체면적은 양도세 과세 판단에만 영향을 미친다. 단, 상가주택의 양도가액이 12억 원이 넘어가면 상가면적에 대한 양도차익에 대해서는 무조건 양도세가 과세된다.

※ 세목별 상가주택의 가액 안분

구분	원칙	예외	비고
취득세 과세표준	시가 표준액으로 안분	–	지방령 제19조
부가세 과세표준	실지 거래가액	• 실지 거래가액이 불분명한 경우 : 감정평가 → 기준시가 • 기준시가 대비 30% 이상 차이 난 경우 : 기준시가로 안분*	부가법 제29조, 부가령 제64조
양도세 과세표준	상가와 주택의 연면적으로 안분	1세대 1주택 비과세 적용 시 저가 상가주택은 주택면적이 상사면적보다 더 크면 전체를 주택으로 간주함.**	소령 제154조 제3항

* 단, 토지와 건물 등을 함께 공급받은 후 건물 등을 철거하고 토지만 사용하는 경우에는 사업자가 구분한 가액을 인정한다.

** 소득령 제154조 제3항에서는 1세대 1주택 비과세를 적용할 때 하나의 건물이 주택과 주택 외의 부분으로 복합된 경우와 주택에 딸린 토지에 주택 외의 건물이 있는 경우에는 그 전부를 주택으로 본다. 다만, 주택의 전체면적이 주택 외의 부분의 전체면적보다 적거나 같을 때는 주택 외의 부분은 주택으로 보지 않는다고 하고 있다..

토지

　토지는 주택처럼 중과세 제도가 적용되기 때문에 이에 관한 판단이 매우 중요하다. 다음에서는 토지를 거래하거나 중개할 때 알아야 할 세무상 쟁점들을 정리해보자.

Case

　K 씨는 토지를 매수하려고 한다. 물음에 답하면?

|자료|

- 지목 : 농지
- 예상취득금액 : 1억 원

Q1 농지를 취득하기 위해서는 농지취득 자격증명이 필요한가?

그렇다. 농지를 취득하려는 자는 원칙적으로 관할 시·군·읍·면장으로부터 농지취득자격증명을 발급받아야 한다.

Q2 이 경우 취득세는 얼마인가?

농지의 경우 취득 형태에 따라 취득세율이 결정된다. 아래 표를 보면 농지를 유상으로 취득하면 전체 취득 관련 세율은 3.4%가 된다. 만일 2년 이상 자경한 농업인이 취득한 경우에는 50% 감면을 받아 1.6%의 세율로 취득세 등을 낸다.

구분		취득세	농특세	교육세	합계
일반토지의 승계취득	-	4.0%	0.2%	0.4%	4.6%
농지의 승계취득	신규	3.0%	0.2%	0.2%	3.4%
	2년 이상 자경한 농업인	1.5%	비과세	0.1%	1.6%
상속 취득	농지	2.3%	0.2%	0.06%	2.56%
	농지 외	2.8%	0.2%	0.16%	3.16%
증여 취득	-	3.5%	0.2%	0.3%	4.0%

Q3 이 농지를 향후 양도할 때 과세 방식은 어떻게 되는가?

농지의 경우 중과세, 감면, 일반과세 등이 적용될 수 있다.

- ☑ 중과세 → 비사업용 토지에 해당하면 16~55%의 세율이 적용된다. 농지의 경우 재촌·자경을 세법에서 정한 기간만큼 하지 않으면 이에 해당한다(소득이 3,700만 원 초과하면 무조건 비사업용 토지에 해당함).
- ☑ 감면 → 8년 이상 재촌·자경하면 양도세를 100% 감면받을 수 있다(한도 1년간 1억 원, 5년간 2억 원).
- ☑ 일반과세 → 사업용 토지만 일반과세가 적용된다.

토지의 양도 단계에서는 양도세 중과세, 그리고 감면 제도를 정확히 판단할 필요가 있다.

구분	내용
비과세	농지를 교환하거나 분합하는 경우에는 양도세 비과세가 가능하다.
중과세	비사업용 토지에 해당하는 경우에는 장기보유특별공제는 적용되나, 16~55% 등의 세율로 중과세를 적용한다.
감면	• 대토농지 : 4년 자경농지를 대토하는 경우 양도세를 감면받을 수 있다. • 8년 이상 자경농지 : 8년 이상 자경농지에 대해서도 감면이 적용된다. • 수용토지 : 공공사업용으로 수용되는 경우 현금보상은 산출세액의 10%, 채권 보상을 받으면 15~40%를 감면한다.

실전연습

L 씨는 다음과 같은 토지를 매도하려고 한다. 물음에 답하면?

> **| 자료 |**
>
> • 지목 : 나대지
> • 매도 예상가액 : 5억 원
> • 취득가액 : 1억 원
> • 보유기간 : 20년

Q1 나대지에 대한 양도세 과세 방식은?

나대지는 건축을 할 수 있는 공지의 형태로 세법상 비사업용 토지로 분류된다. 이렇게 되면 다음과 같이 과세 방식이 적용된다. 사업용 토지와 비교하면 다음과 같다.

구분	장기보유특별공제	세율
사업용 토지	적용	• 1년 미만 : 50% • 1~2년 미만 : 40% • 2년 이상 : 6~45%
비사업용 토지	적용	• 1년 미만 : 50% • 1~2년 미만 : Max[40%, 16~55%] • 2년 이상 : 16~55%

Q2 이 경우, 장기보유특별공제가 적용되는가?

장기보유특별공제는 3년 이상 보유한 부동산에 대해 원칙적으로 10~30%의 공제율을 적용하는 제도를 말한다. 이 공제는 비사업용 토지에도 적용한다.

Q3 양도세는 얼마인가?

양도세는 다음과 같이 계산한다.

구분	토지	비고
양도가액	5억 원	
−취득가액	1억 원	
=양도차익	4억 원	
−장기보유특별공제	1억 2,000만 원	30%
=양도소득 금액	2억 8,000만 원	
−기본공제	250만 원	
=과세표준	2억 7,750만 원	
×세율	48%	38%+10%
−누진공제	1,994만 원	
=산출세액	1억 1,326만 원	

Q4 사례에 대한 대안은?

비사업용 토지를 사업용 토지로 전환한다(야적장으로 임대, 건물신축 등).

Tip ▶ 토지 거래 시 알아두어야 할 것들

- 토지는 중과세와 감면 제도 등이 복합적으로 적용된다.
- 비사업용 토지에 대한 개념을 확실히 이해해둘 필요가 있다.
- 농지 감면의 경우 감면 요건에 주의해야 한다.

※ 토지의 수용과 세제의 적용

구분	내용	비고
비사업용 토지 제외	사업인정고시일 5년 이전에 취득한 경우	2021년 5월 4일 전은 2년
이월과세 적용 제외	사업인정고시일 2년 이전에 증여를 받은 경우	
수용 감면	사업인정고시일 2년 이전에 취득한 경우	10~40% 감면

입주권

입주권(入住權)은 재개발이나 재건축사업과정에서 조합원들이 가지고 있는 신축한 주택에 입주할 수 있는 권리를 말한다. 세법은 입주권에 대한 과세를 강화하기 위해 이를 주택으로 취급하고 있다. 다음에서 입주권과 관련된 세무상 쟁점들에 대해 알아보자.

Case

서울 강남구 역삼동에서 거주하고 있는 K 씨는 다음과 같이 재건축하고 있는 입주권을 구입하고자 한다. 물음에 답하면?

l자료l
• 취득대상 : 입주권
• 매수 예상가액 : 10억 원

Q1 입주권을 취득하는 경우 세법상 취급은?

소득세법에서는 이를 주택으로 보고 과세하나, 지방세법에서는 취득세를 부과할 때 대지를 취득한 것으로 본다.* 이렇게 차이가 난 이유는 국세와 지방세의 과세 주체가 다르기 때문이다.

* 2020년 8월 12일 이후에 취득한 입주권은 지방세법상 주택 수에 포함된다.

Q2 이 입주권을 취득하는 경우 취득세는 얼마인가?

K 씨는 대지를 취득하는 것인 만큼 위 취득가액의 4%(농특세 등 0.6% 별도) 상당액인 4,000만 원을 취득세로 내야 한다. 만일 멸실되지 않아 주택으로 취급되는 경우에는 1~12%의 세율이 적용될 수 있다.

※ 재건축·재개발 취득세

구분	멸실 전	공사 중	완공 시
85㎡ 이하 주택	1.1~12.4%	-	2.96%
85㎡ 초과 주택	1.3~13.4%	-	3.16%
토지	4.6%	4.6%	-

Q3 K 씨는 이 주택취득 전에 1주택을 보유하고 있다. 만일 관리처분계획인가에 들어간 후 주택이 멸실된 경우 주택 수는 1세대 1주택을 유지하는가?

그렇지 않다. 도시 및 주거환경정비법(도정법)상의 재건축이나 재개발 과정에서 발생한 부동산을 취득할 수 있는 권리(입주권)도 주택 수에 산입하기 때문에 K 씨는 여전히 1세대 2주택이 된다.

입주권을 중개할 때 점검해야 할 세무상 쟁점들을 정리하면 다음과
같다.

구분	매수자	매도자
취득 시	취득세(주택은 주택 취득세, 입주권은 토지 취득세)	–
▼		
보유 시	보유세(조합 측이 부담함)	–
▼		
양도 시	–	• 비과세(1세대 1주택, 일시적 2주택 등에 대한 비과세 가능) • 과세 : 아래 참조

※ 입주권과 양도세 요약

구분	부동산	입주권
양도차익 계산	실거래가 원칙	실거래가 원칙
장기보유특별공제	적용함.	제외함.
1세대 1주택 비과세	일반주택과 동일하게 처리	입주권 비과세 특례가 적용됨 ※ 비과세요건 기산점 : 관리처분 계획인가일과 철거일 현재 2년 보유 등
완공 시 공사 기간 통산 여부	해당 사항 없음.	공사 기간 보유기간 통산
다른 주택에 대한 비과세 판정 시 주택 수 포함 여부	포함	2006년부터 포함

서울에서 거주하고 있는 L 씨는 다음과 같은 물건을 보유하고 있다. 물음에
답하면?

| | 자료 |

- 2011년 주택취득
- 2023년 8월 1일 사업시행인가
- 2023년 8월 30일 관리처분계획인가
- L 씨는 현재 전세거주자로서 향후 이 주택이 완공되면 이곳으로 입주할 계획임.

**Q1 L 씨가 보유한 주택은 현재 철거를 앞두고 있다. 이는 부동산인 주택
인가?**

이는 부동산이 아닌 세법상 부동산을 취득할 수 있는 권리에 해당한다.
소득세법은 원칙적으로 관리처분계획인가일 전까지만 주택으로 본다.

※ 양도세 집행기준 89-156의 2-1 [관리처분계획인가일의 의미]

관리처분계획인가일은 도시 및 주거환경정비법 제48조에 따른 조합원 입주권의 권리
가 확정된 날로서 지방자치단체의 공보에 고시한 날을 말한다.

Q2 세법상 입주권은 구체적으로 어떻게 구분하는가?

입주권으로 보는 시기는 재건축·재개발 사업 일정상 관리처분계획
인가일부터 완공일 전일까지다.

Q3 만일 L 씨가 이 입주권을 양도하면 양도세가 과세되는가?

이 입주권은 부동산이 아닌 권리에 해당하나 실질이 주택에 해당하
므로 1세대 1주택에 대한 양도세 비과세를 적용받을 수 있다. 다만, 이

입주권은 관리처분계획의 인가일(인가일 전에 기존주택이 철거되는 때에는 기존 주택의 철거일) 현재 보유기간이 2년 이상이 되어야 한다. 관리처분계획 인가일 전에 주택을 2년 이상 보유*한 경우에만 비과세를 적용한다는 의미를 담고 있다.

* 2017년 8월 3일 이후 취득 시는 2년 거주요건이 필요함.

Tip 입주권, 분양권 관련 취득세와 양도세

구분		입주권	분양권
취득세	완공 시 취득세율	2.8%	1~12%
	주택 수 포함 (2020.8.12)	포함	좌동
양도세	권리 비과세	가능	불가능
	과세	일반과세	70%, 60%
	주택+권리(승계) : 주택 비과세	3년 내 주택양도	좌동
	주택+권리(승계) : 주택 비과세 특례	완공주택으로 3년 내 이사 후 완공 일로부터 3년 내 종전 주택양도	좌동
	사업 중 대체주택 비과세 특례	가능	불가능

분양권

분양권(分讓權)은 조합원이 아닌 자들이 경쟁 방식에 의해 획득한 주택에 들어가서 살 수 있는 권리를 말한다. 세법에서는 이 분양권도 하나의 재화로 보아 양도세 등의 과세 대상으로 하고 있다.

다음에서는 분양권에 대한 세무 문제를 알아보고자 한다.

> **Case**

K 씨는 아파트 분양현장에서 상담사로 일을 하고 있다. 물음에 답하면?

| 자료 |

- A 씨는 현재 무주택자에 해당함.
- 분양가액 : 5억 원(VAT 2,000만 원 포함)
- 분양면적 : 85㎡ 초과
- 비조정지역에 해당함.

Q1 취득세는 얼마인가?

취득세는 과세표준에 취득세율을 곱해 계산한다. 사례의 경우 분양 가액이 5억 원이나 이 중 VAT가 포함되어 있으므로 이를 제외한 금액에 대해 취득세가 적용된다.

구분	취득세 과세표준	취득세율				총 취득세
		취득세율	농특세율	지방 교육세율	계	
85㎡ 초과 주택	4억 8,000만 원	1%	0.1%	0.2%	1.3%	624만 원
비고	부가세 제외, ±프리미엄	–	85㎡ 이하 주택은 비과세	–	–	–

 프리미엄에도 취득세가 부과될까?

그렇다. 정부는 이를 취득세 과세표준에 포함하도록 하고 있다.

Q2 양도세는 어떻게 과세될까?

A 씨는 현재 무주택자이므로 주택으로서 2년 이상을 보유하면 양도세 비과세를 받을 수 있다. 여기서 주의할 것은 보유기간은 통상 잔금 청산일을 기준으로 산정한다는 것이다.

Q3 분양권 계약 시는 비조정지역이었지만 잔금 지급 시는 조정지역으로 바뀌면 거주요건은 있는가?

A 씨는 무주택자이므로 거주요건이 적용되지 않는다.

분양권과 관련된 세무상 쟁점들을 유형별로 정리하면 다음과 같다.

주택분양권	• 주택분양권도 주택 수에 포함된다. • 분양권 상태에서 양도하면 보유기간에 따라 세율이 달라진다. 1년 미만 보유 시 70%(1년 이상 60%)가 적용된다. • 주택보유 중에 주택분양권을 취득하면 일시적 2주택으로 주택을 양도하면 비과세를 받을 수 있다.

▼

오피스텔 분양권	• 오피스텔 분양권은 단순한 권리에 해당하며 잔금청산 시 부동산이 된다. • 오피스텔 분양권을 양도하면 부가세 납세의무가 발생한다. • 오피스텔 분양권을 양도하면 양도세가 부과된다. 세율은 토지와 같다.

▼

상가분양권	위 오피스텔 분양권과 과세체계가 동일하다.

실전연습

K 씨는 다음과 같은 주택을 보유하고 있다. 물음에 답하면?

I 자료 I
• A 주택 : 종전 주택 • B 주택 : 신규주택

Q1 위 주택들은 일시적 2주택에 해당한다. 따라서 A 주택을 3년 이내에 양도하면 비과세를 받을 수 있다. 그런데 이때 주택분양권을 전매를 통해 취득하면 A 주택의 비과세에 영향을 주는가?

주택분양권도 주택 수에 포함되므로 이 경우 3주택이 되어 A 주택은 양도세 비과세가 나오지 않을 가능성이 크다.

Q2 앞의 상황에서 빌라분양권을 취득한 때도 마찬가지인가?

여기서 잘 봐야 한다. 분양권으로 불리는 것 중 주택 수에 포함되지 않는 것들이 있기 때문이다. 대표적으로 빌라분양권이 이에 해당한다. 이 분양권은 법에서 열거된 법률에 따라 생성되는 것이 아닌 건축법에 따라 생성된 것이기 때문이다.

※ 주택 수에 포함되는 분양권의 범위

구분	양도세	취득세
규정	'분양권'이란 주택법 등 대통령령으로 정하는 법률에 따른 주택에 대한 공급계약을 통해 주택을 공급받는 자로 선정된 지위(해당 지위를 매매 또는 증여 등의 방법으로 취득한 것을 포함한다)를 말한다.	'주택분양권'이란 부동산 거래신고 등에 관한 법률 제3조 제1항 제2호*에 따른 '부동산에 대한 공급계약'을 통해 주택을 공급받는 자로 선정된 지위(해당 지위를 매매 또는 증여 등의 방법으로 취득한 것을 포함한다)를 말한다.
근거	소득세법 제88조 제10호	지방세법 제13조의 3 제3호
비고	주택 수에 포함되는 분양권의 범위가 두 세목 간에 미세한 차이가 있음(저자의《재건축·재개발 세무 가이드북》을 참조할 것).	

* 건축물의 분양에 관한 법률, 공공주택 특별법, 도시개발법, 도시 및 주거환경정비법, 빈집 및 소규모주택 정비에 관한 특례법, 산업입지 및 개발에 관한 법률, 주택법, 택지개발촉진법 등 8개의 법률을 말한다(건축법 등은 제외).

Q3 K 씨는 A 주택을 비과세를 받고 양도했다. 이후 C 분양권을 취득한 경우에는 어떤 식으로 비과세를 받을 수 있는가?

이 경우에는 2가지 방법으로 비과세를 받을 수 있다.

① 분양권 취득일로부터 3년 이내에 종전 주택을 양도하는 방법

② 분양권이 주택으로 완공된 날로부터 3년 이내에 종전 주택을 양
   도하는 방법*

   * 이 경우에는 완공주택으로 3년 이내에 이사하고 그곳에서 1년 이상 거주해야 하는 요건이 추
     가된다.

| Tip | 입주권과 분양권이 있는 경우의 주택 등에 대한 양도세 비과세 |

구분	입주권	분양권
입주권(분양권)만 있는 경우	비과세 가능	불가능
선 입주권(분양권), 후 주택취득	입주권 비과세 가능	불가능
선 주택, 후 입주권(분양권) 취득*	주택 비과세 가능	주택 비과세 가능
사업 시행 중 대체주택 비과세	가능	불가능

* 2가지 방법으로 비과세를 적용한다. 하나는 입주권·분양권 취득일로부터 3년 이내에 종전 주
  택을 처분하는 것이고, 다른 하나는 입주권·분양권에 의해 완성된 주택으로 3년 이내에 이사
  하고 완공일로부터 3년 이내에 종전 주택을 처분하는 것이다.

구분	주택임대사업자등록	일반임대사업자등록
사업자등록 근거법	소득세법, 법인세법	부가가치세법
사업자등록의무	의무	의무
미등록가산세	있음(수입금액의 0.2%)	수입금액의 1%
부가세 발생 여부	면세업	과세업
사업자 유형	면세사업자	• 일반과세자 • 세금계산서 발행 간이과세자 • 일반 간이과세자
사업자등록신청 시기	사업개시일로부터 20일 (개시 전도 가능)	좌동
사업자등록 관할 세무서	• 임대등록* : 주소지 관할 세무서 • 임대등록 외 : 사업장이 있는 관할 세무서	사업장이 있는 관할 세무서
사업자 단위 과세 신청	불가능**	가능
세금계산서 발행	불가함.	의무(단, 일반 간이과세자는 제외)
매입세액공제	불가함.	가능(단, 간이과세자는 수취금액의 0.5% 세액공제)
신고	• 2월 10일 : 사업장 현황신고 • 5월 : 종소세 신고	• 연간 1~2회 부가세 신고 • 5월 : 종소세 신고

* 관할 지자체에 등록한 임대주택은 주소지 관할 세무서 한 곳에서만 사업자등록을 할 수 있다.

** 임대주택을 여러 채 보유한 경우, 사업자등록을 한 군데만 하는 사업자 단위 과세 제도가 적용되지 않는다. 다만, 저자는 주택임대업에 대해서도 임대등록을 한 것처럼 한 군데에서 등록하는 것이 타당하다는 견해다.

제 **5** 장

실전 부동산 거래 주체별 절세 포인트

일반개인

    어느 정도 세금 지식이 있는 경우에는 부동산 세금의 적용 범위를 넓힐 필요가 있다. 시장에는 다양한 유형의 거래 주체가 등장하고 그에 따라 적용되는 세제가 달라지기 때문이다. 예를 들어 앞에서 많이 등장했던 부동산 매매사업자가 양도하는 부동산은 양도세가 아닌 종소세로 정리해야 한다. 이러한 내용을 모르면 부동산 세금을 제대로 아는 것이 아니다. 이러한 관점에서 이 장의 중요성이 있다. 다음부터 개인, 사업자, 법인, 비거주자의 순서로 부동산 세금을 이해해보자.

> **Case**

  K 씨는 다음과 같이 부동산을 운영하려고 한다. 물음에 답하면?

| 자료 |
- 현재 1세대 1주택(고가주택에 해당함)
- 보유 및 거주기간은 10년 이상임.
- 2024년 1월 10일에 발표된 신축 소형주택(수도권 3억 원)을 1채 취득해 월세를 받을 계획을 하고 있음.

Q1 2024년 1·10대책에서 언급된 신축 소형주택은 어떤 주택을 말하는가?

2024년 1월 1일부터 2025년 12월 31일 사이에 준공된 전용면적 $60m^2$ 이하, 취득가액 6억 원(지방은 3억 원) 이하의 다세대주택, 오피스텔, 도시형 생활주택(아파트 제외)을 말한다.

Q2 이러한 주택을 취득하면 어떤 특례를 받을 수 있는가?

주택 수에서 제외되는 혜택을 받을 수 있다. 그 결과 소형주택을 제외한 나머지 주택을 가지고 취득·종부·양도세 세율을 판단하게 된다.

여기서 주의할 것은 1세대 1주택 종부세 특례(기본공제 12억 원 등 적용)와 양도세 특례(1세대 1주택 비과세)를 적용할 때에는 주택 수에서 차감되지 않는다는 것이다.*

* 이에 대한 자세한 내용은 저자의 《2024 확 바뀐 부동산 세금 완전분석》을 참조하기를 바란다. 이 책은 정부의 세제 정책을 위주로 관련 내용을 분석하고 있다.

Q3 소형주택을 취득하면 취득세는 얼마나 예상되는가? 이 주택이 다세대주택인 경우와 오피스텔인 경우로 구분하면? 단, 농특세 등은 제외한다.

구분	다세대주택	오피스텔
취득세율	1%	4%
취득세	300만 원	1,200만 원

Q4 K 씨가 보유주택을 양도해서 비과세를 받기 위해서는 어떻게 해야 하는가?

일시적 2주택으로 양도하든지, 임대등록하든지, 아니면 소형주택을 먼저 양도한 후 1세대 1주택으로 양도하면 된다.

Consulting

개인이 시장에서 부동산을 거래할 때 발생하는 세무상 쟁점을 정리해보자. 이에 대한 자세한 내용은 앞에서 충분히 살펴보았다.

구분	매도자	매수자
취득 시	−	• 일반과세 • 중과세 : 다주택자
보유·임대 시	보유세 : 6월 1일 이후 양도 시	보유세 : 6월 1일 이전 취득 시
양도 시	• 비과세 : 1세대 1주택 • 중과세 : 다주택자, 비사업용 토지 • 감면	−

* 자금출처 조사 등의 문제가 발생한다.

실전연습

K 중개사무소에서는 다음과 같은 부동산을 중개하고자 한다. 물음에 답하면?

|자료|

• 현재 1세대 2주택인 상황임.
• 종전 주택(A)을 일시적 2주택으로 양도한 후 주택을 취득하고자 함.
• 신규주택(B)은 비조정지역에 소재 예상

Q1 A 주택의 잔금청산일 전에 B 주택의 잔금을 지급하면 어떤 문제가 발생하는가?

A 주택에 대해서는 양도세 비과세가 적용되지 않는다. A 주택의 양도일(잔금청산일) 현재 주택 수가 3주택이기 때문이다. 한편 B 주택의 취득세는 중과세율이 적용될 수 있다. 신규주택을 취득한 시점에 3주택이 되기 때문이다. 이때 중과세율은 8%가 된다.

Q2 Q1에서 양도세 비과세와 취득세 일반과세를 받기 위해서는 어떻게 해야 하는가?

A 주택에 대한 잔금청산을 B 신규주택의 잔금청산보다 먼저 한다.

Q3 만일 A 주택에 대한 잔금청산일과 B 주택에 대한 잔금청산일이 같으면 양도세 비과세, 취득세 일반과세가 적용 가능한가?

그렇다. 같은 날에 다른 1주택을 취득하면서 기존 1주택을 양도하는 경우에는 기존 주택을 양도한 후 다른 주택을 취득한 것으로 보기 때문이다(서면 5팀-354, 2008.2.22).

등록주택임대사업자

등록주택임대사업자는 관할 지자체에 등록하고, 관할 세무서에 사업자등록을 한 사업자를 말한다. 이러한 사업자에 대해서는 서민들에게 주거를 안정적으로 제공한다는 측면에서 상당히 중요한 제도에 해당한다. 다만, 최근에 이에 대해 세제개편이 상당히 심해 조심스럽게 접근해야 하는 항목에 해당한다.

Case

K 씨는 2024년 1월 10일에 정부에서 발표한 기축 소형주택을 몇 채 구입해 임대등록을 할까 고민 중이다. 물음에 답하면?

Q1 기축 소형주택에는 아파트를 포함하는가?

아니다. 다만, 아파트 중 도시형 생활주택은 포함한다. 이외에 $60m^2$ 이하의 오피스텔, 다세대주택 등도 포함한다.

Q2 기축 소형주택을 취득해 임대하면 10년 이상을 임대해야 하는가?

향후 민간임대주택법을 개정해 6년 단기임대등록 제도를 도입할 예정이다. 따라서 이 안이 확정되면 6년 정도를 임대하면 될 것으로 보인다(2024년 상반기 중 입법할 예정임).

Q3 기축 소형주택을 취득해 임대등록하면 어떤 혜택을 받을 수 있는가?

주택 수에서 제외하는 혜택을 준다. 그런데 이러한 혜택은 주로 취득세에만 영향을 줄 것으로 보인다. 다른 세목들은 종전의 것과 다를 것이 없기 때문이다.

구분	효과	비고
취득세	• 소형주택 주택 수 제외 : 나머지 주택으로 주택 수 산정해 취득세율 결정 • 소형주택 취득 시 : 1~3% 세율 적용	혜택*↑
종부세	종부세 합산배제	기존사업자와 동일
양도세 중과세	양도세 중과배제	
양도세 거주주택 비과세	거주주택 비과세	

* 요건을 충족한 소형주택 외의 주택을 임대등록한 경우에는 주택 수에 포함됨에 유의해야 한다.

Consulting

주택임대사업자의 세무상 쟁점을 신규등록과 기존등록으로 나눠서 살펴보자. 참고로 주택임대사업자가 각종 세제 혜택을 받기 위해서는 등록 시 기준시가가 6억 원(지방 3억 원) 이하, 임대료 5% 이내 인상할 것 등의 요건을 갖춰야 한다. 기타 자세한 내용은 저자의 《부동산 세무 가이드북 실전 편》 등을 참조하기를 바란다.

구분	신규등록	기존등록
등록 가능 주택	아파트* 외 주택 * 도시형 생활주택은 등록 가능	모든 주택
임대의무기간	10년	4년, 8년
말소 제도	없음.	• 4년 임대 : 자동말소 • 8년 임대 : 아파트만 자동말소
의무기간 내 양도 시 과태료	3,000만 원 (포괄양도 시 제외)	3,000만 원 (포괄양도 및 법상 말소 시 제외)
세제 혜택	• 종부세 합산배제 • 양도세 중과배제 • 거주주택 비과세 • 장특공제 특례 적용 배제	• 좌동 • 좌동 • 좌동 • 장특공제 특례 적용(50%, 70%)

※ 신규 임대등록에 따른 혜택과 의무

혜택	의무
• 취득세 감면(신규 공동주택에 한함) • 종부세 합산배제 • 임대소득세 감면(20~50% 선) • 양도세 중과배제 • 거주주택 비과세	• 임대료 증액 제한(5%) 준수의무 • 보증보험 가입의무 • 임대의무기간 내 임의매각 금지의무 등

신규등록에 따른 혜택은 주로 종부세 합산배제와 양도세에서 거주주택 비과세 정도에서 효과가 있을 전망이다. 양도세 중과세는 조정지역 대폭 해제로 사실상 의미가 없어졌고, 장기보유특별공제 50~70%를 적용하는 제도는 2020년 말로 폐지되었기 때문이다(단, 신축임대는 가능).

실전연습

K 씨는 다음과 같이 주택을 임대하고 있다. 물음에 답하면?

| 자료 |

- A 아파트 : 4년 단기임대했던 것으로 현재 등록이 말소된 상태임.
- B 다세대주택 : 8년 장기임대 중임.
- C 아파트 : 2020년 5월에 8년 장기로 임대등록 중임.
- D 아파트 : 미등록 주택으로 전세를 주고 있음(10년 이상 거주함).

Q1 K 씨의 종부세 과세 대상 주택은?

등록이 말소된 A 아파트와 D 아파트 2채가 종부세 과세 대상이 된다. 물론 종부세가 과세되기 위해서는 두 아파트의 기준시가 합계액이 9억 원을 넘어야 한다.

Q2 D 아파트를 양도하면 비과세를 받을 수 있는가?

받을 수 있다. A부터 C 주택까지는 모두 임대등록한 주택에 해당하기 때문이다. 다만, 임대주택 외의 주택에 대해 다음과 같은 요건을 충족하면 비과세를 적용한다. 참고로 이외에 기준시가 요건이나 임대료 증액제한(5%) 등의 요건도 충족해야 한다.

- 2년 거주할 것(지역 불문)
- 최초 말소일로부터 5년 이내에 양도할 것
- 생애 1회에 해당할 것(2019년 2월 12일 이후 취득분에 한함)

☞ 사례의 D 아파트는 이에 해당할 가능성이 크다.

Q3 E 아파트를 취득한 후 3년 이내에 D 아파트를 양도해도 비과세가 적용되는가?

그렇다. 이는 일시적 2주택 비과세 특례가 적용되는 상황에 해당한다.

Tip	등록과 미등록사업자의 세제 비교

구분	등록	미등록
주요 세제 혜택	• 종부세 합산배제 • 임대소득세 감면 • 양도세 중과배제 • 거주주택 비과세 • 장특공제 특례 적용(2020년 말)	없음.
등록	지자체+세무서	세무서
임대소득세 감면	있음.	없음.
거주주택 비과세	있음(1회).	• 1세대 1주택 : 비과세 • 위 외 : 원칙적 과세

일반 부동산 임대사업자

상업용 건물의 양도세와 취득세는 아주 단순하게 과세된다. 주택처럼 중과세 등을 할 이유가 없기 때문이다. 다만, 상업용 건물의 특성상 취득, 임대, 양도 시 부가세가 발생한다는 점은 특별히 눈여겨볼 필요가 있다. 다음에서 이에 대해 정리해보자.

Case

K 씨는 다음 자료와 같이 임차하고 있는 상가를 취득해 자신의 명의로 된 사업장에서 음식점업을 계속 영위하고자 한다. 물음에 답하면?

l 자료 l
• 매수금액 6억 원
• 부가세는 매수자가 부담함.
• 매도자는 일반과세자에 해당함.

Q1 K 씨는 얼마의 자금을 준비해야 하는가?

매수금액 6억 원과 부가세 10%를 준비해야 한다.

Q2 사례의 부가세는 얼마인가?

자료가 없으므로 계산할 수 없다. 만일 토지와 건물의 기준시가가 같다면 부가세는 3,000만 원이 된다. 6억 원의 절반인 3억 원이 건물의 공급가액에 해당하기 때문이다.

Q3 사례에서 부가세 환급은 어떤 식으로 받을 수 있는가?

조기환급이나 확정신고를 통해 환급을 받을 수 있다. 조기환급은 매월, 매 2월, 분기별로 신청할 수 있는 제도를 말한다. 확정신고는 6개월 단위로 이루어진다.

Q4 사례의 경우 포괄양수도계약은 안되는가?

그렇다. 포괄양수도 당시 업종이 다르기 때문이다. 다만, 포괄양수도 후에 업종을 추가하거나 업종을 변경하는 것은 문제가 되지 않는다. 이러한 문제는 이미 앞에서 살펴보았다.

Consulting

개인이 상업용 건물을 거래할 때 부닥치는 세무상 쟁점은 다음과 같다.

구분	매도자	매수자
취득세	–	• 취득세 • 사업자등록

▼

부가세	부가세 징수*	환급

▼

| 보유/
임대소득세 | • 6월 1일 이후 양도 시 보유세 부담
• 양도일까지 임대소득에 대해 과세 | • 6월 1일 이전 매수 시 보유세 부담
• 매수일 이후 임대소득에 대해 과세 |

▼

| 양도 | • 부가세 징수*
• 양도세 | – |

* 포괄양수도 시 부가세가 발생하지 않음.

실전연습

K 씨는 다음과 같이 오피스텔에 대한 부가세 환급을 받았다. 물음에 답하면?

| 자료 |
• 당초 취득 시 : 토지가액 2억 원, 건물가액 2억 원, 부가세 2,000만 원
• 취득일 : 2022년 1월 1일
• 대출 : 2억 원
• 용도 : 임대용(임대보증금 2억 원 등)

Q1 2024년 12월 31일에 폐업을 하고 주거용으로 사용하면 부가세를 반환해야 하는가?

그렇다. 다만, 환급받은 부가세 2,000만 원 중 이미 경과한 과세기간

의 부가세를 제외한 금액을 반환해야 한다.

- 반환해야 할 금액=2,000만 원×(1-5%×경과된 과세기간 수)*

  =2,000만 원×(1-20%)=1,600만 원

  * 감가상각되는 건물은 1 과세기간(6개월)에 5%만큼 감가상각이 되는 것으로 가정한다. 사례의 경우 이미 경과한 2년을 과세기간으로 환산하면 4 과세기간이 된다.

Q2 2024년 12월 31일에 폐업을 하고 자신의 과세사업용으로 사용하면 부가세를 반환해야 하는가?

아니다. 일반과세사업자를 계속 유지하면 부가세를 반환할 필요가 없다.

Q3 2024년 12월 31일에 5억 원에 양도하면 부가세를 반환해야 하는가?

아니다. 다만, 이때에는 새로운 재화의 공급으로 보아 5억 원 중 건물의 공급가액에 대해 10%의 부가세를 매수자로부터 징수해 정부에 납부해야 한다.*

* 토지와 건물의 공급가액을 구분하는 방법은 6장을 참조하기를 바란다.

Q4 2024년 12월 31일에 5억 원에 양도하면서 부가세 포함이라고 계약을 했다. 이때 당초 환급받은 부가세를 반환해야 하는가?

그렇지 않다. 이는 재화의 공급에 해당하기 때문이다.

Q5 2024년 12월 31일에 5억 원에 양도하면서 부가세 별도라고 계약을 했다. 이때 총 거래금액은 얼마인가? 단, 토지가액과 건물가액의 비중은 6 : 4가 된다.

건물가액은 5억 원의 40%인 2억 원이 되고 이의 10%가 부가세가 되므로 총 거래금액은 5억 2,000만 원이 된다.

Q6 사례의 오피스텔은 포괄양수도계약을 통해 부가세를 없앨 수 있는가?

그렇다.

Q7 오피스텔 담보로 된 채무는 승계가 되지 않아 매수자로부터 자금을 받아 매도자가 직접 상환을 한 후 포괄양수도계약을 했다. 세법상 문제는 없는가?

그렇다. 사업의 양도 시 사업의 동일성을 상실하지 않는 범위 내에서 은행차입금 등의 일부 부채를 제외해도 사업양도로 본다.

Q8 중개사무소에서 계약서를 작성할 때 '포괄양수도'라는 용어를 사용하지 않았다. 이 경우 중개사무소의 책임은 있는가?

아니다. 내용상 실질이 포괄양도에 해당하면 세무상 문제가 없기 때문이다.

Q9 K 씨가 임차인에게 오피스텔을 양도하면 포괄양수도계약이 성립하는가?

아니다. 업종이 같지 않기 때문에 포괄양수도가 성립하지 않는다. 따라서 세금계산서를 발행하는 것이 원칙이다.

구분		주택	상업용 건물
사업자 유형		면세사업자	과세사업자(일반과세자, 간이과세자)
사업자등록		의무	의무
사업장 현황/ 부가세 신고		사업장 현황신고(2.10)	부가세 신고
소득세 과세 방식		• 원칙 : 종합과세 • 예외 : 2,000만 원 이하 분리과세 선택	종합과세
종소세 신고		다음 해 5월	다음 해 5월
부동산 세제	취득세	1~12%(중과세 있음)	4%(중과세 없음)
	종부세	9억 원 초과 시 과세	토지만 80억 원 초과 시 과세
	양도세	비과세, 중과세, 감면	일반과세
	부가세	발생하지 않음.	발생함(취득, 임대, 양도 시).
대상		아파트, 다세대주택, 다가구주택*, 다중주택*, 주거용 오피스텔	상가, 사무실, 빌딩, 업무용 오피스텔 등

* 다가구주택과 다중주택 등에 대한 다양한 세무상 쟁점(다가구주택의 경우 4층 이상은 비과세 박탈)이 상당히 많다. 이에 대한 자세한 내용은 저자의 《부동산 세무 가이드북 실전 편》을 참조하기를 바란다.

지식산업센터(메디컬 빌딩 포함) 사업자

지식산업센터는 정부에서 육성하는 제조업 등을 영위할 수 있도록 지정된 업무공간을 말한다. 지방세법에서는 이러한 업무시설을 취득하고 보유한 경우 취득세와 재산세 등을 감면하고 있다. 다음에서 이에 대해 알아보자.

Case

K 씨는 아래와 같이 지식산업센터의 사무실을 취득하고자 한다. 물음에 답하면?

| 자료 |

• 취득가액 3억 원(부가세 1,000만 원 별도)

Q1 지식산업센터의 업무시설을 취득해 자신의 사업에 사용하는 경우 취득세와 재산세는 얼마만큼 감면이 되는가?

2024년 기준 35%가 감면된다. 재산세는 감면시한 내 5년간 적용된다. 예를 들어 2024년에 취득한 후 해당 감면시한이 계속 연장되면 2028년까지 감면이 적용된다는 뜻이다. 취득세의 경우 다음과 같은 감면이 예상된다.

- 취득세=3억 원×4%×35%(감면율)=420만 원
- 농특세=(3억 원×4%×35%)×20%*=84만 원
- 지방교육세=[3억 원×(4%-2%)×20%]**×(1-35%)=78만 원

계=582만 원

* 취득세 감면세액의 20%가 농특세율이다.

** 지방교육세율은 표준세율 4%에서 2%를 차감한 세율의 20%가 된다.

Q2 취득 목적이 임대용이라면 이에 대해서도 감면이 적용되는가?

지식산업센터의 업무시설취득자에 대한 지방세 감면은 지특법 제58조의 2 제2항에서 다음과 같이 정하고 있다.

② 산업집적활성화 및 공장설립에 관한 법률 제28조의4에 따라 지식산업센터를 신축하거나 증축해 설립한 자로부터 최초로* 해당 지식산업센터를 분양받은 입주자(중소기업기본법 제2조에 따른 중소기업을 영위하는 자로 한정한다**)에 대해서는 다음 각호에서 정하는 바에 따라 지방세를 경감한다.

* 분양자와 최초 계약을 하는 경우를 말한다. 등기 후에는 감면이 적용되지 않는다.

** 업종별 매출액이 일정액 이하 등의 요건을 충족해야 한다.

1. 2025년 12월 31일까지 사업시설용으로 직접 사용*하기 위해 취득하는 부동산에 대해서는 취득세의 100분의 35를 경감한다.

* 임대는 제외한다.

이 규정을 보면 분양받은 자가 직접 사용해야 하므로 임대자에 대해서는 이 규정이 적용되지 않는다.

Q3 취득세 감면을 받은 자가 동일 업종을 영위한 자에게 중도에 매각하면 그래도 추징이 되는가?

이에 대해서는 별다른 조치가 없어 추징되는 것으로 해석된다.

Q4 수도권 과밀억제권 내에서 설립된 지 5년이 안 된 법인이 앞의 시설을 취득하면 어떤 문제가 있는가?

이 경우 원래 내야 할 세율은 9.4%가 되고 이에 35%를 감면하면 6.11% 정도가 된다. 따라서 이러한 법인은 취득의 실익이 없으므로 주의해야 한다.

(Consulting)

지식산업센터의 업무시설과 관련된 세무상 쟁점을 정리하면 다음과 같다.

구분	개인	법인	추징
취득세	• 취득세 4.6% • 취득세 35% 감면	• 좌동 • 좌동	4년 미만 전 매각 등
▼			
부가세	부가세 환급	좌동	–
▼			
재산세	• 일반 건물로 과세 • 재산세 35% 감면	• 좌동 • 좌동	–
▼			
양도/법인세	• 양도세 일반과세 • 양도 시 부가세	• 법인세 일반과세 • 좌동	–

※ 지식산업센터 취득세와 재산세 감면 그리고 추징

구분		2022년 이전	2023년 이후	감면시한
취득세	감면율	50%	35%	2025년 12월 31일 (연장될 가능성이 큼)
	추징	• 1년 내 미사용 • 5년 내 매각·증여	• 좌동 • 4년	
재산세*	감면율	37.5%	35%	

* 재산세는 추징 없음.

실전연습

앞의 K 씨는 해당 시설을 5,000만 원 손해 보고 양도하고자 한다. 보유기간은 3년이다. 물음에 답하면?

Q1 손해를 보고 매도하는데도 취득세를 반환해야 하는가?

그렇다. 취득일로부터 4년(2022년 이전은 5년) 이내에 매각이나 증여 등을 하면 감면받은 세액을 추징하도록 하고 있기 때문이다.

Q2 부가세는 어떻게 계산하는가?

양도가액 2억 5,000만 원에 대해 다음과 같은 방식으로 해결한다.

• 포괄양수도로 처리하는 방법
• 세금계산서를 발행하는 방법*

  * 이때에는 30% 규정을 고려해 거래가액을 임의구분(307쪽 참조)하거나 아니면 기준시가로 안분해도 된다.

Q3 양도세는 신고해야 하는가?

그렇다. 양도일이 속하는 달의 말일로부터 2개월 이내에 신고한다.

Q4 양도차손을 다른 양도차익과 통산할 수 있는가?

같은 연도별로 양도차익과 양도차손을 통산할 수 있다.

> **Tip ▷ 메디컬 빌딩 사업자와 세금**
>
> 메디컬 빌딩(medical building)은 보통 2층 이상 10층 정도의 규모로 이루어진 의료 시설을 위한 공간과 시설을 제공하는 건물을 말한다. 이러한 빌딩도 앞에서 본 상업용 건물에 대한 세제가 적용된다. 다만, 이러한 건물은 특수관계인 간에 임대차가 자주 일어날 수 있는데, 이에 대한 세무상 쟁점은 조만간 별도의 책으로 다룰 예정이다.

게스트하우스 등
공유숙박사업자

게스트하우스는 여행객을 위해 제공되는 숙박업소(숙소)를 말한다. 이러한 숙소는 세법상 주택에 해당하지 않으나, 공부상 용도가 주택으로 되어 있는 경우도 많아 세무상 혼란이 발생하는 경우가 많다. 다음에서 게스트하우스 등과 관련된 세무상 쟁점에 대해 알아보자.

Case

K 씨는 다음과 같은 근린생활시설을 임대하고 있다. 물음에 답하면?

l자료l
• 공부상 용도 : 근린생활시설
• 사업자등록증상의 사업자 유형 : 일반과세자
• K 씨는 1세대 1주택자에 해당함.

Q1 임차인이 근린생활시설을 게스트하우스로 운영하기 위해 공부상 용도를 주택으로 변경하기를 원한다. 이 경우 주택 수가 늘어나는가?

세법은 상시 주거용이 아닌 숙박용으로 사용되는 주택은 세법상 주택 수에 산입하지 않는다(서면 4팀-424, 2006.02.28 등).

Q2 주택으로 공부상 용도가 변경된 경우라면 사업자등록도 변경해야 하는가?

세법은 사업의 실질 내용을 가지고 등록을 하므로 사례의 경우에는 변경할 필요가 없다. 즉 현재처럼 일반 부동산 임대업을 유지하면 된다.

Q3 K씨가 이 상황에서 새로운 주택을 취득하면 취득세는 어떻게 계산할까?

숙박용 주택은 제외하면 1주택에 해당하고 새로운 주택이 조정지역에 해당하면 일시적 2주택으로 1~3%를, 비조정지역에 소재하면 무조건 1~3%를 적용받을 수 있다.

Q4 Q3에서 주택이 아님은 어떻게 입증하는가?

취득 시 주택이 아님을 입증할 방법은 다음과 같다.
- 사업자등록증
- 부가세 신고서
- 종합소득세 신고서 등

만일 재산세과세대장에 '주택'으로 표시되어 있다면 주택 수에
포함되는가?

아니다. 실질 현황에 따라 재산세를 과세해야 하기 때문이다.
이 경우 주택에서 일반 건물로 재산세과세대장을 변경하면 될 것으로 보인다.

Q5 **K 씨는 1세대 1주택이나 일시적 2주택으로 해서 양도세 비과세를 받**
을 수 있는가?

그렇다.

Consulting

게스트하우스용으로 임대하거나 이를 운영하는 사업자가 만나는 세
무상 쟁점을 정리하면 다음과 같다.

구분	임대자	숙박사업자
취득세	• 사실상의 현황에 의함. 　– 숙박용 : 4% 　– 상시 거주용 : 1~12% • 주택 수에서 제외*	–
▼		
사업자등록	임대업 : 부가세 과세사업자	숙박업 : 부가세 과세사업자
▼		
재산세	재산세과세대장에 따름.**	–
▼		
종합소득세	임대소득에 대한 소득세	숙박소득에 대한 소득세 과세
▼		
양도세	• 일반 건물에 대한 양도세 • 주택 수에서 제외*	–

* 숙박용으로 사용되는 주택은 취득세와 양도세에서 주택 수에서 제외된다.

** 재산세는 사실상의 현황에 따라 과세된다. 따라서 공부상 용도가 주택인 경우에는 재산세과세대장의 물건을 일반 건물로 변경해두는 것이 좋다.

실전연습

게스트하우스나 펜션, 호텔, 별장 등은 세법상 주택인지 아닌지에 따라 다양한 영향을 준다. 다음에서 사례로 이를 정리해보자.

Q1 K 씨는 자신이 소유 중인 펜션을 운영하면서 그곳에서 숙식하고 있다. 그의 가족들은 다른 곳에서 거주하고 있다. 이 펜션도 주택에 해당하는가?

전 세대원이 당해 건물로 거소 등을 이전해 주택으로 사용하는 경우 겸용주택으로 본다(서면 인터넷방문상담 4팀-1340, 2004.08.25). 따라서 사례의 K 씨는 주택을 보유한 것이 아니라고 할 수 있다.

Q2 앞의 펜션은 공부상 용도가 다가구주택에 해당한다. 이는 주택 수에 포함될까?

펜션은 숙박용이므로 원칙적으로 주택 수에 포함되지 않는다.

Q3 앞의 펜션 중 일부에서 장기간 거주하고 있는 임차인이 있다. 이 부분은 세법상 주택에 해당하는가?

그럴 수 있다. 다만, 이는 사실 판단의 문제에 해당한다. 244페이지의 Tip을 참조하기를 바란다.

Q4 직장인이 거주하고 있는 고시원은 세법상 주택인가 아닌가?

사회 통념상 고시생들은 장기거주를 목적으로 하기보다는 고시를 준비할 목적으로 고시 합격 때까지 또는 희망하는 일정 기간 '일시적'·'단기적'으로 고시원에 입주해 고시원을 고시 공부 장소로 이용했다고 보아야 할 것이고, 고시생들이 제공받는 방을 침실로도 이용했다고 해 고시생들이 장기 주거를 목적으로 고시원에 입주했다고 보기는 어렵다(조심 2019서3835, 2020.5.21 등). 다만, 법령에서 정한 고시원의 '요건'을 갖추고 있지 않은 점, 호실별로 독립된 주거가 가능한 구조를 갖춘 점, 쟁점 건물의 세입자들이 전입 신고하고 확정신고를 받아 거주하고 있었던 점 등에 비추어 볼 때, 쟁점 건물은 공동주택에 해당한다(조심 2021정2315, 2021.8.27).

Q5 아파트 1층에서 주로 볼 수 있는 어린이집은 주택인가 아닌가?

장기가정어린이집 요건을 갖추어 인가를 받아 사업자등록을 하고 가정어린이집으로 사용하고 있는 경우라면, 주택 수에 포함하지 않는다.

※ 장기어린이집 운영 중 거주주택 비과세요건

1. 거주주택 : 보유기간에 거주기간이 2년 이상일 것
2. (생략)
3. 장기어린이집 : 양도일 현재 법 제168조에 따라 고유번호를 부여받고, 장기어린이집을 운영하고 있을 것*

   * 실무적으로 중요하다. 이러한 요건을 충족하지 않으면 일반주택이 될 수 있다(저자의 카페로 문의).

Q6 교회에서 사용하는 사택은 주택인가 아닌가?

소득법상 개인이 소유 부동산을 종교 보급 등 고유 목적사업에 사용했더라도 양도소득세를 비과세하는 규정은 없으므로, 양도소득세가 비과세되지 않는다고 판단된다(서면 4팀-2532, 2005.12.19).

Q7 직원이 거주하고 있는 사택은 주택인가 아닌가?

이에 대해서는 다음의 표를 참조하기를 바란다.

※ 사택, 임차주택과 세무 처리법

구분		사택을 회사가 무상·저가 제공	회사가 직접 임차 후 무상·저가 제공	직원이 직접 임차 후 보조금 지급
취득세		사택 취득 시 중과배제*	-	-
종부세		합산배제**	-	-
근로소득세		비과세	비과세	과세
종합소득세/법인세		유지비 비용 인정	비용 인정	좌동
개인사업자 주택 수 포함 여부	취득세	주택 수 제외*	-	-
	양도세	주택 수 포함***		

* 사원임대용으로 60㎡ 이하, 공동주택(다가구주택)이면 주택 수 제외 및 취득세 중과세에서 제외한다 (단, 특수관계자 등 임대는 제외. 지방령 제28조의 2 제12호 등).

** 무상 또는 저가(공시가격 10% 이하)로 제공하는 85㎡ 이하 또는 6억 원 이하의 주택(단, 특수관계 등 임대는 제외. 종부령 제4조 제1항 등).

*** 개인사업자가 소유한 주택을 사택으로 사용한 경우에는 양도세 과세 시 주택 수에서 제외해주는 규정이 없으므로 양도세에서는 주택 수에 포함된다고 해석된다.

2024년에 소득법 제88조에서 주택의 개념을 다음과 같이 개정했다.

> 7. "주택"이란 허가 여부나 공부(公簿)상의 용도 구분과 관계없이 <u>세대의 구성원이 독립된 주거생활을 할 수 있는 구조로서 대통령령으로 정하는 구조*를 갖추어</u> 사실상 주거용으로 사용하는 건물을 말한다. 이 경우 그 용도가 분명하지 아니하면 공부상의 용도에 따른다(2023.12.31. 개정).

* 세대별로 구분된 각각의 공간마다 별도의 출입문, 화장실, 취사 시설이 설치된 구조를 말한다 (소득령 제152조의 4).

이러한 개정의 결과 다음과 같이 점이 개선될 것으로 보인다.

• 고시원이나 모텔 등에서 직장인들이 숙식하는 경우 사실 판단을 거쳐 주택인지 아닌지가 결정되었는데, 주택의 개념이 명확해짐에 따라 주거생활을 할 수 있는 구조가 아니면 대부분 상시 주거용인 주택이 아닌 사업용 주택으로 귀착될 것으로 보인다.

• 다만, 오피스텔처럼 주거를 겸할 수 있는 경우에는 현행처럼 사실 판단을 거쳐 주거용인지 아닌지를 판단할 것으로 보인다.

부동산 매매사업자

부동산 매매사업자는 부동산이라는 상품을 사고파는 것을 업으로 하는 사업자를 말한다. 이러한 사업자들은 외관상 개인과 차이가 나지 않으므로 개인처럼 취급해 세제를 다루는 경우가 많다. 취득세와 보유세는 이에 대해 별도의 특칙을 두고 있지 않아 쟁점은 없지만, 양도세는 그렇지 않다. 매매업도 엄연히 한국표준산업분류표상의 업종에 해당해 양도세가 아닌 종소세가 부과되기 때문이다. 결국, 투자자나 중개사무소 등이 이러한 내용을 이해하지 못하면 다양한 형태의 세무상 위험을 안게 된다.

Case

K 중개사무소에서는 다음과 같이 보유하고 있는 L 씨의 부동산을 중개하려고 한다. 물음에 답하면?

- A 주택(85㎡ 이하 주택, 1년 미만 보유, 비조정지역에 소재)
- B 주택(85㎡ 초과 주택, 2년 이상 보유, 조정지역에 소재)
- C 주택(거주용 주택, 조정지역에 소재함)

Q1 L 씨가 A 주택이나 B 주택을 양도하면 양도세가 발생하는가?

L 씨는 1세대 3주택자에 해당하므로 비과세 특례가 적용되지 않는 이상 양도세가 과세될 가능성이 크다(단, 2년 이상 보유한 주택은 2025년 5월 9일까지 한시적 중과세 적용이 유예되고 있음).

Q2 A 주택 또는 B 주택양도 시 양도세 과세 방식은?

A 주택은 일반과세, B 주택은 중과세가 적용된다. 전자는 비조정지역에 소재하므로 일반과세, 후자는 2주택 이상이 조정지역에 소재하므로 중과세가 적용될 가능성이 크다. 전자는 1년 미만 보유했으므로 양도차익의 70%, 후자는 6~45%+20~30%P가 적용될 것으로 보인다.

Q3 앞의 L 씨가 매매사업자에 해당한다고 하자. 이 경우 A 주택과 B 주택에 대한 과세 방식은?

A 주택에 대해서는 당기순이익에 6~45%로, B 주택에 대해서는 비교과세를 적용하게 된다. 비교과세는 양도세 중과세가 적용되는 주택과 비사업용 토지에 대해 양도세와 종소세 중 많은 세액을 납부하도록 하는 제도를 말한다.

Consulting

부동산 매매사업자가 당면하는 세무상 쟁점을 정리하면 다음과 같다.

구분	세무상 쟁점	비고
취득세	• 개인이 취득한 것으로 보아 취득세를 부과한다. • 취득세 중과세도 적용될 수 있다.	
▼		
부가세	취득 시 세금계산서를 받은 경우 부가세 환급이 가능하다.	• 85㎡ 초과 주택 • 상업용 건물
▼		
보유/임대소득세	• 보유세 : 개인으로 보아 과세한다. • 임대소득세 : 임대소득에 대해 종합과세로 과세한다.	일시임대소득 포함
▼		
양도	• 종소세로 과세한다. • 양도세 중과세 대상은 비교과세를 적용한다.* • 85㎡ 초과 주택이나 상업용 건물은 부가세가 발생한다.	거주주택은 비과세가 가능 (매매용 주택은 주택 수에서 제외)

* 최근 주택에 대한 양도세 중과세가 조정지역 내의 2년 미만 보유 시만 적용됨에 따라 비교과세가 적용되는 경우가 거의 없어졌다.

※ 부동산 매매업의 장단점

구분	내용	비고
장점	• 단기매매에도 불구하고 6~45%가 적용된다. • 이자 비용 등 일반관리비가 비용으로 처리된다.	단, 중과세 물건은 비교과세가 적용됨.
단점	• 관리비용이 소요된다. • 소득이 발생하면 건강보험료가 증가한다.	

앞의 사례를 연장해보자. 물음에 답하면?

Q1 L 씨는 2024년 1월 10일에 정부에서 발표한 지방 준공 후 미분양주택을 3채 매수하려고 한다. 이 경우 취득세율은? 단, 이 주택은 아파트이고 소형주택이 아닌 전용면적은 85㎡인 주택이다. 그리고 분양가는 5억 원이다.

각 주택에 대해 1.1%가 적용된다. 따라서 550만 원이 취득세가 적용된다.

Q2 L 씨가 준공 전의 분양권을 취득해 주택이 완성되면 취득세 일반세율을 적용받을 수 있을까?

아니다. 앞의 대책은 준공 후 미분양된 주택에 한한다.

Q3 L 씨는 주택을 보유 중에 매매사업자등록을 했다. 해당 주택들도 모두 매매용으로 인정되는가?

원칙적으로 사업자등록 이후에 취득한 주택이 매매용으로 인정되지만, 그 이전에 취득한 것들도 매매용으로 인정될 수 있다.

돌발퀴즈 매매사업자가 보유한 주택은 무조건 사업용 주택으로 인정되는가?

아니다. 소득세 신고를 통해 제출한 장부를 토대로 판정을 할 수밖에 없다.

Q4 L 씨는 85㎡ 초과 주택을 양도하면서 매매차익 예정신고가 아닌 양도세로 신고했다. 이때 부가세와 종소세 추징 문제는 없는가?

이에 대한 신고 방법의 선택은 개인이 하는 것이므로 이에 대한 추징 문제는 없다고 판단된다(저자 문의).

Q5 L 씨는 매매사업자등록을 유지하기 위해 의무적으로 1년에 1회 이상 취득, 2회 이상 양도해야 하는가?

아니다. 이러한 규정은 없다.

Q6 L 씨가 매매사업용 주택을 2년 이상 임대한 후 양도하면 종소세가 아닌 양도세로 내야 하는가?

일시임대이면 종소세, 일시임대가 아닌 경우에는 양도세로 과세된다.

🈯 다만, 사실 판단을 해야 하므로 세무전문가와 함께하기를 바란다.

Q7 L 씨가 거주하고 있는 주택은 양도세 비과세를 받을 수 있는가?

거주주택 외 모든 주택을 사업용 주택에 해당하면 이에 대해서는 비과세를 받을 수 있다.

> **Tip** ▶ **과세당국은 사업용 주택임은 어떻게 확인할까?**
>
> 납세자가 매매차익 예정신고를 하면 과세관청은 이를 사업용 자산으로 전산 입력해 관리한다.

주택신축 판매사업자

주택신축 판매사업자는 세법상 건설업에 해당한다. 이들은 앞에서 본 양도세 같은 세금이 발생할 여지가 없다. 또한, 거주주택 비과세 등에서도 문제가 발생하지 않는다. 다만, 멸실용 주택의 취득세 중과세, 분양소득에 대한 소득세 감면, 미분양주택에 대한 종부세 과세 등이 쟁점이 된다. 다음에서 이에 대해 분석해보자.

Case

K 씨는 다음과 같이 주택신축 판매업을 영위하고자 한다. 물음에 답하면?

|자료|
• K 씨는 현재 2주택자에 해당함.
• 서울 서초구 소재 30억 원짜리 단독주택을 취득해서 신축 판매업을 영위할 예정임.

Q1 앞의 주택을 개인이 취득하면 취득세는 얼마나 될까?

12%가 적용되면 3억 6,000만 원이 된다.

Q2 앞의 주택은 신축 판매업을 위해 취득한 것이다. 이에 대해서는 취득세 중과세를 적용하는 것은 불합리해 보인다. 중과세를 면제받을 방법은 있는가?

국토부에 주택건설사업자로 등록해 3년 내 멸실하거나 7년 이내에 신축 판매하면 된다. 만일 국토부에 미등록한 경우에는 관할 세무서에 주택신축 판매업으로 사업자등록을 하고, 주택의 취득일로부터 1년 내 멸실 또는 3년 내 신축 판매를 하면 일반세율을 적용받을 수 있다.

Q3 K 씨는 주택신축용으로 해서 멸실용 주택에 대해 취득세 일반과세를 받았다. 그런데 중도에 설계변경을 통해 주상복합건물을 신축했다. 이 경우 당초 취득한 주택에 대한 취득세에 어떤 영향을 주는가?

주택의 전체면적이 주택 외 건물 전체면적보다 더 크면 당초 일반세율에 영향을 주지 않는다.

Consulting

주택신축 판매사업자가 당면하는 세무상 쟁점을 정리하면 다음과 같다.

	세무상 쟁점	비고
취득세	• 개인에 대한 취득세 규정을 적용한다. • 주택신축을 위한 멸실용 주택은 중과세를 적용하지 않는다(단, 유예기간이 있음).	
▼		
부가세	• 85㎡ 초과 분양 : 부가세 공제 • 토지, 85㎡ 이하 분양 : 부가세 불공제	
▼		
보유세	• 재산세 : 개인으로 보아 과세한다. • 종부세 : 공사 중은 과세 제외한다.	미분양주택은 5년간 과세유예
▼		
종소세 (분양)	• 종소세로 과세한다. • 주택신축 판매업은 세법상 건설업으로 조세감면의 대상이 된다. • 85㎡ 초과 주택이나 상업용 건물은 분양에 따른 부가세가 발생한다.	

(실전연습)

앞의 K 씨는 10세대의 다세대주택을 신축했다. 물음에 답하면?

Q1 이 경우 취득세율은 몇 %가 되는가?

원시취득에 대한 취득세율은 원칙적으로 2.8%가 적용된다.

Q2 K 씨는 조특법상 어떤 소득세 조세감면을 받을 수 있는가?

K 씨는 본인의 책임하에 다세대주택을 건축해 판매하는 업종은 건설업에 해당한다. 따라서 조특법 제7조에 의한 중소기업 특별세액감면을 받을 수 있다.

만일 직접 건설 활동을 수행하지 않고 전체 건물 건설공사를 일괄 도급해 주거용 건물을 건설하고, 이를 분양·판매하면 이는 건설업에 해당하는가?

아니다. 이는 부동산업(주거용 건물 개발 및 공급업, 68121*)에 해당한다.

* 한국표준산업분류표상의 분류번호를 말한다.

Q3 K 씨가 미분양주택을 일시 임대하려고 한다. 이 경우 개인이 보유한 주택 수에 합산되어 종부세가 과세될까?

미분양주택의 경우 5년간 종부세 합산배제가 된다. 사업자가 9월에 신청해야 한다.

Q4 K 씨가 미분양주택을 임대 후 양도하면 양도세로 신고해야 하는가, 종소세로 신고해야 하는가?

일시임대는 종소세로, 일시임대가 아닌 경우에는 양도세로 신고해야 한다. 사실 판단의 문제로 실무상 주의를 요한다.

상가·오피스텔 등 신축 판매사업자

    상가나 오피스텔 등 상업용 건물을 신축해 분양하는 사업자는 앞에서 살펴본 주택신축 판매사업자와는 적용되는 세제가 다르다. 이들의 업종은 세법상 건설업으로 분류되며, 조세감면을 받을 수 있다. 하지만 상업용 건물의 신축 판매업은 세법상 부동산 매매업으로 분류되며, 조세감면이 적용되지 않는다.

Case

K 씨는 다음과 같이 상업용 건물을 신축해 분양하려고 한다. 물음에 답하면?

|자료|
• K 씨는 현재 2주택자에 해당함.
• 서울 서초구 소재 30억 원짜리 단독주택을 취득했음. 매도자는 1세대 1주택으로 비과세요건을 갖추고 있음.
• 멸실 후 10층 건물을 신축하고자 함(1~2층은 상가, 3~7층은 오피스텔임).

Q1 앞의 주택을 개인이 취득하면 취득세는 얼마나 될까?

현재 1세대 3주택에 해당하므로 12%가 적용될 것으로 보인다. 서초구는 2024년 4월 초 현재 조정지역으로 지정되어 있다.

Q2 멸실 후 이를 취득하면 4%로 적용받을 수 있는가?

그렇다. 다만, 매도자는 1세대 1주택에 대한 양도세 비과세를 받을 수 없게 된다.

Q3 만일 K 씨가 주택건설면허를 가지고 있다면 그래도 12%를 적용받을까?

아니다. 주택건설사업을 위해 취득한 주택에 대해서는 중과세를 적용하지 않는다. 다만, 신축된 건물이 주상복합건물이면 전체면적에 따라 추징 여부가 결정된다.

- 주택의 면적≥주택 외 건물면적 → 추징하지 않음.
- 주택의 면적<주택 외 건물면적 → 주택 외 건물분에 해당하는 취득가액에 대해 12%로 추징함.

Q4 K 씨가 12%를 적용받지 않을 방법은?

개인이 보유한 주택 수를 최소화한 후 사업을 하든지, 아니면 주택의 면적으로 더 늘려 신축하는 방법 정도가 있다.

개인이 상업용 건물을 신축해 분양하는 경우의 세무상 쟁점을 정리해보자.

구분	주택신축 판매업	주택 외 건물 신축 판매업
취득세	• 개인에 대한 취득세 규정을 적용한다. • 주택신축을 위한 멸실용은 중과세를 적용하지 않는다(단, 유예기간이 있음).	• 좌동 • 상가 등 신축을 위한 주택매입 시 중과세가 적용될 수 있다.
▼		
부가세	• 85㎡ 초과 분양 : 부가세 공제 • 토지, 85㎡ 이하 분양 : 부가세 불공제	• 부가세 공제원칙 • 토지 관련은 불공제
▼		
보유세	• 재산세 : 개인으로 보아 과세한다. • 종부세 : 공사 중은 과세 제외한다.	좌동
▼		
종소세 (분양)	• 종소세로 과세한다. • 주택신축 판매업은 세법상 건설업으로 조세감면의 대상이 된다. • 85㎡ 초과 주택이나 상업용 건물은 분양에 따른 부가세가 발생한다.	• 종소세로 과세 • 세법상 매매업으로 감면 대상에서 제외 • 좌동

실전연습

1. 앞의 K 씨는 상가와 오피스텔을 신축 완공했다. K 씨의 관점에서 다음 물음에 답하면?

Q1 완성된 건물의 토지와 건물의 공급가액은 어떤 기준에 따라 안분해야 하는가?

'감정평가 → 기준시가 → 장부가액 → 취득가액'의 순으로 안분하면 될 것으로 보인다. 현실적으로 감정평가를 받지 않으면 장부가액을 기준으로 안분할 수밖에 없다.

Q2 일반개인에게 분양할 때도 반드시 세금계산서와 계산서를 발행해야 하는가?

세금계산서는 의무적으로 발행해야 한다. 다만, 토지공급분에 대해선 계산서를 발행하지 않아도 된다.

Q3 이 경우 완공에 따른 취득세율은 몇 %가 되는가?

원시취득에 따른 취득세율은 2.8%가 된다.

Q4 10세대 중 7개는 분양이 되었다. 잔금 청산된 것이 2월에 2개, 3월에 5개가 있었다. 신고는 언제 어떤 방식으로 해야 하는가?

상가분양업은 세법상 부동산 매매업에 해당한다. 따라서 이 경우에는 양도일이 속한 달의 말일로부터 2개월 이내에 매매차익 예정신고를 해야 한다. 이를 하지 않으면 가산세가 있다. 주의해야 한다.

🈺 소령 제122조에서는 부동산 매매업을 다음처럼 정의하고 있다.

"한국표준산업분류에 따른 비주거용 건물건설업(건물을 자영 건설해 판매하는 경우만 해당한다)과 부동산 개발 및 공급업을 말한다. 다만, 한국표준산업분류에 따른 주거용 건물 개발 및 공급업*(구입한 주거용 건물을 재판매하는 경우는 제외한다)은 제외한다."

* 주택을 신축해 판매하는 사업은 건설업으로 본다.

Q5 K 씨는 조특법상 조세감면을 받을 수 있는가?

상가분양업은 건설업이 아니고 부동산업에 해당하므로 조세감면을 적용하지 않는다.

2. 상가분양사업자인 L 씨는 일반개인인 K 씨와 오피스텔 분양계약을 체결했다. 물음에 답하면?

| 자료 |

· 분양계약 : 4억 원(부가세 2,000만 원)
· 계약금, 중도금 : 2억 원
· 잔금 : 2억 원

Q1 오피스텔 분양권은 주택인가, 아닌가?

오피스텔 분양권은 용도가 불분명하므로 공부상 용도로 확인한다. 따라서 오피스텔은 근린생활시설에 해당하므로 주택에 해당하지 않는다.

Q2 오피스텔 분양권에 대한 부가세를 환급받기 위한 조건은?

일반과세자로 사업자등록을 내면 된다. 사업자등록은 공급 시기가 속하는 과세기간이 종료되는 달의 다음 달 20일까지 해야 한다.

Q3 중도금까지 납부한 상태에서 동일한 금액으로 이를 양도했다. 이 경우, 환급세액은 반환해야 하는가?

아니다. 이는 새로운 재화의 공급으로 보아 매수자한테 부가세를 징수해 납부하면 된다.

Q4 오피스텔 분양권도 포괄양수도계약이 성립하는가? 이때 대출금도 승계가 되어야 하는가?

가능하다. 대출금은 미리 갚고 진행해도 된다.

Q5 오피스텔이 완공되었으나 공실 상태에 있다. 이 오피스텔은 주택인가, 근린생활시설인가?

주택으로 사용한 적이 없으므로 공부상 용도인 근린생활시설로 보는 것이 타당하다.

Q6 오피스텔을 일반인한테 주거용으로 임대했다. 그렇다면 당초 환급받은 부가세 2,000만 원은 반환해야 하는가?

그렇다. 이는 부가세법상 면세전용에 해당하기 때문이다.

Q7 일반인이 6개월 거주하다 퇴거를 했다. 이후 사업자한테 임대하면 반환한 부가세 2,000만 원 중 일부를 다시 환급받을 수 있는가?

그렇다. 10년 중 잔여기간에 대한 부가세 환급을 받을 수 있다.

Q8 2024년 1월 10일 대책에 따르면 신축 소형 오피스텔을 취득하면 주택 수에 포함하지 않는다고 하는데, 구체적으로 어떤 혜택을 받을 수 있는가?

취득세는 세율 면에서는 4%로 고정되어 혜택이 없지만, 주택 수에서 제외되어 다른 주택의 취득 때 취득세율 결정에 영향을 주지 않는다. 예를 들어 무주택자가 소형 오피스텔 5개를 구입한 후에 아파트를 취득하면 원래 아파트에 대한 취득세율이 12%가 될 수 있지만, 이때에는 무주택자로 보아 1주택에 대한 세율 1~3%가 적용된다.

Tip 영리법인의 부동산 거래와 세금

법인이 부동산 매매 등을 하는 경우 발생하는 세무상 쟁점을 요약하면 다음과 같다. 구체적인 내용은 저자의《1인 부동산법인 하려면 제대로 운영하라》등을 참조하기를 바란다.

구분	법인		
	매매업	주택신축 판매업	상업용 건물신축 판매업
취득세	• 주택 : 12% • 주택 외 : 4% 이상	• 멸실용 주택 : 1~12% • 멸실용 건물 : 4% 이상	좌동
▼			
부가세	85㎡ 초과 주택, 상업용 건물 등	• 매입세액공제 : 85㎡ 초과주택분 • 불공제 : 85㎡ 이하 주택분, 토지분 • 부가세 징수 : 85㎡ 초과주택분	• 매입세액공제 : 건물분 • 불공제 : 토지분 • 부가세 징수 : 건물분
▼			
보유세	6월 1일 기준	• 공사 중 : 재산세(분리과세) • 완공 후 : 미분양 시 5년간 종부세 유예	• 공사 중 : 재산세(별도합산과세) • 완공 후 : 미분양의 경우 종부세 유예 없음(단, 공시지가가 80억 원 초과해야 종부세 과세됨).
▼			
법인세	• 일반과세 : 9~24% • 매매업 조세감면 없음. • 추가과세 : 20%	• 일반과세 : 9~24% • 건설업 조세감면 있음. • 추가과세 없음.	• 일반과세 : 9~24% • 매매업 조세감면 없음. • 추가과세 없음.

요즘 외국과의 교류가 많아지면서 외국에 거주하는 경우도 늘어나고 있다. 세법에서는 이들을 국내 비거주자로 분류하고 이에 대해서 별도의 세제를 적용하고 있다. 다음에서는 국내 거주자와 비거주자의 상속세와 증여세, 그리고 양도소득세는 어떤 차이가 있는지부터 점검해보자.

1. 상속세

상속세 과세 대상이 되는 상속재산의 범위는 피상속인(사망자)이 거주자인가, 비거주자인가에 따라 달라진다(비거주자 판단은 저자의 카페로 문의).

구분	상속재산의 범위
• 거주자가 피상속인인 경우	• 거주자의 국내·외 모든 상속재산
• 비거주자가 피상속인인 경우	• 국내에 소재한 비거주자의 모든 상속재산

비거주자의 경우, 국내에 소재한 재산에 대해서만 상속세가 부과된다. 참고로 비거주자와 거주자의 상속공제를 비교해보자.

구분		거주자	비거주자
신고기한		상속개시일이 속한 달의 말일부터 6개월 이내	상속개시일이 속한 달의 말일부터 9개월 이내
과세 대상 자산		국내·외의 모든 상속재산	국내에 소재한 상속재산
공제 금액	공과금	공제	국내 소재 상속재산에 대한 공과금, 국내 사업장의 사업상 공과금
	장례비용	공제	공제 안 됨.
	채무	공제	국내 소재 상속재산을 목적으로 유치권·질권·저당권으로 담보된 채무, 국내 사업장의 사업상 채무

구분		거주자	비거주자
과세표준계산	기초공제	공제	공제
	가업/영농상속공제	공제	공제 안 됨.
	기타 인적공제	공제	공제 안 됨.
	일괄공제	공제	공제 안 됨.
	배우자상속공제	공제	공제 안 됨.
	금융재산상속공제	공제	공제 안 됨.
	동거 주택 상속공제	공제	공제 안 됨.
	감정평가수수료공제	공제	공제

2. 증여세

수증자가 거주자인지 아닌지에 따라 다음과 같이 증여세 납세의무의 범위가 결정된다.

구분	증여재산의 범위
• 거주자가 수증자인 경우 • 비거주자가 수증자인 경우	• 거주자가 증여받은 국내·외의 재산 • 비거주자가 증여받은 재산 중 국내에 소재한 모든 재산

비거주자가 수증자면 국내에 소재한 재산에 대해서만 증여세가 과세된다. 한편 비거주자에 대해서는 각종 증여재산공제를 적용하지 않는다. 아래 상증법 제53조를 보면 증여재산공제는 수증자가 거주자인 경우에만 적용하는 것으로 되어 있다(주의!).

거주자가 다음 각호의 어느 하나에 해당하는 사람으로부터 증여를 받은 경우에는 다음 각호의 구분에 따른 금액을 증여세 과세가액에서 공제한다.
1. 배우자로부터 증여를 받은 경우 : 6억 원

3. 양도소득세

비거주자에 대해서는 주택에 대한 양도소득세 비과세가 적용되지 않는다. 다만, 1세대 1주택자가 출국일로부터 2년 이내에 해당 주택을 양도하면 비과세를 받을 수 있다. 한편 비거주자에 대해서도 양도소득세 중과세 등이 그대로 적용되나, 1세대 1주택자에 주어지는 80% 장기보유특별공제는 적용되지 않는다. 이외에도 주택임대업 등에서도 차이가 있다.

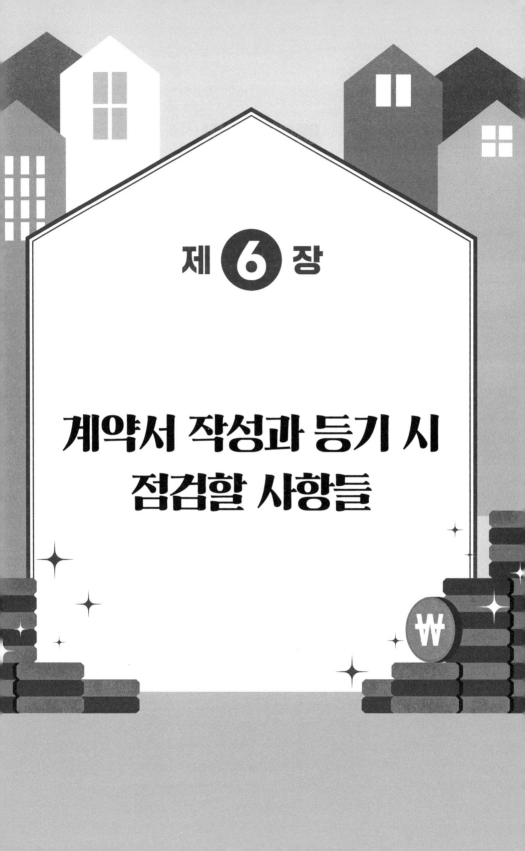

제 **6** 장

계약서 작성과 등기 시 점검할 사항들

매매계약과
세금 결정원리

　부동산 매매계약은 중개사무소로서는 매우 중요한 거래행위에 해당한다. 지금부터는 중개사무소에서 부동산 매매계약을 체결할 때 발생하는 세금 문제를 다양한 각도에서 살펴보자.

Case

K 중개사무소는 다음의 부동산을 중개하려고 한다. 물음에 답하면?

┃자료┃
• 중개대상 부동산 : 주택
• 예상거래가액 : 5억 원

Q1 매수자는 6개월 전에 구입한 1주택을 보유하고 있다. 이러한 상황에서 이 주택을 신규주택의 취득일로부터 3년 이내에 양도하면 비과세가 가능한가?

일반적으로 종전의 주택은 새로운 주택을 취득한 날(잔금청산일)로부터 3년 이내에 양도하면 비과세를 적용한다. 다만, 종전 주택을 양도하기 전에 다른 주택을 취득(자기가 건설해 취득한 경우를 포함)함으로써 일시적으로 2주택이 된 경우 종전 주택을 취득한 날부터 1년 이상이 지난 후 다른 주택을 취득해야 비과세를 적용한다. 따라서 사례의 경우에는 1년 이내에 취득한 것에 해당해 일시적 2주택에 의한 비과세를 받을 수 없다.

👉 이처럼 비과세가 성립되지 않음에도 불구하고 비과세가 되는 것처럼 설명하는 경우에는 잘못된 설명이 된다.

Q2 매도자는 현재 1세대 2주택 상태에서 매매계약을 체결하려고 한다. 이 경우 세금 관계는 어떻게 되는가?

1세대 2주택 상태에서 주택을 양도하면 과세되는 것이 원칙이다. 따라서 사전에 비과세를 받을 수 있는 방법은 무엇인지, 그리고 과세가 된다면 이에 대한 세금이 얼마나 되는지를 정확히 파악할 수 있어야 한다.

👉 매도자로서는 부동산 매매계약을 체결하면 사실상 양도세 과세 방식이 결정된 것과 마찬가지다. 계약이 번복되지 않는 이상 그 내용이 변경되지 않기 때문이다.

Consulting

부동산 중개 시 매매계약과 관련된 세무상 쟁점을 정리하면 다음과 같다.

계약 전	• 매수자와 매도자의 세금 관계를 정확히 파악할 수 있어야 한다. • 세무상 쟁점에 대한 대안을 마련할 수 있어야 한다.

▼

계약 시	• 계약서 작성법에 따라 달라지는 세금 문제를 이해해야 한다. • 특히 특약사항 등에 유의해야 한다.

▼

계약 후	• 신고 및 사후관리에 대해 정확한 안내를 해야 한다. • 사업자등록 등에 대한 절차 등에 대해서도 안내를 해야 한다.

실전연습

K 씨는 얼마 전에 부동산 매매를 완결했으나 매수자가 잔금을 지급하지 않아 매매계약해제를 요구했다. 다음 자료에 맞춰 물음에 답하면?

| 자료 |

• 거래금액 : 5억 원
• 대금 지급 현황 : 잔금 5,000만 원 미수령
• 소유권이전등기는 완료되었음.

Q1 K 씨는 양도세가 과세되는가?

부동산을 매매하고 소유권이전등기를 마친 후 거래 당사자의 합의로 계약해제가 된 경우 다음과 같이 양도세 과세 판단을 한다.

☑ 잔금청산을 하고 해제한 경우 → 양도세를 과세함(당초 양도분과 환원분 모두 양도세 과세될 수 있음).

☑ 잔금청산을 하지 않고 해제한 경우 → 양도세를 과세하지 않음.

Q2 거래상대방은 취득세를 부담해야 하는가?

부동산 취득세는 부동산의 취득행위를 과세객체로 해 부과하는 행위세이므로 그에 대한 조세채권은 그 취득행위라는 과세요건 사실이 존재함으로써 당연히 발생하고 일단 적법하게 취득한 다음에는 그 후 합의에 따라 계약을 해제하고 그 재산을 반환해도 이미 성립한 조세채권의 행사에 영향을 줄 수 없는 것이므로 귀하의 경우 부동산 소유권이전등기를 했다고 그 후 합의해제를 했다고 하더라도 취득세 납세의무가 있는 것이다(세정 13407-1010, 2002.10.28).

Q3 위약금이 발생한 경우 이에 대한 세무 처리법은?

매수자인 을의 위약으로 매매계약이 해지되면서 계약금이 위약금으로 대체된 경우, 위약금은 전액 기타소득으로 소득세가 과세된다. 이때 원천징수는 지급금액의 22%로 한다. 그리고 이 금액이 300만 원을 초과하면 다음 해 5월에 다른 소득에 합산해 종합과세를 적용하게 된다.

※ **계약서 관련 알아두어야 할 것들**

- 계약서를 분실한 경우에는 거래 사실확인서 등으로 거래가액을 입증한다.
- 거래가액 입증이 힘든 경우에는 취득가액을 환산하는 것을 생각해본다.
- 계약서를 허위로 재작성하면 거래가액 등을 인정받지 못한다.

부동산 소재지와 세금

부동산 매매계약서에 맨 처음 등장하는 부동산 소재지는 주택과 토지 등에 대한 과세 방식을 정할 때 일정 부분 관여를 하게 된다. 다음에서 이에 대해 알아보자.

Case

아래는 부동산 매매계약서 내용의 일부다. 물음에 답하면?

소재지				동	호 (		평형)
토지	지목			면적		m²	평
건물	구조		용도	면적		m²	평

Q1 매매계약서상의 소재지는 주택에 대한 것이다. 이 경우 세금과 어떤 관계가 있는가? 단, 조정지역 관련 여부는 무시하기로 한다.

주택의 경우 소재지의 중요성이 토지보다 떨어지나 몇 가지에서는 주의할 필요가 있다. 우선 단독주택의 주택 부속토지와 나대지 등을 구분할 때 도시지역을 기준으로 배수를 달리하고 있다. 도시지역은 바닥 정착면적의 3~5배, 도시지역 외는 10배까지 주택부수토지로 인정한다. 한편 농어촌에 있는 주택이 있는 경우에는 다른 주택을 양도할 때 세법에서 이를 주택 수에서 제외하나, 이를 먼저 양도하는 경우에는 과세하는 것이 원칙이다.

Q2 매매계약서상의 소재지는 토지에 대한 것이다. 이 경우 세금과 어떤 관계가 있는가?

토지 중 농지는 소재지가 매우 중요한 역할을 한다. 농지에 대한 비사업용 토지 판단과 8년 농지 자경 감면 판단 시 도시지역(녹지지역은 제외) 내의 농지는 재촌·자경을 하더라도 비사업용 토지로 보는 한편 감면 적용을 배제하기 때문이다. 다만, 도시지역 외에서 이 지역으로 편입된 경우에는 편입일로부터 3년까지는 사업용 토지로 봐준다. 한편 농지가 도시지역의 주·상·공 지역으로 편입된 경우에는 편입일로부터 3년이 지나면 양도세 감면을 배제하지만, 군, 읍·면 지역 등은 편입된 지 3년이 지난 경우라도 감면을 적용한다.

※ **국토의 계획 및 이용에 관한 법률상의 도시지역**

이 지역은 주로 인구와 산업이 밀집되어 이를 체계적으로 관리하기 위해 구분하고 있다. 도시지역은 크게 다음과 같이 구분된다.

구분	목적	세분류
① 주거지역	거주의 보호 등	전용주거지역(1종, 2종)/일반주거지역(1종, 2종, 3종)/준주거지역
② 상업지역	상업 편익 증진	중심상업지역/일반상업지역/근린상업지역/유통상업지역
③ 공업지역	공업 편익 증진	전용공업지역/일반공업지역/준공업지역
④ 녹지지역	자연환경 등 보호	보전녹지지역/생산녹지지역/자연녹지지역

부동산소재지와 세금의 관계를 정리하면 다음과 같다.

<table>
<tr>
<td>도시지역</td>
<td>• 주택 → 주택부수토지의 범위, 농어촌주택에 대한 비과세 특례 등과 관련이 있다.
• 농지 → 비사업용 토지, 8년 자경농지 감면 등과 관련이 있다.</td>
</tr>
<tr>
<td>수도권 지역</td>
<td>• 수도권 과밀억제권역의 경우 법인의 취득세 중과세와 관련이 있다.
• 이외 양도세 비과세나 감면 규정을 정할 때 이 지역을 기준으로 하는 예도 있다.</td>
</tr>
<tr>
<td>조정지역</td>
<td>조정지역으로 지정된 경우에는 비과세 거주요건 적용, 다주택자에 대한 양도세 중과세가 적용될 수 있다.</td>
</tr>
</table>

☞ 이외 투기과열지구(분양권 전매제한), 토지거래허가지역 등도 지역과 관련이 있다.

실전연습

대전광역시에서 거주하고 있는 K 씨는 8년 이상 자경한 농지를 양도하고자 한다. 그런데 '토지이용계획확인서'를 확인해보니 다음과 같은 내용이 기재되어 있었다. 이 경우 농지에 대해 감면이 적용될까? 감면을 위한 재촌·자경 요건은 충족하나 농지가 소재한 지역만 문제가 된다고 하자.

지역·지구 등의 지정 여부	국토의 계획 및 이용에 관한 법률에 따른 지역·지구 등	도시지역, 자연녹지지역
	다른 법령 등에 따른 지역·지구 등	

앞의 물음에 대한 답을 순차적으로 찾아보자.

STEP1 쟁점은?

현재 이 농지가 국토법에 따른 도시지역 중 자연녹지지역에 소재하고 있다. 따라서 이러한 지역에 소재한 농지도 양도세 감면을 받을 수 있는지가 쟁점이 된다.

STEP2 결론은?

자연녹지지역은 자연환경 보호 등을 위해 지역설정을 해둔 곳으로서, 세법은 이 지역은 도시지역의 다른 지역과는 달리 개발이 제한되므로 이를 예외적으로 취급한다. 따라서 이 지역 내의 농지에 대해서는 감면이 적용된다.

Tip ▶ 조정지역과 주택에 대한 세금		
구분	조정지역	비고
취득세	일시적 2주택 3년 시 취득세 일반과세	
종부세	-	
양도세 비과세	2년 거주요건 추가됨.	취득 당시 기준
양도세 중과세	중과세 적용됨.	양도일 기준

☞ 이에 대해서는 앞의 본문이나 저자의 《부동산 세무 가이드북 실전 편》 등을 참조하기를 바란다.

물건의 구분과 세금

　부동산 매매계약서를 작성할 때 물건의 구분과 관련해 다양한 세무 상 쟁점들이 발생한다. 다음에서는 부동산 중개 등을 할 때 반드시 알 아야 할 내용을 정리해보자.

> Case

아래는 부동산 매매계약서 내용의 일부이다. 물음에 답하면?

소재지					동	호 (	평형)
토지	지목			면적		㎡	평
건물	구조		용도	면적		㎡	평

Q1　매매계약서상의 토지와 건물은 세금과 어떤 관계가 있는가?

　토지와 건물은 취득세, 부가세, 보유세, 그리고 양도세 등 전반에 영 향을 준다.

- ☑ 취득세 → 건물의 경우, 주택인지, 아닌지 등에 따라 취득세가 달라진다.
- ☑ 부가세 → 수익형 건물이면 부가세 과세 문제가 발생한다.
- ☑ 보유세 → 토지와 건물에 대해 따로따로 보유세가 발생한다.
- ☑ 양도세 → 주택인지, 비사업용 토지인지 등에 따라 양도세 과세 방식이 다양하게 발생한다.

Q2 지상정착물은 어떤 식으로 표시해야 하는가?

토지와 건물 외에 지상정착물이 있는 경우에는 특약사항으로 표시하는 경우가 일반적이다.

Q3 계약상의 건물이 상가주택이면 양도세 과세 방식은?

건물이 상가와 주택이 결합한 경우에는 다음과 같이 세금에 영향을 준다.

- ☑ 취득세, 재산세 → 상가와 주택 부분을 구분해 과세한다.
- ☑ 부가세 → 수익형 건물에 대해서만 과세한다.
- ☑ 양도세 → 주택과 상가를 면적으로 구분해 양도세 과세 대상을 정한다. 다만, 주택에 대한 1세대 1주택 비과세를 판단할 때에는 다음의 기준을 사용한다.

① 저가의 상가주택인 경우
   - 주택의 면적 > 상가의 면적 : 모두 주택으로 본다.
   - 주택의 면적 ≤ 상가의 면적 : 주택 부분은 주택, 상가 부분은 상가로 본다.

② 고가의 상가주택인 경우

　- 상가와 주택의 연면적으로 상가와 주택을 구분한다.

　부동산 매매계약 시 토지와 건물의 구분과 관련된 세무상 쟁점을 정리해보자.

토지만 있는 경우	• 토지만 있는 경우로서 필지가 여러 필지면 이를 구분해 표시하는 것이 원칙이다. • 양도세는 필지별로 계산한 후 합산하는 것이 원칙이다.
▼	
토지와 건물이 있는 경우	• 토지와 건물을 구분하는 것이 원칙이다. • 양도세의 경우에는 토지와 건물을 구분한 후 합해 과세하는 것이 원칙이다.
▼	
건물 외 지상 정착물이 있는 경우	• 건물 외 지상정착물(수목, 과수, 비닐하우스, 주유소, 집기 비품 등)이 있는 경우에는 이에 대한 매매계약서를 별도로 만드는 것이 좋다. • 이에 대한 구분을 별도로 하지 않으면 이에 대한 공급가액을 양도가액에 포함해 양도세를 신고하는 불합리함이 있다.

　경기도의 한 군지역에서 과수원을 보유하고 있는 L 씨는 그 과수원이 수용되면서 토지 명목으로 1억 원을, 수목(과일나무) 등 지장물의 명목으로 1억 5,000만 원을 각각 보상받았다. 이러한 상황에서 양도세 신고를 하려고 하는데 어떤 식으로 해야 하는가?

　실무적으로 이러한 상황들이 자주 발생하는데, 다음에서 이에 대해

명쾌하게 답을 찾아보자.

STEP1 쟁점은?

과수원을 양도하면서 발생한 과수 가액은 토지의 양도가액에 포함되어 양도세가 과세하는지가 쟁점이 된다.

STEP2 세법은?

세법은 과수의 가액을 별도로 평가해 구분한 경우에는 양도가액에서 제외하나, 평가하지 않고 양도한 경우 전체 양도가액을 토지의 양도가액으로 본다.

STEP3 결론은?

사례의 경우 과수목에 대해 토지와 별도로 평가해 계약서에 구분해 작성했다면 토지의 양도가액에 포함되지 않을 것으로 판단된다.

> 과수원을 양도하면서 과수의 가액을 별도로 평가해 구분 양도하지 않은 경우에는 전체 양도가액을 토지의 양도가액으로 보아 양도세가 과세되는 것이나, 토지 양도가액과 별도로 구분해 유실수에 대한 양도가액을 산정해 양도하는 경우로서 해당 수목의 가액이 인정되는 경우에는 수목은 양도세 과세 대상 자산에 해당하지 않으므로 이 경우에는 해당 수목의 가액은 양도가액에 포함되지 않는 것이 원칙이다(서면 4팀-2973, 2006.8.28). 참고로 수목가액이 양도가액에서 제외되는 경우에는 취득 시의 수목가액은 필요경비에서 제외되어야 한다.

공부상 현황과
실질 용도

  부동산 매매계약서를 작성할 때 토지와 건물에 대한 공부상의 현황
과 실질 용도가 다른 때도 있다. 이러한 상황에서도 다양한 세무상 쟁
점이 발생한다. 다음에서 이에 대해 살펴보자.

Case

아래는 부동산 매매계약서 내용의 일부다. 물음에 답하면?

소재지					동	호 (	평형)
토지	지목			면적		㎡	평
건물	구조		용도	면적		㎡	평

**Q1 토지의 지목이 공부상 임야인데 사실상 대지로 사용되고 있다. 이 경
우 세법은 어떤 것을 기준으로 해 과세하는가?**

  세법은 공부상의 현황과 실질 용도가 다른 경우에는 실질 용도를 우

선해 법을 적용한다. 따라서 사례의 경우 대지로 사용하고 있으므로 임야가 아닌 대지로 보고 세법을 적용하게 된다.

 실질 용도에 대해서는 누가 입증해야 하는가?
이는 납세의무자가 입증해야 한다. 사진 등으로 입증하면 된다.

Q2 건물은 건축물대장에는 근린생활로 표시되어 있는데 실질은 주거용으로 사용하고 있다. 이 경우 세법은 이를 어떤 식으로 취급할까?

이 경우에도 역시 주거용 건물로 보아 세법을 적용하게 된다. 참고로 소득세법에서는 주택을 건축법상의 허가 여부 또는 등기 여부와 관계없이 상시 주거용의 목적으로 사용되는 건축물로 파악해 실질 용도로 주택 여부를 파악하고 있다. 따라서 다음의 다음과 같이 주택으로 보기 힘든 것들이 실질 용도가 주택이라면 주택으로 취급되고 있다.

- ☑ 상가를 개조해 주택으로 사용하고 있는 경우
- ☑ 무허가주택에서 거주하는 경우
- ☑ 오피스텔에서 거주하는 경우

Consulting

공부상 현황과 실질 용도의 관계에 따라 다양한 세무상 쟁점이 발생한다. 이를 정리해보자.

공부상 현황과 실질 용도가 일치한 경우	공부상 현황과 실질 용도가 일치하는 경우에는 세법상 문제가 없다.
▼	
불일치한 경우	공부상 현황과 실질 용도가 불일치한 경우에는 실질 용도를 우선해 적용한다.
▼	
불명확한 경우	실질 용도가 불분명한 경우에는 공부상의 용도를 우선해 적용한다.

실전연습

　K 씨는 경기도 광주시에서 공장용 건축물을 소유하고 있다. 이와 인접한 필지가 4개가 있는데, 이 중 1필지는 공장용지에서 도로로 용도변경이 되었고, 그 외 3필지는 2개의 전과 1개의 임야로 구성되어 있다. 현재 이 필지들은 공장 부수토지로 재고 물품을 적재하는 것으로 사용되고 있다. K 씨는 공장용 건축물과 부수토지, 인접한 필지를 모두 일괄양도하려고 한다. 이 경우 3필지는 사업용 토지에 해당하는가?

　앞의 물음에 대해 순차적으로 답을 찾아보자.

STEP1　쟁점은?

　공장 건물과 인접한 3필지가 사업용 토지에 해당하는지의 여부다. 비사업용 토지에 해당하면 중과세율이 적용되기 때문이다.

STEP2　관련 규정은?

　이에 세법은 토지의 판정은 사실상의 현황에 의하나, 사실상의 현황이 분명하지 않은 경우에는 공부상의 등재 현황에 의하도록 하고 있다.

STEP3 결론은?

사례의 경우 3필지가 사업용으로 사용되고 있으므로 K 씨가 사업용으로 사용되었음을 입증하도록 한다. 입증 시에는 최대한 객관적인 서류(임대차계약서, 사진 등)를 준비하도록 한다.

Tip ▷ 무허가주택과 세제의 적용

구분*	취득세	양도세
주택 수 포함	포함**	포함
비과세	–	가능함.
중과세	적용됨.	적용됨.

* 재산세 과세 대장상에 주택으로 기재되어 있으면 종부세 과세 대상이 된다.

** 건축물대장, 등기부에 주택으로 기재되어 있거나, 건축법이 제정된 1962.1.20 이전에 신축된 무허가주택은 주택 수에 포함된다(이때에는 건축물대장 등이 없었다).

면적과 세금

부동산 매매계약서를 작성할 때 면적과 관련해 다양한 세무상 쟁점이 발생한다. 다음에서 이에 대해 알아보자.

Case

K 씨가 보유한 주택 현황은 다음과 같다. 물음에 답하면?

> **| 자료 |**
>
> • ○○시에 소재한 단독주택으로 보유기간은 20년임.
> • 대지면적이 주택바닥정착면적의 10배임(5배 초과분은 비사업용 토지에 해당함).
> • 이 주택과 대지의 매도 예상가액은 16억 원임.
> • 20년 전의 취득가액은 불분명함.
> • K 씨는 1세대 1주택자에 해당함.

Q1 이 자료를 보고 K 씨는 어떤 세무상 쟁점이 있는지 설명하면?

K 씨의 관점에서 대두되는 세무상 쟁점을 정리하면 다음과 같다.

- ✓ 1세대 1주택자나 고가주택에 해당하는 것으로 보이므로 양도세를 계산해야 한다.
- ✓ 부수토지의 면적이 바닥정착면적의 5배 초과하므로 그 초과분은 세법상 비사업용 토지로 보고 양도세를 계산해야 한다.
- ✓ 취득가액이 불분명하므로 이를 환산해야 한다.

Q2 바닥정착면적을 초과하는 부분은 어떻게 과세되는가?

비사업용 토지에 해당하는 경우에는 다음과 같이 과세한다.

- ✓ 장기보유특별공제 : 3년 이상 보유한 경우 10~30%를 적용한다.
- ✓ 세율 : 16~55%를 적용한다.

 바닥정착면적을 늘리려면 어떻게 해야 하는가?
가로로 증축을 해야 한다. 이때 주택의 부속 건물인 창고 등을 활용한다.

Consulting

부동산 매매계약 시 면적과 관련된 세무상 쟁점을 정리해보자.

| 주택 | • 전용면적 60㎡ 이하 : 취득세, 재산세 감면 검토
• 전용면적 85㎡ 초과 : 분양 시 부가세 발생함이 원칙 |

| 상가주택 | ① 저가 상가주택에 대해 1세대 1주택 비과세 적용 시
  • 주택의 전체면적 > 상가의 전체면적 : 전체를 주택으로 보아 양도세 과세
  • 주택의 전체면적 ≤ 상가의 전체면적 : 상가는 상가, 주택은 주택으로 보아 양도세 과세
② 위 외의 경우
상가와 주택을 면적별로 안분해 주택과 상가로 각각 과세함. |

| 토지 | 비사업용 토지 판단 시 면적개념을 도입하고 있음. |

※ 양도세 비과세되는 주택부수토지의 범위

도시지역			도시지역 밖
수도권		수도권 밖	
주거·상업·공업 지역	녹지지역		
3배	5배		10배

만일 공부상의 면적과 실질 면적이 다른 경우에는 측량해 실질 면적을 입증하기를 바란다.

실전연습

앞의 사례에서 K 씨는 양도세가 얼마나 나오는지 알고 싶어 한다. 만일 양도세가 매매가액의 10% 이상이 나오면 매매하지 않을 생각이다. 다음의 정보를 추가해 양도세를 계산해보고 대안은 없는지 판단해보자.

- 양도 당시 개별주택가격(5배 부수토지 포함) : 5억 원
- 양도 당시 비사업용 토지의 공시지가 : 5억 원
- 주택의 환산 취득가액 : 1억 원
- 비사업용 토지의 환산 취득가액 : 1억 원

앞의 자료 등을 바탕으로 순차적으로 양도세를 계산해보자.

STEP1 양도가액과 취득가액의 구분

구분	주택	비사업용 토지
양도가액	8억 원	8억 원
취득가액	1억 원	1억 원

전체 양도가액은 16억 원이고 이를 개별주택가격(5억 원)과 비사업용 토지의 공시지가(5억 원)로 안분하면, 각각 8억 원이 나온다. 취득가액은 각각 1억 원으로 자료에서 주어졌다.

STEP2 과세 판단

주택의 경우 1세대 1주택으로서 양도가액이 8억 원이므로 비과세가 성립한다. 따라서 이에 대해서는 양도세를 계산할 필요가 없다. 하지만 비사업용 토지는 양도세가 부과되므로 무조건 세금을 계산해야 한다.

STEP3 양도세 계산

이에 대한 양도세를 계산하면 다음과 같다.

구분	금액	비고
양도가액	8억 원	
-취득가액	1억 원	
=양도차익	7억 원	
-장기보유특별공제	2억 1,000만 원	30% 가정
=양도소득 금액	4억 9,000만 원	
-기본공제	250만 원	
=과세표준	4억 8,750만 원	
×세율	50%	
-누진공제	2,594만 원	
=산출세액	2억 1,781만 원	지방소득세 10% 별도

이상과 같이 계산한 결과 양도세만 대략 2억 1,800만 원(지방소득세 포함 시 약 2억 4,000만 원) 정도가 나왔다. 따라서 K 씨가 생각하고 있는 양도세 1억 6,000만 원(매도 예상가액의 10% 선)을 초과하므로 이 거래는 성립하지 않을 가능성이 크다.

 만일 주택의 가액을 12억 원, 비사업용 토지의 가액을 3억 원으로 임의책정하면 세법상 인정이 되는가?

아니다. 기준시가의 비율로 안분계산한 금액과 30% 이상 차이가 나면 이를 인정하지 않는다(소득법 제100조 참조).

 만일 주택과 비사업용 토지를 구분해 각각 양도하면 앞에서 본 30%의 규정을 적용할까?

이는 일괄양도가 아니므로 해당 규정을 적용하기가 힘들 것으로 보인다.

만일 주택과 토지의 소유자가 다른 상태에서 일괄공급을 하고 계약서를 각각 쓰면 앞에서 본 30% 규정을 적용할까?

그렇다. 소유자가 다른 경우에도 이 규정이 적용된다(법규재산 2012-269 등).

거래가액과 세금

부동산 매매계약서상의 거래금액은 세무상 매우 중요한 위치를 차지하고 있다. 이를 바탕으로 취득세나 부가세, 양도세 등이 결정되기 때문이다. 그래서 이 거래금액을 둘러싸고 과세관청과 마찰이 종종 발생하기도 한다. 거래금액을 허위로 신고하는 경우가 종종 적발되기 때문이다. 다음에서 이러한 문제들을 검토해보자.

Case

다음은 부동산 매매계약서상의 매매대금을 표시한 것이다. 이를 보고 물음에 답하면?

매매대금	금	원정 ( )
융 자 금	금	원정은 현 상태에서 승계함.
계 약 금	금	원정은 계약 시에 지불하고 영수함.
중 도 금	금	원정은 년 월 일에 지불하며,
잔 금	금	원정은 년 월 일에 지불한다.

Q1 매매대금에는 부가세가 포함되는가?

포함할 수도 있고 제외할 수도 있다. 일반적으로 부가세가 포함되지 않는 경우가 많다.

Q2 잔금이 총 거래대금의 5%에 해당한다. 이 경우 어떤 문제가 있는가?

잔금이 소액*인 경우 잔금이 미리 지급된 것으로 볼 수 있다. 다만, 과세의 실익이 없는 경우에는 큰 문제가 없을 것으로 보인다.

*통상 총 거래금액의 10% 미만을 말한다.

Q3 이 매매대금을 토지와 건물로 나눠 기재한 경우 세무상 어떤 문제가 있는가?

매매계약서상에 토지와 건물의 가액을 별도로 작성한 경우라도 그 가액의 배분이 기준시가나 감정평가액이 아닌 임의가액으로 평가했다면 이를 인정받지 못할 수 있다.

Consulting

부동산 거래금액과 관련해 발생하기 쉬운 세무상 쟁점을 정리하면 다음과 같다.

정상거래인 경우	세무상 문제점이 없다.

▼

고가·저가 거래인 경우	• 특수관계가 없는 경우에는 문제가 거의 없다. • 특수관계가 있는 경우에는 세법상 규제가 심하다.

▼

허위거래인 경우	가산세, 과태료 등이 추징될 수 있다.

※ 저가 또는 저가 양도 시 세금 관계

구분		특수관계가 있는 경우	특수관계가 없는 경우
저가 양도	매도자	시가로 양도세 과세(부당행위계산의 부인에 해당)	세무상 문제없음.
	매수자	• 증여세 과세 • 증여가액=(시가-양수 대가)-Min(시가×30%, 3억 원)	• 증여세 과세 • 증여가액=(시가-양수 대가)-3억 원
고가 양도	매도자	• 증여세 과세 • 증여가액=(양도 대가-시가)-Min(시가×30%, 3억 원)	• 증여세 과세 • 증여가액=(양도 대가-시가)-3억 원
	매수자	시가초과 분 취득가액 불인정	세무상 문제없음.

🖐 이에 대해서는 저자의 《가족 간 부동산 거래 세무 가이드북》을 참조하기를 바란다.

실전연습

K 씨는 10억 원짜리 상가빌딩을 매수해 임대하고자 한다. 물음에 답하면?

| 자료 |

- 부가세 별도
- 토지기준시가(공시지가) : 4억 원
- 건물기준시가(국세청 자료) : 1억 원

Q1 매수자인 K 씨는 이 상가빌딩을 토지와 건물로 나누어야 한다. 왜 그런가?

매수자인 K 씨는 상가빌딩에 대해 토지와 건물로 나눠 장부를 작성해야 한다. 건물에 대해서만 감가상각비를 계상할 수 있기 때문이다.

한편 부가세는 건물공급가액에 대해서만 부과되며, 양도세의 경우 토지와 건물의 취득시기가 다르면 장기보유특별공제나 세율 등의 적용에서 차이가 발생하기 때문에 이를 구분해야 한다.

Q2 K 씨가 일반사업자등록을 내면 환급받을 수 있는 부가세는 얼마일까?

부동산을 일괄공급하는 경우로서 VAT가 별도면 부가세는 다음과 같은 식을 이용해 계산한다.

- 건물에 대한 과세표준

$$= 일괄공급가액 \times \frac{건물기준시가}{토지기준시가 + 건물기준시가}$$

따라서 이 산식에 숫자를 대입해보면,

$$= 10억 원 \times \frac{1억 원}{4억 원 + 1억 원} = 2억 원$$

따라서 건물의 공급가액이 2억 원이므로 이에 10%인 2,000만 원이 부가세가 된다. 참고로 토지의 공급가액은 10억 원에서 2억 원을 차감한 8억 원이 된다.

Q3 만일 토지와 건물의 취득시기가 다르다면 양도세는 어떻게 계산할까?

Q1에서도 살펴보았지만, 취득시기가 다르면 이를 구분해 계산하는 것이 원칙이다.

구분	건물	토지
장기보유특별공제	취득일부터 보유기간 산정	좌동
세율	취득일로부터 보유기간 산정	좌동(상가 부속토지에 대해서는 양도세 중과세가 적용될 수 있음)

첫째, 기준시가 이하의 거래에 대해서는 인정될까?

부동산을 거래하다 보면 기준시가 이하로 거래하는 때도 있다. 예를 들어, 기준시가는 5억 원이나 계약서상의 금액을 4억 원으로 하는 것을 말한다. 이렇게 되면 계약 자체가 허위로 될 가능성이 커 보이므로 조사를 받을 가능성이 크다. 그 결과 조사 과정에서 실제 거래금액이 밝혀졌다면 관련 세금을 추징할 것이고 만일 계약서상의 금액이 실제 거래금액이라면, 부당행위계산 제도나 증여세 규정 등으로 과세할 가능성이 있다(특수관계가 있는 경우에 주로 적용됨).

둘째, 검인계약서도 취득가액을 입증하는 데 사용할 수 있을까?

이 계약서는 주로 등기를 위해 필요했으면 통상 시가와는 동떨어진 금액으로 작성이 되었다. 그렇다면 이 계약서가 양도세 신고를 위해 사용될 수 있을까?

일단 이 계약서는 등기를 위해 존재하는 것이므로 양도세 신고와는 무관하다. 다만, 매매계약서나 기타 여러 가지 수단에 의해 거래금액을 입증하지 못한 경우에도 이를 인정하는 판례 등이 있으므로 이에 대해서는 세무전문가의 도움을 받도록 하자.

셋째, 환산가액으로 신고한 가액을 검인계약서상의 금액으로 바꿔 과세할 수 있는가?

실무적으로 오래된 부동산의 경우에는 취득가액을 알기가 힘들므로 취득가액을 환산해 사용하는 때도 있다. 그렇다면 납세의무자가 환산가액으로 신고한 것을 과세당국이 검인계약서로 바꿔 과세할 수 있을까?

이 문제를 해결하기 위해서는 현행 소득세법 제97조의 필요경비계산 내용을 확인할 필요가 있다. 이 규정을 보면 거주자의 양도차익 계산에 있어서 양도가액에서 공제할 필요경비(취득가액과 기타필요경비를 말함) 중 취득가액은 실지거래가액을 기준으로 하나 이를 확인할 수 없을 때는 매매사례가액, 감정가액, 환산가액으로 한다고 되어 있다.

따라서 납세의무자가 환산한 가액을 무시하고 검인계약서의 금액으로 과세할 수 없다고 할 수 있다.

넷째, 신고하지 않았다면 등기부기재금액이 취득가액이 되는가?

만일 과세 대상이었음에도 신고를 하지 않으면 과세당국이 적극적으로 과세를 하려고 할 것이다. 과세당국은 이에 대해 원칙적으로 실거래가를 찾아 과세를 하나 여의치 않으면 예외적으로 등기부기재가액으로도 할 수 있다.

다음을 참조하자.

구분	원칙	예외
내용	실거래가 기준. 단, 실거래가 확인 불가 시 매매사례가액, 감정평가액, 환산가액 또는 기준시가로 함.	등기부기재가액으로 계산한 양도세액이 300만 원 미만인 경우 : 등기부기재가액(단, 관할 세무서장 등이 실지거래가액과 차이가 남을 확인할 때에는 원칙을 적용함)
근거조항	소득세법 제114조 4항 및 7항	소득세법 제114조 5항

참고로 소득세법 제114조 4항 및 7항을 보면 원칙적으로 실거래가액을 확인할 수 없을 때 과세당국은 매매사례가액이나 감정가액, 환산가액, 기준시가 순으로 결정이나 경정을 할 수 있도록 하고 있다.

잔금청산일과 세금

매매계약서상의 잔금청산일은 취득시기와 양도시기를 결정하므로 부동산 세금의 과세 방식에 결정적인 영향을 미친다. 다음에서 이에 대해 알아보자.

Case

K 씨는 현재 2주택을 보유하고 있다. 그는 이번에 다른 C 주택을 취득해 이곳으로 이사를 하려고 한다. 물음에 답하면?

> | 자료 |
> - A 주택 : 2010년에 취득
> - B 주택 : 2022년 4월 5일에 취득

Q1 A 주택을 처분하고자 하는 경우의 비과세요건은?

A 주택은 2025.4.5. 이전에 양도해야 한다. 그래야 일시적 2주택 비과세 특례를 받을 수 있다.

Q2 C 주택에 대한 중도금을 치르면 A 주택은 비과세를 받을 수 있을까?

그렇다. 잔금을 치르기 전까지는 주택을 취득하는 것은 아니기 때문이다.

Q3 Q2에서 C 주택의 취득가액 5억 원 중 잔금으로 1,000만 원을 남겨두면 A 주택은 비과세를 받을 수 있을까?

소액으로 잔금을 남겨두면 이 금액도 세법상 잔금에 해당하는지를 묻고 있다. 이에 대해 세법은 소액잔금의 경우 이를 인정하지 않는다. 일반적으로 총 거래금액의 10% 이상을 남겨두는 것이 안전하다.

 만일 잔금을 받은 후 등기를 하지 않고 양도하면 양도세율은 몇 %인가?

잔금을 받으면 세법상 양도가 되는 만큼 이는 미등기자산의 양도에 해당해 70%의 세율을 적용받는다.

Consulting

세법에서는 원칙적으로 취득시기 또는 양도시기를 다음과 같이 판단한다. 승계취득이나 양도의 경우에는 원칙적으로 대금을 청산한 날을 기준으로 하지만 대금 청산 전 소유권을 이전등기한 경우에는 등기접수일을 이 시기로 한다.

유형		내용
승계취득· 양도	원칙	대금을 청산한 날(매매계약서상의 잔금 약정일이 아닌 실제 잔금을 지급한 날임)
	예외	• 대금청산일이 분명하지 않은 경우 : 등기접수일 • 대금 청산 전 소유권이전등기 시 : 등기접수일 • 장기할부(1년 이상에 거쳐 2회 이상 분할) : 등기접수일·인도일·사용일 중 빠른 날
자가 건설한 건축물		사용검사필증교부일·사용일·사용승인일 중 빠른 날(재건축 조합원의 취득시기)
상속 또는 증여에 의한 취득		• 상속 : 상속이 개시된 날 • 증여 : 증여받은 날
미완성 자산		대금 청산 전까지 미완성의 경우는 완성된 날(분양아파트의 경우 보통은 잔금청산일이 취득시기이나 대금 청산 전에 완성되지 못하면 완성된 날이 취득시기가 된다)
1984.12.31 이전에 취득		토지·건물에 대해서는 1985.1.1에 취득 간주(따라서 취득시기가 오래된 부동산에 대해서는 취득시기에 주의해야 한다)

양도 시에는 우선 투자 수익률의 관점에서 양도 시점을 잘 결정해야 한다. 투자 수익률을 결정하는 요소로는 비과세, 시세차익, 양도세 등이 된다. 여기서 비과세나 시세차익 또는 양도세 등은 모두 양도 시기와 관련이 있다. 특히 세금 측면에서 볼 때 양도시기를 조절할 수 있다면 비과세를 받을 수 있게 되며, 양도세의 크기를 줄일 수가 있다.

실전연습

K 씨는 다음과 같은 거래를 했다. 물음에 답하면?

| 자료 |

• 20×3년에 오피스텔 2개를 양도해 1억 원 만큼 손해를 보았다.
• 20×4년에 아파트를 1채 양도해 1억 원 만큼 이익을 보았다.

Q1 20×4년에 아파트에 대해 양도세가 과세된다면 대략적인 세금은 얼마나 될까? 보유기간은 1년 미만이고 기본공제는 미적용한 상태에서 세율 70%를 적용한다고 하자.

양도차익 1억 원에 대해 70%의 세율을 적용하면 7,000만 원의 양도세가 예상된다.

Q2 20×3년에 손해를 본 1억 원을 20×4년에 이월해 사용할 수 있을까?

양도세는 종합과세가 아닌 별도의 계산구조를 가진 방식으로 과세된다. 따라서 20×3년에 발생한 결손금을 20×4년에 이월해 사용하기 위해서는 법에서 별도로 규정이 되어 있어야 한다.

☑ 종합소득 이월결손금 → 15년간 이월 공제하는 규정이 있다.
☑ 양도소득 이월결손금 → 이월 공제하는 규정은 없다.

👉 따라서 앞의 결손금이 양도소득에서 발생한 것이라면 다음 연도로 이월해 공제받을 수 없다.

 만일 오피스텔의 잔금청산은 20×3년으로 되어 있지만, 등기는 20×4년으로 되어 있다면 아파트의 양도차익과 통산할 수 있는가?

세법상 양도 시기(또는 취득시기)는 일반적으로 잔금청산일과 등기접수일 중 빠른 날을 말한다. 따라서 물음의 경우 20×3년에 양도한 것으로 보아 통산할 수 없다.

Q3 앞의 K 씨가 부동산 매매사업자라면 Q2는 어떻게 달라질까?

부동산 매매업에서 발생한 결손금은 15년간 이월해 사용할 수 있다. 따라서 Q2와는 다르게 20×3년도의 △1억 원의 결손금을 20×4년도의 양도차익 1억 원과 통산할 수 있다.

Tip **사업소득, 양도소득 결손금 활용법**

사업을 잘못 경영하면 적자가 발생한다. 세법에서는 이를 결손금이라고 부르며, 다음 해로 넘어간 결손금을 이월결손금이라고 부른다. 이러한 결손금은 과세소득을 줄여 세금을 축소하는 역할을 한다. 다음에서 이와 관련된 내용을 살펴보자.

1. 사업소득 결손금과 이월결손금 공제

1) 결손금 공제

당해 과세기간(1월 1일~12월 31일)에 사업소득과 부동산 임대업에서 발생한 결손금은 같은 과세기간에 발생한 소득에서 차감할 수 있다.

구분		처리 방법
사업소득	부동산 임대소득 외 사업소득 결손금	근로소득금액, 연금소득 금액, 기타소득 금액, 이자 소득금액, 배당소득 금액순으로 공제한다. 남는 잔액은 다음 연도로 이월시킨다.
	부동산 임대소득 결손금	다른 종합소득과는 통산이 불가하며, 이월해 부동산 임대소득에서 공제한다.

2) 이월결손금의 공제

사업소득에서 발생한 이월결손금은 15년(2020년 전은 10년)간 '사업소득 금액→근로소득금액→연금소득 금액→기타소득 금액 등'의 순서대로 공제하며, 부동산 임대업에서 발생한 이월결손금은 부동산 임대소득 금액에서만 공제된다.

2. 양도소득 결손금

1) 결손금 공제

당해 연도 양도소득에서 발생한 결손금은 당해 연도의 다른 매도자산의 양도차익에서 이를 공제할 수 있다.

※ 양도세 통산 규정

구분		통산 여부
양도차익만 발생한 경우	① 누진세율+단일세율(50% 등)	×
	② 누진세율+누진세율	O
	③ 단일세율+단일세율	×
양도차익과 양도차손이 발생한 경우	④ 양도차손+양도차익	통산함
	⑤ 양도차익+비과세 양도차손	통산할 수 없음.
	⑥ A 거주자의 양도차익+ B 거주자의 양도차손	

2) 이월결손금 공제

양도소득의 이월결손금은 다음 해로 이월되지 않는다. 다만, 같은 해에 이익과 손실이 난 부동산 등을 양도한 경우에는 양도차손을 이익에 통산시킬 수 있다.

매수자의 자금조달과
세무상 쟁점

부동산 매매계약이 체결되면 매도자와 매수자가 서명하게 된다. 이후 계약일로부터 30일 이내에 부동산 거래신고를 해야 한다. 그런데 이과정에서 자금조달계획서를 첨부해 신고하는 때도 있다. 이때 매수자가자금 능력이 떨어지면 다양한 세무상 쟁점이 발생하므로 이에 대해서는미리 예방책을 마련해놓고 있어야 한다. 다음에서 이에 대해 살펴보자.

Case

K 씨는 이번에 시가 5억 원인 아파트를 취득하고자 한다. 다음 자료를 보고물음에 답하면?

| 자료 |
• 나이 : 28세
• 직업 : 무직
• 전세보증금 승계 : 3억 원
• 주택취득지역 : 비조정지역

Q1 K 씨는 계약 후 30일 이내에 자금조달계획서를 제출해야 하는가?

아니다. 비조정지역은 거래가액이 6억 원 이상이 되어야 이를 제출하기 때문이다. 참고로 조정지역은 무조건 이를 제출해야 한다.*

* 제출된 자금조달계획서는 국세청 등 관계기관에 통보되어, 신고내역 조사 및 관련 세법에 따른 조사 시 참고자료로 활용된다.

Q2 K 씨는 자금조달을 어떤 식으로 해야 하는가?

전체 취득가액 5억 원(이외 취득세 등도 포함해야 함) 중 승계 보증금 3억 원을 제외하면 2억 원을 자력으로 조달해야 한다.

Q3 만일 2억 원을 부모로부터 받았지만, 증여세 신고를 하지 않으면 추징되는가?

단정적으로 말하기 힘들다. 취득 사실만 가지고 자금출처 조사를 벌일 가능성이 아주 희박하기 때문이다.

Q4 K 씨는 만일을 위해 차용증을 쓰되 이자율은 0%로 했다. 이러한 차용증도 효력이 있는가?

이를 반박할 증거가 있지 않은 한 과세관청을 이를 인정할 수밖에 없다. 참고로 원래 무이자 금액도 증여로 보게 되나, 1,000만 원 미만의 이자는 제외한다. 따라서 사례에서 2억 원에 4.6%의 법정 이자율을 곱하면 1,000만 원에 미달하므로 증여세 과세를 걱정할 필요가 없다.

💁 차용증 작성법 등에 대해서는 저자의 《상속·증여 세무 가이드북 실전 편》, 《절반으로 줄이는 상속·증여 절세법》 등을 참조하기를 바란다.

자금출처 조사는 조사를 통해 출처가 불분명하면 이에 대해 증여세를 부과하는 제도에 해당한다. 재산취득자금과 부채상환자금에 대해서 이 제도가 적용된다.

1. 자금출처 조사 기준

취득가액이 5,000만 원 또는 1억 원을 넘어가면 자금출처 조사가 진행될 수 있다. 여기서 취득가액은 통상 '10년'간의 금액을 합산한다.

구분	취득재산		채무상환	총액한도
	주택	기타 재산		
30세 미만자	5,000만 원	5,000만 원	5,000만 원	1억 원
30세 이상 자	1.5억 원	5,000만 원	5,000만 원	2억 원
40세 이상 자	3억 원	1억 원	5,000만 원	4억 원

실무적으로 특정 금융거래정보자료(FIU)를 활용해 조사 대상자를 선정하고 있으므로 고액의 현금거래(CTR)를 하거나 의심거래(STR)를 하는 경우 조사 대상자로 선정하는 경우가 많다.

2. 자금출처 조사 적용 배제

출처가 불분명한 금액이 다음의 금액 중 적은 금액에 미달하면 이 규정을 적용하지 않는다(10년간 누적금액으로 계산함).

① 재산취득금액(또는 부채 상환금액)×20%
② 2억 원

따라서 다음과 같은 관계가 형성된다.

> • 미소명금액(취득자금-소명금액) < Min(취득자금×20%, 2억 원) : 증여추정배제
> • 미소명금액(취득자금-소명금액) ≥ Min(취득자금×20%, 2억 원) : 미소명금액 증여
>   추정

예를 들어 재산취득금액이 5억 원이라면 이의 20%인 1억 원을 제외한 4억 원만 출처가 입증되면 나머지 1억 원에 대해서는 이를 입증하지 않아도 된다. 물론 이 경우에도 증여 사실이 명백히 밝혀지면 이와 무관하게 증여세가 부과된다.

3. 자금출처 조사 시 입증수단

취득가액(취득세 등 포함)의 80%까지는 객관적인 증빙으로 출처를 입증해야 한다. 다음과 같이 근로소득 또는 사업소득 등에 관한 자료를 준비한다.

출처 유형	입증금액	증빙서류
근로소득	총급여액 – 원천징수액	원천징수영수증
이자·배당소득	총 지급받은 금액 – 원천징수액	원천징수영수증, 통장 사본
사업소득	종합소득금액 – 소득세 등	소득금액증명원
채무부담	차입금, 전세보증금	채무부담확인서
재산처분	매매가격 – 소득세 등	매매계약서 등
상속·증여	신고한 금액 – 상속세 등	신고서

ⓕ 실제 조사가 발생하면 자금흐름을 입증하기가 쉽지 않다. 이때에는 다음의 판례를 참조하고, 구체적인 것은 세무전문가와 함께하기를 바란다.

"재산취득 당시 일정한 직업과 상당한 재력이 있고 그로 인해 실제로도 상당한 소득이 있었던 자라면, 그 재산을 취득하는 데 소요된 자금을 일일이 제시하지 못한다고 하더라도 특별한 사정이 없으면 재산의 취득자금 중 출처를 명확히 제시하지 못한 부분이 다른 사람으로부터 증여받은 것이라고 인정할 수 없다고 할 것이다(대법원 2004.4.16. 선고 2003두10732 판결 등 참조)."

실전연습

서울 강남구 역삼동에 거주하고 있는 L 씨는 20억 원 상당의 고가 아파트를 취득했다. 다음 자료를 보고 물음에 답하면? 단, 취득세 등 부대비용은 고려하지 않기로 한다.

> **ㅣ자료ㅣ**
> • 종전 주택 처분대금 : 10억 원
> • 대출 : 5억 원

Q1 자금출처 조사 시 소명해야 할 금액은?

사례의 경우 총 20억 원 중 2억 원을 차감한 18억 원에 대해서 자금출처를 소명해야 한다.

Q2 사례의 경우 소명부족액이 3억 원이 부족하다. 이 경우 증여세 과세 대상 금액은 얼마인가?

총 취득가액 20억 원에서 출처가 확실한 금액 15억 원을 제외하면 5억 원이 증여세 과세 대상 금액이 된다.

Q3 Q2에서 5억 원에 대해 증여세가 얼마나 나올까?

5억 원에서 3,000만 원을 차감한 금액에 대해 10~50%의 세율이 적용된다. 따라서 8,400만 원의 증여세가 나온다. 참고로 증여추정에 의한 증여세는 증여자를 특정할 수 없으므로 다음과 같이 증여세를 부과한다.

- 자녀 등에 증여공제 5,000만 원 대신 3,000만 원을 획일적으로 적용한다.
- 다른 일반증여재산이나 다른 증여추정에 따른 증여가액에 대해서는 합산하지 않고 해당 건만 가지고 증여세를 과세한다.
- 향후 상속이 발생한 때도 해당 재산은 상속재산에 합산하지 않는다.

Q4 만일 주택처분대금 10억 원 중 부모가 몰래 도와준 전세보증금 5억 원이 포함되어 있다면, 이 전세보증금도 증여가액에 해당하는가?

출처 조사를 통해 이 부분이 확인되면 당연히 전세보증금도 증여가액에 해당한다.

Q5 소명부족액 3억 원을 부로부터 2억 원, 모로부터 1억 원을 무이자로 차용한 경우, 세무상 문제점은 발생하는가?

증여세를 과세할 때 부모는 동일인에 해당하기 때문에 이 경우 총 3억 원을 증여받은 것으로 보아 4.6%로 계산한 이자에 대해서는 증여로 보아 과세될 것으로 보인다.

구분	내용	비고
증여추정 적용*	출처 불분명한 금액 > Min[취득금액× 20%, 2억 원]	좌의 요건 미충족 시 증여추정 적용 배제
증여가액	입증하지 못한 금액(=출처 불분명한 금액- 출처 분명한 금액)	좌의 금액에 대해 과세
증여공제	증여공제 대신 3,000만 원을 공제함.	증여자를 특정할 수 없으므로 증여공제 적용 불가함.
다른 증여재산과 합산 여부	합산과세 적용 배제**	2022년 1월 1일 시행
상속재산과 합산 여부	합산과세 적용 배제**	

* 증여세부과에 있어서 당해 재산이 증여된 재산인지 아닌지는 과세요건에 대한 증명책임을 부담하고 있는 과세관청이 이를 입증해야 하는 것이 원칙이고, 수증자가 일정한 직업 또는 별다른 수입이 없는 자일 경우에는 그 자금출처에 관해 수증자 측에서 납득할 만한 입증을 하지 못하는 한 증여로 인정함이 타당하다 할 것이다(대법원 87누300, 1987.7.21. 참조).

** 합산배제증여재산에 대한 상속세 및 증여세 적용 방법

1. 합산배제증여재산을 증여한 증여자가 10년(또는 5년) 이내에 사망한 때도 당해 재산은 상속세 과세가액에 가산하지 않는다.
2. 합산배제증여재산에 대해서는 부담부 증여가 인정되지 않는다.
3. 합산배제증여재산을 증여한 자로부터 다른 증여세 과세 대상 재산을 10년 이내에 증여받은 경우 서로 합산하지 않는다.
4. 합산배제증여재산에 대한 증여세 과세표준은 당해 증여가액에서 3,000만 원과 감정평가 수수료를 공제한 금액이 된다(다만, 증여의제액에 대해서는 3,000만 원 공제 안 됨)

부동산 거래 중에 과세를 정확하게 하려고 거래가액을 안분하는 경우가 많다. 대표적으로 고가주택의 양도차익 비과세와 과세 안분, 상업용 건물의 일괄공급 시 부가세 계산 등이 대표적이다. 이외에 다양한 항목에서 안분계산하는 때도 많다. 다음에서는 상업용 건물을 일괄양도하는 경우의 사례를 통해 이에 대해 알아보자.

┃자료┃

• 상업용 건물 : 10억 원에 일괄공급
• 토지 공시지가 : 3억 원, 건물기준시가 : 2억 원

Q1 사례의 토지가액과 건물가액은 어떻게 구분할 수 있을까?

일괄공급액이 10억 원이므로 건물공급가액은 아래와 같이 계산한다.

• 건물공급가액 = 일괄공급 10억 원$\times\dfrac{2억\ 원}{5억\ 원}$ = 4억 원

Q2 만일 건물가액을 1억 원으로 임의구분하면 세법상 문제가 되는가?

우선 부가법 제29조 제9항에서는 다음과 같이 일괄공급에 대한 과세표준 안분기준을 제시하고 있다.

⑨ 사업자가 토지와 그 토지에 정착된 건물 또는 구축물 등을 함께 공급하는 경우에는 건물 또는 구축물 등의 실지거래가액을 공급가액으로 한다. 다만, 다음 각호의 어느 하나에 해당하는 경우에는 대통령령으로 정하는 바*에 따라 안분계산한 금액을 공급가액으로 한다.
  1. 실지거래가액 중 토지의 가액과 건물 또는 구축물 등의 가액 구분이 불분명한 경우

2. 사업자가 실지거래가액으로 구분한 토지와 건물 또는 구축물 등의 가액이 대통령령으로 정하는 바에 따라 안분계산한 금액과 100분의 30 이상 차이가 있는 경우. 다만, 다른 법령에서 정하는 바에 따라 가액을 구분한 경우 등 대통령령으로 정하는 사유에 해당하는 경우는 제외한다.

이 규정을 정리하면 다음과 같다.

첫째, 일괄공급 시 토지와 건물가액을 실지거래가액으로 한다. → 임의구분을 인정한다.

둘째, 실질거래가액이 불분명하거나 기준시가 등으로 안분한 금액과 비교해 30% 이상 차이가 난 경우에는 아래 순서로 안분한다(부가령 제64조).

- 감정평가액 > 기준시가 > 장부가액 > 취득가액

다만, 다음은 기준시가 등으로 안분하지 않고 실지거래가액을 그대로 인정한다.

- 토지와 건물 등을 함께 공급받은 후 건물 등을 철거하고 토지만 사용하는 경우(2022.02.15 신설) 등

따라서 사례의 경우에는 30% 이상 차이가 나므로 기준시가로 나눈 금액인 4억 원이 건물가액이 된다.

 건물가액을 최대한 낮추고 싶다면 얼마까지 가능한가?
기준시가로 안분한 건물가액이 4억 원이므로 30% 인하된 2.8억 원 정도가 된다.

Q3 Q2에서 감정평가를 통해 토지 9억 원, 건물 1억 원을 감정평가를 받았다면 이 금액이 인정되는가?

그렇다. 감정평가액이 가장 우선하기 때문이다.

Q4 만일 취득 후 바로 멸실을 하면 건물가액을 0원으로 해도 되는가?

그렇다. 부가법 제29조 제9항 제2호에서는 토지와 건물 등을 함께 공급받은 후 건물 등을 철거하고 토지만 사용하는 경우에는 이를 인정하기 때문이다.

돌발퀴즈 만일 구입하고 일시임대한 후 철거한 때도 건물가액을 0원으로 해도 되는가?

아니다. 이때에는 앞에서 본 30% 규정이 적용될 것으로 보인다 (저자의 의견임).

Q5 매도자가 건물의 가액을 0%로 해 양도하는 경우에 양도세를 계산 시 건물가액은 0원이 되는가?

앞의 건물가액을 0원으로 하는 것은 부가세를 위한 것으로, 양도세와는 무관하다. 따라서 양도세를 계산할 때 토지와 건물의 가액 구분이 필요하면 이때에는 '감정평가액〉기준시가〉장부가액〉취득가액' 순으로 안분해야 할 것으로 보인다.

Q6 매매계약서상에는 토지가액 10억 원, 건물가액 0원으로 되어 있는 상황에서 양도세 신고는 토지가액과 건물가액을 기준시가로 구분해 신고하면 세무상 문제점은 없는가?

그렇다.

Q7 일괄공급에 대한 부가세 계산을 위해 기준시가를 사용한다고 하자. 이
때 토지는 개별공시지가, 건물을 건물기준시가를 활용해야 하는바 이
때 건물의 기준시가는 어떤 식으로 구하는가?

이것은 국세청 홈택스에서 계산할 수 있다. 이를 위해서는 건축물대
장상의 정보, 공시지가 등의 정보가 필요하다.

주차장 형태 선택   □ 기계식주차전용 빌딩

신축연도		건물면적	
취득연도		양도연도	
취득 당시 건물구조			
취득 당시 건물용도			
양도 당시 건물구조			
양도 당시 건물용도			
취득 당시 ㎡당 개별공시지가	원/㎡ 취득이 2000.12.31 이전이면 2001.01.01 현재 공시된 개별공시지가	양도 당시 ㎡당 개별공시지가	원/㎡

세목별 거래가액 등을 안분계산해야 하는 경우

구분	안분계산 내용
취득세	• 상가주택의 취득 • 부담부 증여 취득
부가세	• 상가주택의 주택과 상가의 구분 • 면세토지와 과세건축물의 구분
양도세 비과세	• 단독주택의 비과세 부수토지 • 고가주택의 비과세와 과세 안분
양도세 과세*	• 취득시기가 다른 토지와 건물 • 조합원 입주권 양도차익 • 사업용 토지와 비사업용 토지의 구분 • 주택임대사업자의 장기보유특별공제 50% • 양도세 감면소득
증여세**	• 부담부 증여 • 상가주택의 증여

* 이에 대해서는 부록을 참조하기를 바란다.

** 이에 대해서는 저자의 《가족 간 부동산 거래 세무 가이드북》을 참조하기를 바란다.

제 **7** 장

계약 시 특약과
세무상 쟁점

특약과 세금 결정의 원리

부동산 계약에서 특약은 표준적인 계약 내용이 아닌 거래 당사자 간의 특별한 내용을 별도로 약정한 것을 말한다. 현행 법률에 어긋나지 않는 한 유효하다. 그런데 이러한 특약과 관련해 다양한 세무 문제가 발생할 수 있는데 다음에서 이에 대해 알아보자.

Case

K 씨는 현재 1세대 1주택자로서 3년 전에 매수한 오피스텔을 다음과 같이 재임대하려고 한다. 물음에 답하면?

| 자료 |

- 오피스텔 : 업무용
- 사업자 형태 : 일반과세자
- 월세 : 100만 원
- 특약 : 이 오피스텔을 업무용으로 사용하기로 함.

Q1 이 같은 계약상태에서 그가 보유한 주택을 처분하면 비과세를 받을 수 있는가?

업무용 오피스텔은 주택 수에서 제외되므로 K 씨는 1세대 1주택자로서 비과세 혜택을 누릴 수 있다.

Q2 만일 임차인이 특약사항을 위배해 업무용으로 사용하는 것이 아니라 주거용으로 사용한 경우라면 주택에 대한 비과세를 받을 수 있을까?

이 경우에는 오피스텔을 주거용으로 사용하는 것인 만큼 K 씨는 1세대 2주택이 되어 주택에 대한 비과세 혜택을 누릴 수 없을 것으로 보인다. 아래 예규를 참조하기를 바란다.

※ 서면 5팀-2498, 2007.09.06

소득세법 제89조 제1항 제3호 및 같은 법 시행령 제154조 제1항의 1세대 1세대 1주택 비과세 규정을 적용하면서 '주택'이라 함은 공부상 용도 또는 사업자등록 여부와 관계없이 사실상 상시 주거용으로 사용하는 건물을 말하는 것으로, 귀 질의의 오피스텔이 이에 해당하는지는 당해 오피스텔의 내부구조·형태 및 사실상 사용하는 용도 등을 종합해 사실 판단할 사항임.

Q3 만일 오피스텔에 임차인의 사업자등록이 되어 있고 임차인이 여기에 거주하는 경우, 업무용인가, 거주용인가?

사업자등록 여부와 관계없이 사실상 상시 주거용으로 사용하는 건물은 주택으로 보기 때문에 이에 대한 사실 판단을 통해 결론을 내려야 한다.

☞ 만일 가족 등이 같이 거주한 경우에는 주택으로 볼 가능성이 크다.

부동산 매매계약에서 특약은 거래 당사자가 마음대로 정할 수 있다. 이에는 다음과 같은 것들이 있을 수 있다. 세무상 쟁점과 아울러 이에 대해 알아보자.

- ☑ **양도세 대납** : 매수자가 대신 부담한 양도세는 처음 1회에 한 해 동 세액을 양도가액에 합산한다(재일46014-3077, 1994.12.01, 국심 90 서101, 1990.03.23).

- ☑ **조건부 계약** : 조건부로 자산을 매매하는 경우, 그 조건성취일이 양도 또는 취득시기가 된다(재산 01254-3839, 1986.12.27).

- ☑ **매매예약 가등기** : 가등기는 세법상 의미가 없다. 본등기가 진행되어야 취득 등이 일어난다.

- ☑ **멸실조건 특약** : 매매 특약에 따라 잔금청산 전에 주택을 멸실한 경우 양도물건의 판정기준일은 양도일(잔금청산일)이며, 2022.12.20 이후 매매계약을 체결한 분부터 적용한다(기획재정부 재산세제과-1543, 2022.12.20).

- ☑ **매수자 용도변경** : 주택에 대한 매매계약을 체결하고, 그 매매 특약에 따라 잔금청산 전에 주택을 상가로 용도변경한 경우 양도일(잔금청산일)이 타당하며, 회신일 이후 매매계약 체결하는 경우부터 적용한다(기획재정부 재산세제과-1322, 2022.10.21).

- ☑ **부가세 별도** : 부가세 별도 표시가 되어 있는 경우 이는 매수자가 부담함을 말한다.

- ☑ **포괄양수도계약** : 부가세가 없이 거래하고자 할 때 이러한 표시를 한다.

- ☑ **용도 제한** : '업무용으로 사용키로 한다'는 식의 제한을 말한다.

- ☑ **부담부 증여** : 증여 대상 부동산에 담보된 부채와 함께 증여하는 방식을 말한다.

- 부채승계 : 부채승계로 거래대금을 갈음하는 것을 말한다. 세법상 문제는 없다.
- 보상금 : 매매계약서에 보상금 지급 관련 특약조항에 따라 지급한 금액은 양도가액에서 차감한다(재산 46014-370, 2000.03.25).
- 지상정착물 : 지상정착물의 경우 별도로 계약서를 만드는 것이 세금을 아끼는 방법이 된다.
- 토지거래허가 : 토지거래허가를 받지 못한 경우에는 무효로 한다는 문구를 기재해야 한다. 거래가 무효가 된다.
- 양도담보 : 부채를 갚지 못하는 경우 소유권이 이전되면 양도가 되는 것이다.
- 현물출자 : 조합 등에 현물로 출자하는 것은 세법상 양도에 해당해 양도세가 발생한다.
- 권리금 : 부동산 양도에 따른 권리금은 양도소득에 해당한다. 주의해야 한다.

실전연습

K 씨는 취득하고자 하는 임야의 소재 지역이 토지거래허가지역으로 지정되었다. 이 임야를 중개하는 사무소에서는 특약으로 다음과 같은 문구를 넣어서 매매계약을 체결하려고 한다. 물음에 답하면?

| 자료 |

특약
• "계약 후 토지거래허가를 받지 못한 경우에는 당 계약은 무효로 한다."

Q1 토지거래허가 전에 계약이 완료되었다. 사후적으로 토지거래허가를 받으면 지방세법상 취득시기는 언제가 되는가?

토지거래허가지역에 묶여 있는 토지들은 취득 후에 허가를 받아야 소급해 유효한 계약이 된다. 따라서 물음처럼 사후에 허가를 받으면 지방세법상 취득세 과세를 위한 취득시기는 계약상 또는 사실상의 잔금 지급일이 된다.

Q2 토지거래허가 전에 계약했지만, 사후에 토지거래허가를 득하지 못했다. 이 경우 지방세법상 취득시기는 어떻게 되는가?

이 경우에는 법적인 효력이 없으므로 지방세법상 취득이 무효가 되어 취득세 납부의무가 없어진다(지방세 운영-3888, 2011.8.17).

Q3 매도자는 토지거래허가 전에 잔금을 받았다. 이 경우 양도세 신고를 해야 하는가?

토지거래허가 제도를 적용받은 지역에서 거래한 후에 허가를 받으면 소급해 취득시기가 결정된다. 하지만 이를 허가받지 못할 때는 계약 자체가 무효가 된다. 따라서 이러한 상황이 벌어지면 취득세나 양도세 납부의무가 없어진다. 다만, 토지거래허가를 득하지 못한 경우라도 양도세가 과세되는 경우가 있으므로 주의해야 한다.

※ **토지거래허가와 관련된 양도세 집행기준**

① 88-151-3 [토지거래허가를 받지 아니해 무효인 경우]
토지거래허가지역 내에서의 매매계약 등 거래계약은 관할관청의 허가를 받아야만 효력이 발생하므로 매매대금이 먼저 지급되어 매도자가 이를 보관하고 있다 하더라도 자산의 양도에 해당하지 아니한다.

② 88-151-4 [토지거래허가를 받지 않고 소유권이 이전된 경우]
토지거래허가구역 내의 토지를 허가 없이 매도한 경우 그 매매계약 및 전매계약이 무효라고 하더라도 소유권이전등기가 말소되지 아니한 채 남아 있고 매매대금도 매수자 또는 제3자에게 반환되지 아니한 채 그대로 보유하고 있는 때에는 예외적으로 매도자 등에게 양도세를 과세할 수 있다.

양도세 등 대납

특약사항으로 매도자의 양도세나 체납 관리비 등을 매수자가 대신 부담하는 때도 있다. 그리고 이러한 내용을 특약사항으로 정할 수 있는데 이때, 세무상 어떤 문제점들이 발생하는지 알아보자.

Case

K 중개사무소에서는 다음과 같은 물건을 중개하면서 특약사항으로 매도자의 양도세를 매수자가 부담한다는 내용을 계약서에 반영했다. 물음에 답하면?

|자료|

• 비사업용 토지
• 양도차익 5억 원
• 보유기간 2년

Q1 양도세를 매수자가 대납한 경우 이는 양도가액에 포함되는가?

그렇다. 개인이 양도세 과세 대상 부동산을 양도한 경우로서 양도차익을 실지거래가액으로 계산하면서 양도세를 매수자가 부담하기로 약정하고 이를 실지로 지급했을 경우 동 양도세 상당액을 포함한 가액을 양도가액으로 하도록 하고 있다(재일 46014-1616, 1997.07.02).

Q2 대납한 양도세를 반영하기 전의 산출세액은 얼마인가? 기본공제는 미반영한다.

양도차익이 5억 원이고 이에 대해 세율 16~55%를 적용하면 다음과 같다.

- 산출세액=5억 원×50%-2,594만 원=2억 2,406만 원

Q3 위 산출세액을 양도가액에 반영하면 양도세는 얼마인가?

구분	금액	비고
양도차익	7억 2,406만 원	
-장기보유특별공제	0원	
=과세표준	7억 2,406만 원	
× 세율	52%	
-누진공제	3,594만 원	
=산출세액	340,571,200원	

 위 산출세액은 또다시 양도가액에 합해지는가?
아니다. 1회만 합하면 된다.

양도세 대납과 관련된 세무상 쟁점들을 정리하면 다음과 같다.

구분	매도자	매수자
세무 처리	양도가액에 합산해 양도세 과세	취득가액에 포함됨.

실전연습

다음과 같이 토지 거래가 성립되었다. 물음에 답하면?

> **I 자료 I**
>
> 1. 토지매매약정서 체결
>   - A 씨는 B 법인에 토지를 시가보다 낮게 매각 합의함.
>
> 2. 토지매매계약서 체결
>   - B 법인은 A 씨가 부담할 양도세를 대납하는 조건을 특약으로 함.
>   - 양도세 상당액은 5억 원임.

Q1 B 법인 대납한 양도세는 A 씨의 양도가액과 B 법인의 취득가액에 해당하는가?

그렇다.

※ 법인 22601-1332, 1988.08.10

법인이 개인소유의 토지를 매입하면서 토지소유자에게 토지 대금 이외에 양도세를 양수법인이 부담하기로 약정하고 이를 실지로 지급한 경우 동 세액은 토지의 취득가액에 포함하는 것임.

Q2 A 씨는 대납한 양도세를 양도가액에서 제외해 양도세 신고를 했다. 그렇다면 향후 A 씨는 양도세를 추징당할 가능성이 없는가?

B 법인에 대한 세무조사가 진행되어 이 사실이 적발되면 세금추징 가능성이 있다.

Q3 Q2에서 B 법인은 양도세 대납액을 토지의 취득가액에 합산하지 않으면 어떤 문제점이 있는가?

해당 금액만큼 가지급금*이 발생한다.

* 법인의 자금을 무단으로 인출할 때 발생하는 세법상의 용어에 해당한다. 가지급금에 대해서는 4.6%를 곱한 이자 상당액을 법인의 수익으로 처리하는 한편 대표이사의 상여로 보아 과세를 한다.

멸실조건부 특약

 멸실조건부의 특약을 맺어 부동산을 거래하는 때도 있다. 예를 들어 단독주택을 멸실조건부로 매매하는 것이 대표적이다. 이러한 특약의 이면에는 매수자의 과도한 취득세의 요인이 자리 잡고 있다. 주택에 대한 취득세가 최고 12%까지 나올 수 있기 때문이다. 그런데 최근 이러한 매매 방식에 대한 과세당국의 해석이 변경되어 주의를 요한다.

Case

 K 씨는 매수자의 요청에 따라 다음과 같은 내용이 들어 있는 계약서에 서명했다. 물음에 답하면?

l자료l
특약 • '잔금청산일 전에 건물을 철거하는 조건임.'

Q1 매도자는 1세대 1주택에 해당한다. 이 경우 비과세를 받을 수 있는가?

새로운 해석이 발표된 이후에는 잔금청산일 현재를 기준으로 양도세 비과세 판단을 하므로 이 경우에는 비과세가 적용되지 않을 수 있다.

Q2 매도자는 해당 주택이 중과세가 적용된다고 하자. 그렇다면 이 경우 중과세가 적용되는가?

잔금청산일 현재 주택이 아닌 토지에 해당하므로 토지에 대한 중과세 제도를 검토하면 될 것으로 보인다. 다만, 주택을 멸실해 바로 양도하면 해당 토지는 대부분 사업용 토지에 해당한다.

Q3 매수자는 취득세를 어떤 식으로 내는가?

토지에 대한 취득세를 내게 된다. 일반적으로 토지에 대한 취득세는 4%가 적용된다.

Consulting

건물멸실부 조건으로 매매계약을 체결한 경우 매도자와 매수자 관련 세무상 쟁점을 정리해보자.

구분	매도자	매수자
취득세	-	잔금청산일 현재를 기준으로 과세 물건을 판정한다.*
▼ 양도세 비과세와 중과세	잔금청산일을 기준으로 양도세 비과세와 중과세 판단을 한다.*	-

▼		

양도세 장기보유
특별공제
	• 일반과세 물건이 멸실된 경우 :
	  당초 취득일~양도일 기준
	• 중과세 물건이 멸실된 경우 : 멸실
	  일~양도일 기준**
		–

* 상가를 주택으로 용도변경 시에도 잔금청산일을 기준으로 적용한다.

** 저자의 관점이므로 실무적용 시에는 유권해석을 통해 확인하기 바란다.

실전연습

1. L 씨는 매수자의 요청에 따라 다음과 같은 내용이 들어 있는 계약서에
서명했다. 물음에 답하면?

> **| 자료 |**
>
> 특약
> • '잔금청산일 전에 주택을 상가로 용도변경하기로 함.'

Q1 매도자는 1세대 1주택에 해당한다. 이 경우 비과세를 받을 수 있는가?

새로운 해석(기획재정부 재산세제과-1322, 2022.10.21)이 발표된 이후에는
잔금청산일 현재를 기준으로 양도세 비과세 판단을 하므로 이 경우에
는 비과세가 적용되지 않는다.

**Q2 매도자는 해당 주택이 중과세가 적용된다고 하자. 그렇다면 이 경우
중과세가 적용되는가?**

아니다. 용도변경일 현재는 상가에 해당하기 때문이다.

Q3 주택이 중과세가 적용되는 상황에서 이를 상가로 용도변경하면, 장기보유특별공제는 어떻게 적용되는가?

용도변경일 이후의 보유기간에 대해 장기보유특별공제를 적용한다.

Q4 매수자는 취득세를 어떤 식으로 내는가?

잔금청산일 현재의 물건인 상가에 대해 취득세를 내야 할 것으로 보인다.

Tip ▶ 상가를 주택으로 용도변경 하는 경우의 비과세 적용법

1세대 1주택에 대한 비과세 혜택 등을 받기 위해 상가를 주택으로 변경하는 때도 있다. 이 경우 비과세 등은 어떤 식으로 판단하는지 살펴보자.

1. 1세대 1주택 비과세 보유기간 계산

1세대 1주택 비과세를 받기 위해서는 양도일 현재 '주택'이어야 하는 한편 2년 이상 주택으로 보유(거주)해야 한다. 따라서 상가에서 주택으로 용도변경을 한 경우에는 보유기간 중에 주택으로 보유 및 거주한 기간이 2년 이상이 되어야 한다(통산). 참고로 소득령 제154조 제5항에서는 비과세 보유기간을 '사실상 주거용 사용일(또는 용도변경일)~양도일'로 개정했다. 이는 종전의 해석 등에 의존하던 것을 조금 더 명확히 한 것 정도의 의미가 있다.

2. 상가를 주택으로 용도변경 시 장기보유특별공제 보유기간

상가를 주택으로 용도변경한 경우의 장기보유특별공제는 다음과 같이 적용한다 (2025년 이후 양도분부터 적용).

종전	개정
취득일~양도일	용도 기간별 보유·거주기간별 공제율을 합산해 계산(❶ + ❷) ❶ (보유기간 공제율*)비주택 보유기간에 대한 일반 공제율+주택 보유기간에 대한 1세대 1주택 공제율 ❷ (거주기간 공제율) 주택 거주기간에 대한 1세대 1주택 공제율 ☞ 2025.1.1 이후 적용

* 최대 40% 적용

부가세 별도

부동산 매매계약을 체결할 때 부가세 처리 문제는 매우 중요하다. 이를 둘러싼 분쟁들이 상당히 많기 때문이다. 다음에서는 매매계약서에 특약사항으로 기재되는 '부가세 별도'가 어떤 의미가 있는지 분석을 해보자.

Case

K 중개사무소는 이번에 상가에 대한 매매계약을 체결하려고 한다. 매매 예상가액은 5억 원이다. 물음에 답하면?

Q1 매매계약서상에 '부가세 별도'라고 표기되었다면 부가세는 어떻게 계산하는가?

총 공급가액에 대해 '감정평가비율 → 기준시가 비율 등'의 순으로 건물분 및 토지분의 공급가액을 안분계산한다. 일반적으로 기준시가 비율로 안분계산한다(단, 임의기재한 가액도 인정될 수 있다).

Q2 만일 매매계약서상에 부가세가 언급되지 않았다면 부가세는 어떻게 계산하는가?

이 경우에는 총 공급가액 안에 부가세가 포함되어 있다고 본다. 아래 집행기준을 참조하자.

※ 세액이 별도 표시되지 아니한 대가의 공급가액(부가세법 집행기준 29-0-4)

사업자가 재화 또는 용역을 공급하고 그 대가로 받은 금액에 공급가액과 세액이 별도 표시되어 있지 아니한 경우와 부가세가 포함되어 있는지가 분명하지 아니한 경우에는 그 대가로 받은 금액에 110분의 100을 곱한 금액을 공급가액으로 한다.

Q3 부가세를 발생시키지 않고 중개할 방법은?

이 경우에는 포괄양수도계약을 맺으면 된다. 포괄양수도계약은 "사업장별로 사업용 자산을 비롯한 물적·인적시설 및 권리와 의무를 포괄적으로 승계시키는 것을 말한다(미수금, 미지급금, 사업과 관련 없는 토지·건물 등 제외)." 따라서 이러한 계약이 성립되면 부가세를 생략한 상태로 매매계약을 체결할 수 있다.

(Consulting)

부동산과 관련된 부가세는 어떤 식으로 처리하는지 이에 대해 알아보자.

부가세가 별도인 경우	부가세 부담은 매수자가 한다.
▼	
부가세가 포함된 경우	부가세 부담은 매도자가 한다.
▼	
부가세에 대해 언급이 없는 경우	부가세 부담은 매도자가 한다.

서울 강남구에서 중개업을 하는 K 씨는 다음과 같이 매매계약을 체결하려고 하고 있다. Y 씨는 이 거래에 대해 양도세만 나올 것이라고 이야기했다. 과연 그럴까?

Ⅰ자료Ⅰ

- 매매가액 : 임대 중의 상가 20억 원(매도자의 취득가액 : 10억 원)
- 토지기준시가 9억 원, 건물기준시가 6억 원
- 특약 : 모든 세금은 매도자가 부담

K 씨가 설명한 내용이 맞는지 검증해보자.

STEP1 쟁점은?

매도자가 세금을 모두 부담하는 식으로 계약하는 경우 부가세 등이 얼마나 발생하는지가 쟁점이 된다.

STEP2 부가세의 계산은?

세법은 부가세를 매도자가 부담하기로 되어 있는 경우에는 거래금액에 부가세가 포함된 것으로 본다. 따라서 사례의 경우 다음과 같이 부가세를 계산해야 한다.

- 건물공급가액 계산

= 전체 공급가액 20억 원×

$$\frac{건물기준시가\ 6억\ 원}{토지기준시가\ 9억\ 원+건물기준시가\ 6억\ 원+건물기준시가\ 6억\ 원×10\%}$$

$$= 20억\ 원 \times \frac{6억\ 원}{15억\ 6,000만\ 원} = 7억\ 6,923만\ 769원$$

- 부가세 계산

    부가세는 건물공급가액의 10%이므로 7,692만 3,076원이 된다.

📌 20억 원에서 앞의 건물공급가액과 부가세를 차감하면 토지공급가액을 계산할 수 있다. 결국, 총 거래금액 20억 원은 다음과 같이 분해된다.

구분	금액	비고
건물공급가액	7억 6,923만 3,076원	
건물 부가세	7,692만 3,076원	
토지공급가액	11억 5,384만 3,848원	
계	20억 원	

STEP3 결론은?

부가세가 발생한다는 사실을 알지 못한 상태에서 계약하면 돌이킬 수 없는 피해를 가져다줄 수 있다. 따라서 상가 등 상업용 건물을 중개할 때에는 부가세의 발생 여부, 계약에 따른 부담 주체, 특약 등을 어떻게 정해야 하는지도 명확히 알아야, 앞과 같은 위험을 피할 수 있다.

포괄양수도계약
(명도, 수리요건 등)

주로 상업용 건물에 대해 약방의 감초처럼 자주 등장하는 포괄양수도계약에 대해 알아보자. 포괄양수도계약은 사업장별로 사업용 자산을 비롯한 인적시설 및 권리·의무 등을 포괄적으로 승계해 양도하는 것을 말한다.

Case

K 공인중개사무소에서는 다음과 같이 오피스텔을 중개하려고 한다. 물음에 답하면?

I 자료 I
• 매도자 : 일반과세자
• 양도 예상가액 : 2억 원(VAT 1,000만 원 별도)
• 취득가액 : 1억 8,000만 원

Q1 매도자가 매수자로부터 받아야 할 총금액은 얼마인가?

부가세 1,000만 원을 포함한 총 2억 1,000만 원이 이에 해당한다.

Q2 매수자는 부가세 1,000만 원을 환급받을 수 있는가?

그렇다. 다만, 매수자는 일반과세자로 등록해야 하고 적법하게 세금계산서를 받아야 한다.

Q3 부가세 1,000만 원을 제외하고 거래할 수 있는가?

국가 입장에서는 부가세를 받았다가 이를 환급해주므로 실익이 없다. 그래서 매도자의 사업 자체를 매수자에게 그대로 포괄적으로 승계하면 이의 없이도 거래할 수 있도록 하고 있다.

Q4 만일 매수자가 간이과세자인 경우에도 포괄양수도가 성립하는가?

그렇다. 다만, 매도자가 일반과세자면 간이과세자는 자동으로 일반과세자로 전환된다.

Consulting

포괄양수도계약이 성립되려면 다음과 같은 요건이 동시에 충족되어야 한다.

사업양수도의 내용이 확인될 것	사업양도·양수 계약서 등에 의거, 사업의 포괄적 양도 사실이 확인되어야 한다.
▼	
매도자와 매수자가 과세사업자일 것	사업양수 후 매수자가 면세사업으로 전용하는 경우에는 사업양 수도가 인정되지 않는다.
▼	
사업양도신고서를 제출할 것	사업양도 후 사업양도 신고서를 제출해야 한다.

 매도자는 부가세 확정신고를 할 때 사업양도 신고서를 제출해야 하고, 매수자는
사업자등록을 할 때 일반과세자로 사업자등록을 해야 하며, 양도·양수 계약서
사본을 제출해야 한다.

실전연습

K 중개사무소는 다음과 같이 빌딩을 중개하려고 한다. 물음에 답하면?

> | 자료 |
> • 양도 예상가액 : 60억 원(부가세 별도)
> • 취득가액 : 10억 원

Q1 매도자가 매수자로부터 징수해야 하는 부가세는 얼마인가? 단, 토지
의 기준시가는 20억 원이고, 건물의 기준시가는 10억 원이다.

상가건물과 토지를 일괄공급하는 경우 부가세는 '감정평가액 → 기
준시가'의 비율 순으로 안분계산한다. 사례의 경우에는 감정평가액이
없으므로 기준시가 비율로 적절히 나누어 토지와 건물의 공급가액을
계산한다.

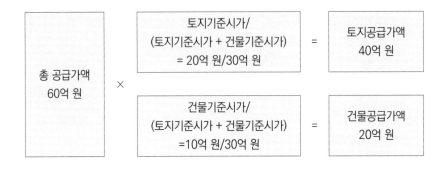

따라서 부가세는 건물공급가액에 대해서만 부과되므로 20억 원의 10%인 2억 원이 된다.

Q2 일반과세자인 매수자는 앞의 부가세를 환급받을 수 있는가?

그렇다.

※ 환급을 받을 수 없는 경우

- 매수자가 간이과세자인 경우
- 매수자가 비영리법인으로 목적사업용으로 사용하는 경우(예 : 교회의 예배당으로 사용)
- 매수자가 비사업자인 경우 등

Q3 앞의 부가세를 생략한 채 거래하기 위한 조건은?

포괄양수도계약을 맺으면 부가세 없이 처리할 수 있다. 포괄양수도 계약이란, 사업 자체를 매수자에게 그대로 이전하는 계약을 말한다.

Q4 만일 잔금청산일 전에 임차인 퇴거 조건으로 계약서가 작성되면 포괄 양수도계약이 성립하는가?

아니다. 이는 사업의 연속성이 깨지므로 세금계산서를 발행해야 한다.

Q5 만일 완전 수리 조건으로 특약을 맺으면 포괄양수도가 가능할까?

매도자한테 완전 수리를 요구한 다음에 잔금청산을 하는 경우가 있다. 이러한 조건의 특약은 포괄양수도계약에 영향을 미치지 않은 것으로 보인다.

| Tip | 수리조건으로 상가를 취득한 경우의 양도세 필요경비 적용법 |

매매계약 시 수리 조건부로 수리비를 지출한 경우에는 그에 따른 증명서류를 수취하거나 지출 사실이 금융거래 증명서류에 의해 확인되면 양도세 필요경비로 인정받을 수 있다(소령 제163조 제5항 라목 참조).

권리금 특약

상가를 임대차 또는 매매할 때 발생하는 영업권(실무에서는 권리금으로 부른다)도 특약을 맺을 수 있다. 물론 현장에서는 이를 계약서에 반영하는 것은 힘든 경우가 많다. 다음에서는 이러한 현실과 관계없이 권리금에 대한 세무상 쟁점을 대략 알아보자.

1. 영업권 양도와 세무상 쟁점

1) 매도자

- 개인이 세법상의 영업권을 양도하는 경우 발생하는 소득은 기타소득에 해당하나, 사업용 고정자산(부동산 등)과 함께 양도하면 영업권은 양도세 과세 대상이 된다.
- 영업권이 기타소득에 해당하면 대가의 60%를 비용으로 인정받을 수 있다(원천징수율 22%).
- 영업권을 양도하는 개인은 기타소득 금액이 300만 원 이상이면

다음 해 5월 종합소득금액에 합산해 종소세를 신고해야 한다.

- 22%로 원천징수한 세액은 종소세 신고 시 기납부세액으로 공제된다.
- 과세사업이면 세금계산서를, 면세사업이면 계산서를 발행해야 한다. 세금계산서 미발행 시 가산세가 있다(단, 포괄양수도계약은 제외). 면세사업자는 원천징수가 되면 계산서 미발행에 따른 가산세는 없다.

2) 매수자

- 영업권을 양수하는 사업자(법인 포함)는 대가 지급 시 무조건 기타소득 금액의 22%, 즉 지급총액의 8.8%를 원천징수해야 한다. 원천징수를 이행하지 않으면 가산세가 부과된다. 원천징수세액은 다음 달 10일(또는 반기 말의 다음 달 10일)까지 신고 및 납부해야 한다. 한편 이에 대한 지급명세서도 제때 납부해야 한다.
- 유상으로 취득한 영업권은 재무상태표에 무형자산으로 계상할 수 있다.
- 이렇게 계상된 매입영업권은 세법에서 감가상각 대상 자산으로 규정되어 있어 감가상각*을 통해 비용화할 수 있다.

  * 일반적으로 영업권에 대한 감가상각은 5년 정액법으로 할 수 있다.

2. 적용 사례

K 씨는 상가를 중개하려고 하는데, 현재 매도자는 일반과세자이고 매수자는 법인사업자다. 양 당사자 간에 영업권(권리금)에 대해 1억 원으로 합의를 본 상태다. 물음에 답하면?

Q1 영업권에 해서는 무조건 부가세가 발생하는가? .

아니다. 포괄양수도계약에 해당하면 부가세 없이 거래할 수 있다. 만약 포괄양수도계약에 해당하지 않다면 부가세를 주고받아야 한다.

Q2 매수자가 1억 원에 대해 세금계산서를 받은 경우에도 원천징수를 해야 하는가?

원천징수 대상 소득에 대해서는 무조건 원천징수를 해야 한다. 만일 이를 어긴 경우에는 가산세가 발생한다.

🔵 원천징수를 미이행하면 원천징수 불이행 가산세(최대 10%) 외에 지급명세서 미제출에 따른 가산세(2% 등)도 부과될 수 있으므로 주의해야 한다.

Q3 매도자가 상가를 양도하면서 받은 권리금은 세법상 양도소득에 해당한다. 그렇다면 이에 대해서도 장기보유특별공제가 적용되는가?

아니다. 장기보유특별공제는 토지와 건물에만 적용되기 때문이다. 이러한 측면에서 보면 매도자는 권리금을 별도로 평가하지 않고 전체를 상가의 양도가액으로 하는 것이 유리할 수 있다. 물론 매수자는 권리금에 대한 비용처리를 5년 이내에 끝내고 싶다면 권리금을 별도로 평가하는 것이 유리할 수 있다.

Q4 매도자와 매수자는 매매계약서상에 권리금 유무를 표시하지 않았다. 이에 따라 매도자는 권리금에 대한 양도세 신고를 하지 않았다. 그런데 매수자가 법인세 신고 때 영업권에 대해 비용처리를 했다. 이 경우 어떤 문제가 발생하는가?

매도자에 대해서는 5년간 소득세 추징과 세금계산서 미발행에 대한 가산세가 부과될 수 있고, 매수자에게는 원천징수 불이행 등에 따른 가산세가 부과될 수 있다.

Tip 권리금에 대한 세무 처리법 요약		
구분	매도자	매수자
원천징수의무	–	22%(대가의 8.8%) ☞ 필요경비 60%
원천징수의무 불이행 가산세 (지급명세서제출 관련)	–	• 불이행 가산세(3~10%) • 미제출 가산세(2%)
세금계산서, 계산서 발행 의무	• 일반과세 : 세금계산서 • 세금계산서 발행 간이과세 : 세금계산서 • 간이과세 : 일반영수증 • 면세사업자 : 계산서* ☞ 포괄양수도 시 세금계산서 생략 가능	
종합소득세/법인세	• 개인사업자 : 종합(또는 양도)소득세 신고 • 법인 : 법인세 신고	• 무형자산 계상 • 5년 정액법 상각**

* 면세사업자는 매수자가 원천징수한 경우 계산서 발행을 생략해도 가산세를 부과하지 않는다. 일반과세자 등은 세금계산서 미발행 시 가산세가 부과된다.

** 감가상각 범위 내에서 장부상 임의계상이 가능하다.

실무적으로 세금계산서를 언제 발급해야 하고, 수취해야 하는지 아리송할 때가 상당히 많다. 업종과 거래형태 등에 따라 공급 시기가 일정치 않기 때문이다. 그런데 문제는 이를 제대로 파악하지 못한 상태에서 세금계산서를 발급하면 가산세 등의 부담을 안게 되고, 상대방은 매입세액 불공제 같은 불이익을 받게 된다는 점이다. 따라서 실무자로서는 기본적으로 이와 관련된 업무 처리는 늘 경각심을 가지고 임해야 한다. 다음에서 알아보자.

1. 부가세법상 공급 시기

부가세법상 공급 시기는 세금계산서의 발급 시기와 밀접한 관련이 있다. 이에 대해 정리해보자(부가세법 제34조 등).

첫째, 제품이나 상품을 공급하는 경우 다음과 같은 시기에 세금계산서를 발급해야 한다.

① 현금판매·외상판매·단기 할부 : 재화가 인도되거나 이용할 수 있게 되는 때

② 장기할부판매 : 대가의 각 부분을 받기로 한 때

여기서 장기할부는 2회 이상 분할해 대가를 받은 경우로서, 당해 재화의 인도일의 다음 날부터 최종의 할부금의 지급일까지의 기간이 1년 이상인 것을 말한다.

③ 반환 조건부판매·동의 조건부판매(예:시용판매) · 기타 조건부(예:검수 조건부판매) 및 기한부판매의 경우 : 그 조건이 성취되거나 기한이 경과되어 판매가 확정되는 때

④ 완성도 기준지급 또는 중간지급 조건부로 재화를 공급하거나 전력 기타 공급단위를 구획할 수 없는 재화를 계속 공급하는 경우 : 대가의 각 부

분을 받기로 한 때

둘째, 용역을 공급하는 경우에는 원칙적으로 역무가 제공되거나 재화·시설물 또는 권리가 사용되는 때로 한다. 다만, 실무적으로는 다음과 같이 발급해야 한다.

① 통상적인 공급의 경우 : 역무의 제공이 완료되는 때
② 건설용역과 같은 완성도 기준지급·중간지급·장기할부 또는 기타 조건부로 용역을 공급하거나 그 공급단위를 구획할 수 없는 부동산 임대용역과 같은 용역을 계속 공급하는 경우 : 그 대가의 각 부분을 받기로 한 때
③ 앞의 기준을 적용할 수 없는 경우 : 역무의 제공이 완료되고 그 공급가액이 확정되는 때

셋째, 세금계산서는 앞의 공급 시기에 발급하는 것이 맞지만 다음과 같은 특례를 두고 있다.

① 공급 시기 전에 미리 발급하는 경우(선세금계산서)

앞의 공급 시기 이전에 다음과 같은 사유로 세금계산서를 발급하면, 이때를 공급 시기로 본다.

1. 공급 시기 도래 전에 대가의 전부 또는 일부를 받고 이와 동시에 그 받은 대가에 대해 세금계산서를 발급한 경우
2. 공급 시기 도래 전에 세금계산서를 미리 발급하고 그 세금계산서 발급일부터 7일 이내에 대가를 받은 경우
3. 세금계산서 발급일로부터 7일이 지난 후 대가를 받았지만, 아래에 해당하는 경우
   - 거래 당사자 간의 계약서·약정서 등에 대금 청구 시기(세금계산서 발급일을 말한다)와 지급 시기를 따로 적고, 대금 청구 시기와 지급 시기 사이의 기간이 30일 이내인 경우
   - 재화 또는 용역의 공급 시기가 세금계산서 발급일이 속하는 과세기간 내(조기환급을 받으면 세금계산서 발급일부터 30일 이내)

에 도래하는 경우

② 합계액에 의해 세금계산서를 교부하는 경우(월 합계세금계산서)

다음 중 어느 하나에 해당하는 경우에는 재화 또는 용역의 공급일
이 속하는 달의 다음 달 10일까지 세금계산서를 교부할 수 있다.

- 거래처별로 1역월(1曆月)의 공급가액을 합해 해당 달의 말일을
작성 연월일로 해 세금계산서를 발급하는 경우
- 거래처별로 1역월 이내에서 사업자가 임의로 정한 기간의 공급
가액을 합해 그 기간의 종료일을 작성 연월일로 해 세금계산서
를 발급하는 경우
- 관계 증명서류 등에 따라 실제 거래 사실이 확인되는 경우로서
해당 거래일을 작성 연월일로 해 세금계산서를 발급하는 경우

2. 적용 사례

L 법인은 부동산 임대업을 영위하기 위해 최근 100억 원 대의 건물을 매입
하면서 다음과 같이 계약을 체결했다. 물음에 맞게 답하면?

- 계약금 30% : 계약체결 시 지급(20×3. 4. 1)
- 중도금 30% : 계약체결 후 1개월 내 지급(20×3. 5. 1)
- 잔금 40% : 계약체결 후 3개월 내 지급(20×3. 6. 1)

Q1 이 거래와 관련한 부가세법상의 공급 시기는 어떻게 되는가?

사례의 경우 원칙적으로 재화가 인도되거나 이용할 수 있게 되는 때
가 공급 시기에 해당한다.

Q2 사례에서 세금계산서의 발급 방법은 어떻게 될까?

세금계산서는 앞의 공급 시기에 맞춰 1장으로 발급하면 된다. 물론 공급자는 원칙적으로 공급 시기에 맞춰 전자세금계산서를 발급하고 다음 날까지 이를 국세청에 전송해야 한다(토요일과 공휴일은 다음 영업일).

Q3 중간지급 조건부의 공급 시기는 어떻게 될까?

중간지급 조건부는 '계약금을 받기로 한 날의 다음 날부터 재화를 인도하는 날 또는 재화를 이용할 수 있게 하는 날까지의 기간이 6개월 이상인 경우로서 그 기간 이내에 계약금 외의 대가를 분할해 받는 경우'를 말한다. 따라서 6개월 이상과 계약금(1회), 이외 대금을 2회 이상 지급받으면 '각 대가를 받기로 한 때'가 공급 시기가 된다.

✆ 6개월 미만이거나 6개월 이상이더라도 대금 분할 횟수가 3회 미만이면 중간지급 조건부가 아니므로 재화가 인도되는 때 등이 공급 시기가 된다.

Q4 사례에서 잔금을 계약체결 후 6개월 후로 변경하면 이에 대한 세금계산서는 어떤 식으로 발급해야 할까?

이처럼 계약변경을 통해 중간지급 조건부 계약이 된 경우에는 다음의 시기에 맞춰 세금계산서를 발급해야 한다(부가세 집행기준 15-28-5).

④ 당초 재화의 공급계약이 중간지급 조건부에 해당하지 아니했으나, 당사자 간에 계약조건을 변경해 중간지급 조건부 계약으로 변경된 경우 계약변경 이전에 지급한 계약금은 '변경계약일'을, 변경계약일 이후에는 변경된 계약에 의해 '대가의 각 부분을 받기로 한 때'를 각각 공급 시기로 본다.

Q5 **Q4처럼 계약 변경한 후 잔금 지급일에 세금계산서를 받으면 매입세 액공제는 가능한가?**

가능하다. 다만, 계약금에 대한 세금계산서는 계약 변경일을 작성 연 월일로 해 수취해야 하는데, 이 부분이 누락되었으므로 매입세금계산 서 지연 수취에 따른 가산세를 부과한다(0.5%). 공급자는 지연발급에 따 른 가산세(1%)를 부과한다.

부록

양도세 계산과
신고 방법

양도세 계산

    이 책의 독자들은 양도세 계산 정도는 눈감고 할 수 있을 것으로 생각한다. 요즘은 국세청 홈택스에서도 이에 대한 기능을 제공하고 있어 접근이 한층 쉬워졌다고 할 수 있다. 하지만 정확한 세금계산을 위해서는 이에 대한 관련 지식이 사전에 충족되어 있어야 한다. 정확한 판단 위에 계산해야 의미가 있기 때문이다.

1. 양도세 계산구조와 체크 포인트

구분	내용	비고
양도가액		
취득가액	• 일반 : 실제 거래가액(환산가액 포함) • 상속 : 상속세 신고가액 • 증여 : 취득가액 이월과세*	
필요경비	• 양도와 취득 시 필요경비 • 자본적 지출	필요경비의 범위 확인

구분	내용	비고
양도차익	• 고가주택 비과세 양도차익 안분 • 토지와 건물의 취득시기가 다른 경우에 양도차익 안분 • 재건축 관련 양도차익 안분 • 조특법 장특공제 특례 적용분 안분	고가주택은 비과세와 과세차익 안분, 나머지는 주로 장기보유특별공제 적용을 위해 안분함.
장기보유특별공제	• 0% : 3년 미만 보유, 중과 주택 • 6~30% : 일반 부동산 • 12~80% : 고가주택 • 50~70% : 조특법상 감면주택	
기본공제	–	
세율	• 일반세율 : 70%, 60%, 6~45% 등 • 중과세율 : 6~45%+10~30%P	
산출세액	–	
감면세액	조특법상 감면주택**, 자경농지 등	
결정세액		지방소득세 별도
농특세액	감면세액의 20%	

* 저자의 《가족 간 부동산 거래 세무 가이드북》을 참조하기를 바란다.

** 양도세의 감면세액계산법은 3장을 참조하기를 바란다.

2. 적용 사례

K 씨는 다음과 같은 부동산을 양도하려고 한다. 물음에 답하면?

| 자료 |

• 양도가액 : 5억 원

• 취득가액 : 상속받은 것으로 무신고함.

• 취득 당시 기준시가 : 1억 원, 양도 당시 기준시가 : 3억 원

• 보유기간 : 15년

Q1 이 경우 취득가액은 얼마인가?

상속받은 부동산의 경우 취득가액은 상속 당시 평가액이 된다. 따라서 감정평가액, 매매사례가액 등 시가가 없으면 보충적 평가 방법(기준시가 등)으로 평가한 금액이 취득가액이 된다.* 따라서 사례의 경우 1억 원이 취득가액이 된다.

* 상속·증여 재산은 1985.1.1.전에 취득한 것만 취득가액을 환산할 수 있다.

Q2 장기보유특별공제율은 몇 %인가? 이 주택은 4년 단기임대등록한 주택으로 10년을 임대했다고 가정하자.

40%가 적용된다. 일반공제율 30%에다 조특법상 특례에 따라 10%가 추가되기 때문이다(조특법 제97조의 4).

Q3 사례의 주택은 양도세는 얼마인가?

이상과 같은 정보가 파악되었다면 양도세 계산구조에 맞춰 계산하면 된다. 양도세는 7,031만 원*이 나온다.

* (양도차익 4억 원-장기보유특별공제 1.6억 원-250만 원)×38%-1,994만 원=7,031만 원

Q4 사례의 경우 농특세가 부과되는가?

아니다. 양도세 감면(100% 등) 방식이 아니므로 농특세가 부과되지 않는다.

양도차익의 안분

양도세 계산구조에서 취득가액, 양도차익 안분, 장기보유특별공제, 세율, 감면세액 등을 어떤 식으로 적용하는지 이 부분에서 다양한 쟁점들이 발생한다. 다음에서는 이 중 양도차익 안분과 관련된 부분을 정리하기로 한다. 나머지의 것들은 저자의 다른 책을 참조하기를 바란다.

1. 양도차익을 안분하는 이유

양도차익을 안분하는 이유를 몇 가지로 구분해보면 다음과 같다.

첫째, 토지와 건물을 구분하기 위해서다.

양도세는 원칙적으로 토지와 건물을 구분해 계산하므로 이의 구분을 위해 양도차익을 안분하는 것이 원칙이다.

둘째, 양도차익을 비과세와 과세로 나눠 과세하기 위해서다.

예를 들어 1세대 1주택이 고가주택이거나 주택임대사업자의 임대주택의 거주주택 전환 등의 경우 등이 해당한다. 이때 전자의 안분기준은 비과세의 경우 분자는 12억 원, 분모는 양도가액을 사용한다. 후자는 양도 및 취득시기 등의 기준시가의 비율을 사용한다.

셋째, 장기보유특별공제를 적용하기 위해서다.

재건축이나 재개발로 발생한 입주권이나 이로 인해 완공된 아파트, 조특법상 장기보유특별공제율 50%나 70% 등의 적용을 위해 양도차익을 안분하는 경우가 있다. 이때 재건축 입주권 등의 안분기준은 종전 부동산의 취득가액, 권리 가액, 청산금납부액 등이 된다.*

* 이에 대한 자세한 내용은 저자의 《재건축·재개발 세무 가이드북》을 참조하기를 바란다.

넷째, 세율을 달리 적용하기 위해서다.

건물의 부속토지의 경우 적용 배율* 벗어난 부분은 비사업용 토지에 해당한다. 비사업용 토지에 대해서는 중과세율이 적용된다.

* 도시지역 3~5배, 비도시지역 10배 등을 말한다.

다섯째, 조특법상 감면주택 중 5년간 발생된 감면소득을 구분하기 위해서다.

조특법상 감면주택 중 일부에 대해서는 전체 양도소득에서 5년간 발생한 감면소득을 차감한다. 이때 안분기준은 기준시가의 비율로 한다.

2. 적용 사례

K 씨는 아래와 같은 조합원 입주권을 양도하려고 한다. 이 조합원 입주권은 비과세가 성립하지 않는다. 물음에 답하면?

> **Ⅰ자료Ⅰ**
>
> • 종전 주택 취득일 : 2004.1.5
> • 취득가액 : 1억 원
> • 관리처분인가일 : 2021.3.1
> • 조합원 입주권 양도일 : 2024년 예정
> • 양도가액 : 10억 원
> • 평가가액(평가액) : 7억 원
> • 추가부담금(청산금) : 3억 원
> • 이 주택은 15년 이상 보유 및 거주함.

Q1 전체 양도차익은 얼마인가?

양도가액 10억 원에서 실제 취득한 가액 4억 원(당초 취득가액 1억 원+청산금 3억 원)을 차감하면 6억 원이 된다.

Q2 장기보유특별공제액은 얼마인가?

조합원 입주권에서 발생한 양도차익에 대해서는 이 공제가 적용되지 않는다. 따라서 위의 전체 양도차익을 기존건물에서 발생한 것과 조합원 입주권 상태에서 발생한 것으로 나누어야 한다.

※ 청산금을 납부한 경우 = ⓐ + ⓑ = 6억 원

ⓐ 관리처분 인가 전 양도차익
  = 기존건물의 평가액-기존건물 취득가액-필요경비 등

= 7억 원-1억 원=6억 원

ⓑ 관리처분 인가 후 양도차익

= 조합원 입주권 양도가액-(기존건물의 평가액+청산금납부액)-필요경비 등

= 10억 원-(7억 원+3억 원)=0억 원

위의 내용을 반영해 장기보유특별공제액을 계산하면 다음과 같다.

구분	금액		계
	관리처분인가일 전	관리처분인가일 후	
전체양도차익	-	-	6억 원
양도차익 안분계산	6억 원	0억 원	6억 원
장기보유특별공제율	30%	(적용 불가)	
장기보유 특별공제액	1.8억 원	0원	1.8억 원

Q3 사례에 대한 양도세를 계산해보면?

앞의 자료 등을 토대로 양도세를 계산해보자.

구분	금액			비고
	관리처분인가일 전	관리처분인가일 후	계	
양도가액	7억 원	10억 원		
-취득가액	1억 원	10억 원		관리처분인가일 후 취득 가액 : 평가액(7억)+추가 부담(3억)=10억 원
=양도차익	6억 원	0억 원	6억 원	검증 : 전체 양도가액-실제 취득가액+청산금납부액=10억-(1억+3억)=6억
-장특공제	1.8억 원 (30%)	-	1.8억 원	• 공제율 : 15년 보유 ×2%=30%
=양도소득 금액	4.2억 원	0원	4.2억 원	
-기본공제			250만 원	

구분	금액			비고
	관리처분인가일 전	관리처분인가일 후	계	
=과세표준			4억 1,750억 원	
×세율			40%	
−누진공제			2,594만 원	
=산출세액			1억 4,106만 원	

※ **1+1 재건축의 경우 취득가액 산정 방법 등**(기획재정부 재산세제과–627, 2023.05.02)

【질의내용】 도시 및 주거환경정비법에 따른 관리처분계획인가로 조합원 입주권 2개 (1+1)를 취득한 경우

〈질의1〉 구 주택 평가액만으로 취득한 B 주택의 양도차익 계산 시 취득가액 산정 방법
(1안) A 주택 취득가액(2억 원)
(2안) A 주택 취득가액을 재개발 사업 시행 시 평가액으로 안분한 가액(2×
5.5/5.7억 원)

〈질의2〉 구 주택 평가액과 추가분담금으로 취득한 C 주택의 양도차익 계산 시 취득가
액 산정 방법
(1안) 입주권 평가액(5억 원)
(2안) A 주택 취득가액을 재개발 사업 시행 시 평가액으로 안분한 가액(2×
0.2/5.7억 원)과 분담금(4.8억 원)의 합계액

〈질의3〉 평가액만으로 취득한 B 주택의 장기보유특별공제 계산을 위한 보유기간 기산일
(1안) 신축주택(B 주택) 사용승인일
(2안) 멸실된 구 주택(A 주택) 취득일

〈질의4〉 평가액과 추가분담금으로 취득한 C 주택의 장기보유특별공제 계산을 위한 보
유기간 기산일
(1안) 신축주택(C 주택) 사용승인일
(2안) 멸실된 구 주택(A 주택) 취득

【회신내용】 귀 질의 1·2·3의 경우 제2안이 타당함. 귀 질의 4의 경우 소득령 제166조 제5항 제2호에 따라 기존주택분 양도차익에서 장기보유특별공제액을 공제하는 경우 의 보유기간은 기존주택의 취득일부터 신축주택의 양도일까지의 기간으로 하고, 청산 금납부분 양도차익에서 장기보유특별공제액을 공제하는 경우의 보유기간은 관리처분 계획 등 인가일부터 신축주택의 양도일까지의 기간으로 함.

양도세 신고 방법

부동산을 양도하면서 발생하는 양도차익에 대한 양도세는 어떻게 신고하는지 알아보자. 양도세는 투자자 등에게 매우 중요한 세금이므로 특히 세금신고를 담당하고 있는 세무업계에서는 세무상 쟁점들을 모두 파악하고 있는 것이 중요하다.

Case

K 씨는 다음과 같은 주택을 보유하고 있다. 물음에 답하면?

I 자료 I

• A 주택 : 다음에 해당하는 감면주택임.

제99조의 3 신축주택의 취득자에 대한 양도소득세의 과세특례 (2001.08.14 제목 개정)	2001.05.23~2003.06.30 까지 취득한 신축주택	5년간 발생소득 차감

• B 주택 : 2015년 1월 1일에 취득함(비조정지역에 소재함).

Q1 감면주택을 양도하면 어떤 혜택을 누릴 수 있는가?

일반적으로 감면소득에 대해 감면을 받을 수 있고, 다른 주택을 양도할 때 주택 수에서 제외해주는 특례를 받을 수 있다.

Q2 B 주택을 양도하면 비과세를 받을 수 있는가?

감면주택인 A 주택이 K 씨의 주택 수에서 제외되면 비과세가 가능하다. 그런데 조특법 제99조의 3의 감면주택은 주택 수에서 제외되지 않는다. 이 규정에 따르면 원래 주택 수에서 제외를 해주었으나, 2007년 12월 31일까지 양도하는 때에만 주택 수에서 제외해주는 것으로 세법을 개정시켰기 때문이다. 따라서 사례의 경우에는 1세대 2주택이 되어 비과세를 받을 수 없게 된다.

☞ 이를 통해 알 수 있는 것은 조특법상 감면주택은 무조건 주택 수에서 제외되지 않는다는 사실이다.

Q3 B 주택에 대해서 비과세를 받을 방법은?

먼저 감면주택을 처분한 후에 B 주택을 처분하면 비과세를 받을 수 있다.

Consulting

양도세 신고와 관련해 발생하는 쟁점들을 시간의 흐름에 따라 정리하면 다음과 같다.

발생	• 양도는 매매, 현물출자 등에 의해 유상으로 소유권이 이전되는 사건을 말한다. • 통상 잔금청산일과 등기접수일 중 빠른 날을 기준으로 양도 시기가 결정된다.

▼

신고	• 예정신고 : 양도일이 속하는 달의 말일로부터 2개월 이내에 예정신고를 한다. • 확정신고 : 한해에 2회 이상 양도 시 다음 해 5월 중에 확정신고를 한다.

▼

사후관리	신고 후에는 4개월 전후에 신고서에 대한 타당성 검증을 거쳐 오류 등이 확인되면 소명을 요구한다.

☞ 양도세 비과세가 적용되는 경우에는 원칙적으로 신고의무가 없다. 물론 일시적 2주택 등 비과세 특례적용 시에는 신고를 해두는 것이 안전하다.

실전연습

앞의 사례에서 A 주택과 B 주택을 순차적으로 양도한다고 하자. 다음 자료를 바탕으로 물음에 답하면?

|자료|

• A 주택 : 전체 양도차익 5억 원, 취득 후 5년간 발생소득 1억 원, 장기보유특별공제율 30%
• B 주택 : 양도가액 12억 원

Q1 A 주택을 양도하는 경우 양도세는 얼마가 나올까?

A 주택에 대한 양도세를 계산하면 다음과 같다. 단, 기본공제는 미적용하기로 한다.

구분	금액	계산근거
양도차익	5억 원	
−5년간 발생소득	1억 원	가정
=과세양도차익	4억 원	
−기본공제	0원	가정
=과세표준	4억 원	
×세율	40%	
−누진공제	2,594만 원	
=산출세액	1억 3,406만 원	
−감면세액	0	
=결정세액	1억 3,406만 원	지방소득세=결정세액의 10%

　조특법 제99조의 3의 감면 내용은 산출세액의 100%를 감면하는 방식이 아닌 전체 양도차익에서 감면되는 소득을 차감하는 방식으로 적용된다.

 이 경우 감면세액의 20%만큼 농특세가 부과되는가?
그렇다. 이때 감면세액은 감면이 적용되지 않았을 경우의 세액에서 감면을 적용한 후의 세액을 차감해 계산한다.

Q2 양도세는 어떻게 신고 및 납부하는가?

　양도세는 양도일(잔금청산일)이 속하는 달의 말일로부터 2개월 이내에 주소지 관할 세무서에 신고 및 납부한다(국세청 홈택스나 세무사무소에 의뢰). 이때 양도세 납부할 세액이 1,000만 원이 넘을 때는 다음과 같이 분납할 수 있다.

구분	납부할 세액이 2,000만 원 이하 시	납부할 세액이 2,000만 원 초과 시
양도세	• 신고기한 : 1,000만 원 • 2개월 내 : 잔여 금액	• 신고기한 : 1/2 • 2개월 내 : 1/2 이내
지방소득세	• 양도소득에 부과되는 지방소득세는 양도세 신고기한(양도 말일로부터 2개월)에 2개월을 더한 날(총 4개월)까지 신고 및 납부하면 되는 것으로 최근 법이 개정되었음.	

Tip ▶ 신고를 위해 준비해야 할 서류

신고 시에는 양도소득 과세표준 확정신고 및 자진납부계산서와 양도소득 금액계산 명세서에 다음의 서류를 첨부해야 한다.

일반적인 양도	입주권	재건축·재개발 아파트	신축감면주택
1. 취득·양도 시의 매매계약서 사본	1. 입주권 양도계약서 2. 종전 부동산 취득계약서(무허가주택은 무주택확인원) 3. 관리처분계획인가서 4. 청산금납부내역서 5. 조합원 분양계약서 6. 국공유지 매수계약서 7. 토지 연부이자 영수증	1. 양도계약서 2. 종전 주택취득계약서(입주권 취득계약서) 3. 좌의 3~7 4. 준공인가증(임시사용승인서 등)	1. 양도계약서 2. 일반 분양자 : 아파트 분양계약서(승계조합원 : 입주권취득계약서, 원조합원 : 종전 주택취득계약서) 3. 계약금 납부영수증(일반 분양자) 4. 관리처분인가내역서 5. 준공인가증 6. 감면 신청서

이외에도 취득세·공인중개사 수수료·법무사 수수료·컨설팅 비용·인테리어비에 대한 영수증이 필요하다. 토지 및 건축물대장 및 등기부 등본·주민등록등본은 제출하지 않더라도 상관없다.

부동산 필요경비 처리법
(양도세와 종소세 등 비교)

필요경비는 부동산을 취득하거나 양도할 때 필수적으로 발생하는 비용을 말한다. 다음에서는 필요경비 처리법에 대해 알아보자.

Case

서울 구로구에 거주하고 있는 A 씨는 인테리어비용을 다음과 같이 필요경비에 넣어 신고했다. 이 경우 어떤 문제점이 있는가?

항목	수량	단가	금액	비고
도배공사			1,000,000	
온돌 마루 공사	24	130,000	1,200,000	필요경비 신청
난간 확장공사			3,000,000	필요경비 신청
필름 시공(주방)			800,000	
전기수선			200,000	
화장실 벽타일, 욕조와 세면대 교체			3,000,000	필요경비 신청

항목	수량	단가	금액	비고
도장공사			1,000,000	
싱크대 교체 및 인조대리석 공사			3,000,000	필요경비 신청
붙박이장 설치비			2,000,000	필요경비 신청
신발장 수리비			500,000	
소계			15,700,000	부가세 불포함
필요경비 신청액			12,200,000	부가세 불포함

원래 소득세법 제97조에서는 양도세 계산 시 필요경비로 공제되는 항목을 다음과 같이 규정하고 있다.

① 자본적 지출액

자본적 지출이란 사업자가 소유하는 감가상각 자산의 내용연수를 연장하거나 당해 자산의 가치를 현실적으로 증가시키기 위해 지출한 수선비를 말하며, 다음의 것을 포함한다.

– 본래의 용도를 변경하기 위한 개조

– 엘리베이터 또는 냉난방 장치의 설치

– 재해 등으로 인해 건물·기계·설비 등이 멸실 또는 훼손되어 당해 자산의 본래 용도로의 이용가치가 없는 것의 복구

– 기타 개량·확장·증설 등 앞에 있는 것들과 유사한 성질의 것

② 매도자산의 용도변경·개량 또는 이용 편의를 위해 지출한 비용

이상의 내용으로 보건대 앞에서 A 씨가 필요경비로 신청한 금액은 적절한 것으로 판단된다.

부동산을 거래 또는 보유하면서 발생하는 경비들에 대한 처리는 매우 중요하다. 소득의 크기를 줄여주기 때문이다. 다음의 표는 부동산 관련 필요경비의 종류와 처리 방법에 해당한다.

구분	양도세	종소세	
		임대소득	매매소득
취득가액	○	×	○
취득부대비용	○	×	○
자본적 지출	○	×	○
수익적 지출	×	○	○
대출이자	×	○	○*
일반관리비	×	○	○*
양도비용	○	×	○

* 임대소득에서 처리된 부분은 매매소득에서 중복해 처리되지 아니함에 유의해야 한다.

양도세의 경우 취득 당시에 발생한 취득가액 등과 자본적 지출, 그리고 양도 시에 발생한 비용들이 양도가액에서 차감된다. 여기서 자본적 지출은 자산의 가치를 증가시키는 지출로서 인테리어 공사비용이 대표적으로 있다. 임대소득에 대한 종소세의 보유 중에 수선비 성격의 수익적 지출과 대출이자, 일반관리비 등이 비용으로 처리되며, 매매소득에 대한 종소세의 경우에는 임대소득에서 처리되지 않은 것들이 해당된다.

※ 이자 비용의 처리법

주택 구매와 관련해 발생하는 이자는 다음과 같이 처리한다.
- 개인이 양도하는 경우 → 필요경비로 인정하지 않는다.
- 개인이 매매사업자로 사업을 하는 경우 → 사업과 관련된 경비이므로 종합소득에서 차감한다.
- 법인이 매매사업자로 사업을 하는 경우 → 법인의 경비에 해당하므로 법인소득에서 차감한다.

🖐️ 필요경비 처리 방법은 실무에 해당하므로 이에 대한 자세한 사항은 저자의《부동산 세무 가이드북 실전 편》등의 책과 저자가 운영하는 카페(네이버 신방수세무아카데미) 등을 통해 알아보기 바란다.

실전연습

중개수수료는 중개자로서는 매출에 해당한다. 따라서 이에 대한 부가세 및 소득세를 신고하지 않으면 향후 과세당국의 조사를 거쳐 세금을 추징받을 가능성이 크다. 다만, 조사 가능성은 신고 여부에 따라 달라질 것이다. 다음을 보자.

- 매도자가 비과세로 신고하지 않는 경우 : 비과세 주택에 대해서는 신고의무가 없다. 따라서 신고를 하지 않는 이상 중개수수료에 대한 자료는 당장 노출되지 않는다. 하지만 향후 매수자가 양도세 신고를 할 때는 자료가 노출될 수밖에 없다. 그러나 시간이 많이 흐른 뒤에 설령 누락된 자료가 발견되더라도 이에 대해 과세하기는 그리 쉽지가 않은 것이 현실이다.

- 매도자가 과세로 신고하는 경우 : 수수료에 대한 자료가 바로 노출된다. 그 결과 세무서에 제출된 자료는 전산망에 축적되어 향후 과세자료로 사용될 가능성이 커진다.

부동산 취득원인이 상속 또는 증여면 양도세 계산법이 일반취득과 다소 상이하다. 다음에서 이에 대해 알아보자.

Case

K 씨는 세대 분리가 된 자녀에게 주택을 증여했다. 해당 자녀는 그 집에서 계속 거주해왔으며 이번에 증여받은 주택을 양도하고자 한다. 다음 자료를 보고 물음에 답하면?

| 자료 |

• 양도 예상가액 : 5억 원
• 증여자가 취득한 가액 : 1억 원(취득일 2000.1.1, 거주한 적 없음)
• 증여가액 : 3억 원
• 수증일 : 2023년 1월 1일

Q1 K 씨의 자녀가 이 주택을 2024년에 양도하면 비과세를 받을 수 있는가?

비과세를 받을 수 없다. 증여받은 날로부터 2년 이상 보유해야 하기 때문이다.

Q2 K 씨의 자녀가 이 주택을 2025년 이후에 양도하면 비과세를 받을 수 있는가?

증여받은 날로부터 2년 보유 등을 했으므로 비과세가 가능하다.

Q3 Q2와 같이 2025년 이후에 양도했지만, 해당 금액이 증여자인 K 씨로 귀속되면 어떤 문제점이 있는가?

이 경우에는 소법 제101조에 있는 부당행위계산을 검토해야 한다. 이 제도에 해당하면 납세의무자가 K 씨의 자녀가 아니라 K 씨가 된다. 다만, 이의 적용을 위해서는 다음의 조건을 충족하는 세 부담 회피행위가 있어야 한다.

- 자녀의 증여세 + 양도세 ＜ K 씨의 양도세

Q4 K 씨의 자녀가 안전하게 비과세를 받으려면 어떻게 해야 하는가?

증여받은 날로부터 2년 보유(거주)를 한 상태에서 양도하고, 양도대금을 자녀에게 귀속시키면 된다. 이렇게 되면 이월과세와 부당행위계산이 적용되지 않는다.

Consulting

부동산 취득원인이 일반취득인 경우와 상속증여인 경우의 양도세 계산 방법 등을 비교해보자.

구분		일반취득 재산	상속·증여 재산
과세	양도가액	실거래가액	좌동
	취득가액	실거래가액 (환산가액 가능)	신고 당시의 평가액(시가 → 기준시가, 1985.1.1 전의 취득분은 환산가액 가능)
	기타필요경비	실제 경비	실제 경비
	장기보유특별공제	취득일~양도일	상속·증여일~양도일
	세율 적용	취득일~양도일	• 상속 : 피상속인의 취득일~양도일 • 증여 : 증여일~양도일
	취득가액 이월과세	–	증여 : 10년 내 양도 시 적용
비과세		취득일부터 2년 보유 등	• 상속 : 다양하게 적용 • 증여 : 일부 적용
감면		8년 자경농지 감면 등	• 상속 : 피상속인의 자경 기간 합산 • 증여 : 증여자의 자경 기간 합산하 지 않음.

※ 공동상속주택 1세대 1주택 비과세 및 장기보유특별공제 거주기간 판정 개정

2024년 영 시행일 이후에 공동상속주택에 대한 비과세와 장기보유특별공제 거주기간 판정이 다음과 같이 개정되어 시행된다(소득령 제154조 ⑫·제159의 4).

현행	개정안
□ 공동상속주택 거주기간 판정 방법	□ 판정 기준 합리화
① 조정대상지역 내 1세대 1주택 비과세 2년 거주요건 ② 1세대 1주택 장기보유특별공제 2년 거 주요건	(좌 동)
⇒ 공동상속주택의 경우 : 거주기간은 해당 주택을 소유한 것으로 보는 사람*이 거 주한 기간으로 판단 * 다음 순서에 따라 판정 ① 상속지분이 가장 큰 상속인 ② 당해 주택에 거주하는 자 ③ 최연장자	⇒ 공동상속주택의 경우 : 거주기간은 해당 주택에 거주한 공동상속인의 거주기간 중 가장 긴 기간으로 판단

K 씨는 다음과 같은 부동산을 자녀에게 증여했다. 이 경우 이월과세가 적용되는가?

| 자료 |

- 토지는 20년 전에 1억 원에 취득
- 자녀는 2022년에 7,000만 원에 토지를 증여받음(증여세는 200만 원 부담).
- 이 토지를 2024년에 양도할 경우 3억 원에 양도할 수 있음.

이에 대한 답을 찾기 위해서는 먼저 이월과세를 적용할 때와 적용하지 않을 때의 세액을 비교해봐야 한다.

구분	이월과세를 적용하지 않을 때의 세액	이월과세를 적용할 때의 세액
양도가액	3억 원	3억 원
−취득가액	7,000만 원	1억 원
−기타필요경비	0원	500만 원(증여세)
=양도차익	2억 3,000만 원	1억 9,500만 원
−장기보유특별공제(0%, 30%)	0원*	5,850만 원
=과세표준	2억 3,000만 원	1억 3,650만 원
×세율	38%	35%
−누진공제	1,994만 원	1,544만 원
=산출세액	67,460,000원	32,335,000원

* 수증일로부터 3년 미만이므로 이 공제를 받을 수 없다.

앞의 결과를 보면 이월과세를 적용하지 않는 경우가 세 부담이 더 크다. 이러한 상황이 발생하면 소법 제97조의 2 제2항에서는 이월과세를 적용하지 않도록 하고 있다. 따라서 이 경우 6,746만 원이 양도세로 결정된다.

※ 이월과세 제도와 부당행위계산 제도 양도세 계산 규정 비교

구분	이월과세 제도	부당행위계산 제도
양도가액	수증자의 실거래가	수증자의 실거래가
취득가액	증여자의 취득 당시 취득가액 또는 환산가액	좌동
세율 적용 및 장기보유 특별공제 보유기간	당초 증여자의 취득일부터 기산	좌동
납세의무자	수증자	증여자
연대납세의무	없음.	있음.

이월과세 제도 등에 대해서는 저자의 《가족 간 부동산 거래 세무 가이드북》을 참조하면 된다.

신방수 세무사의
부동산 투자·중개·등기 세무 가이드북 실전 편

제1판 1쇄 2024년 4월 26일

지은이 신방수
펴낸이 한성주
펴낸곳 ㈜두드림미디어
책임편집 최윤경
디자인 노경녀(nkn3383@naver.com)

㈜두드림미디어
등 록 2015년 3월 25일(제2022-000009호)
주 소 서울시 강서구 공항대로 219, 620호, 621호
전 화 02)333-3577
팩 스 02)6455-3477
이메일 dodreamedia@naver.com(원고 투고 및 출판 관련 문의)
카 페 https://cafe.naver.com/dodreamedia

ISBN 979-11-93210-63-5 (03320)

**책 내용에 관한 궁금증은 표지 앞날개에 있는 저자의 이메일이나
저자의 각종 SNS 연락처로 문의해주시길 바랍니다.**

책값은 뒤표지에 있습니다.
파본은 구입하신 서점에서 교환해드립니다.